상담의 과정과 사례연구의 실제

서정현 저

태영출판사

머리말

오늘날 우리나라의 출산율은 OECD 국가 중 최저를 기록하고 있으며 대부분의 가정에서는 외동이를 기르고 있는 형편이다. 자녀가 귀해지면서 과거 전통사회에서 형제와 자매들 사이에서 자연스럽게 형성되었던 관계 맺기와 사회화 과정이 점점 더 어려워지고, 부모들은 자녀들을 잘 기르려는 욕심에 과잉보호를 하기 마련이다. 다른 한편으로, 부모의 이혼과 재혼이 빈번해지고 맞벌이 부모를 둔 자녀가 늘어나면서 이러한 문제들로 인해 학교생활에 적응하지 못하거나 문제 행동을 일으키는 사례가 급증하고 있다. 가정을 벗어나 처음 집단생활을 하게 되는 교육현장에서는 아동들의 사소한 부적응 문제에서부터 자폐나 ADHD증상을 겪는 아동들에 이르기까지 상담이나 치료적 접근이 필요한 아동들의 사례가 폭증하고 있는 현실이다.

그러나 점점 심각해지고 다양한 문제들이 발생하고 있는 교육 현장에서 교사들이 대처할 수 있는 상담기술과 지식은 매우 미비한 현실이다. 이에, 많은 교사들은 전문적인 상담 지식과 기술을 학습하기를 원하고 있지만 그 기회가 많지 않다. 그리고 전문 상담 지식을 익히고 그 기술을 연마하기 위해서는 많은 시간과 노력이 요구된다.

상담의 분야는 매우 폭넓고 다양한 이론적 기초가 필요하다. 본 저서는 본격적인 상담 이론에 초점을 두지 않고, 교사들이 교육현장에서 적용할 수 있도록 간략한 상담 이론을 기초로 현장에서 활용할 수 있는 상담 과정을 중심으로 엮었다. 현장의 교사들이 다양한 상담의 사례들을 분석해 보고, 상담의 기초 기술을 습득함으로써 현실적으로 아동과 그 가족에게 필요한 사항들을 아는 것은 매우 중요하다. 전문적 기술을 요하는 사례들은 전문 상담자에게 위임되어야 할 일이지만 상담의 과정과 기초를 알지 못하면 그러한 일조차 쉽지 않기 때문이다. 따라서 본 저서에서는 전문직이고 깊이 있는 사항보다는 유아교육현장에서 적용 가능한 사항들과 빈번히 접하는 사례들을 중심으로 간략히 기술하였으며 상담 과정에서 치료적인 접근보다는 주로 상담의 사례들을 조사하고 분석하는 방법적 측면을 강조하였다.

본 저서는 모두 네 개의 부분으로 구성되어 있으며, 제 I 부는 상담의 의미와 대표적인 상담 이론을 간략히 다루고 있다. 제 II 부는 상담의 과정으로써, 상담의 초기, 중기, 종결 단계를 과정별로 비교적 자세히 다루고 있다. 제 III 부는 상담 사례연구의 실제로서, 사례연구 보고서의 작성법과 사례연구의 절차와 실제 사례보고서를 수록하였다. 제 IV 부는 상담에서 사용되는 치료 기법과 문제행동의 원인별 대처법을 간략히 수록하였다.

이 책은 상담의 사례를 연구하려는 학생들에게 사례연구방법과 절차를 제시하는 것을 목적으로 이론적 부분들은 매우 요약적으로 제작되었으므로 책의 완성도는 책을 사용하는 학생들의 몫이다. 즉, 얼마만큼 찾고, 수정하고, 보완하고, 토론의 결과를 작성하고 고민하느냐에 따라 이 책의 가치가 달라질 수 있다.

짧은 시간에 이 시험적인 저서를 완성하기까지 태영출판사 김현태 사장님과 편집부 여러분들의 도움이 매우 컸으므로 진심으로 감사드린다. 그리고 멋진 표지 그림을 그려 주시고, 많은 격려를 주신 박동일 화백에게 깊은 감사를 드린다.

2015. 7. 20.

초시마을에서

저자 씀

차 례

제 I 부 상담의 의미와 상담이론

제Ⅲ부 치료기법 및 문제행동 상담

제Ⅳ부 상담사례연구의 실제

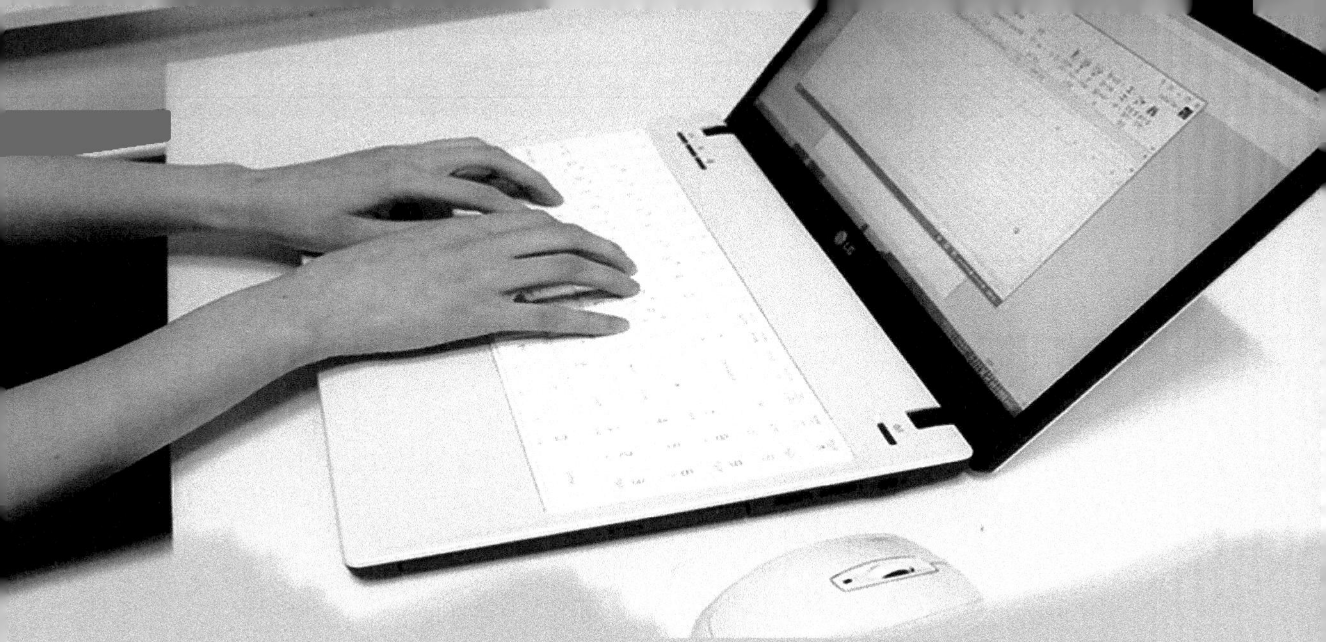

제 I 부

상담의 의미와 상담이론

제 I 부는 모두 3장으로 구성되어 있다.

제1장에서는 상담의 의미와 기본 원리를 살펴보고, 제2장은 12가지의 대표적 상담이론에 대해 간략히 제시하고 있다. 본 저서의 목적이 상담이론의 탐색이 아니므로 이론에 대한 소개는 매우 축약적이다.

제3장에는 교육 현장에서 이루어지는 아동상담과 부모상담의 특징 및 고려해야 할 사항에 대해 기술하였다.

제1장

상담의 의미와 목표

1. 상담의 의미와 유형
2. 상담의 목표와 기본원리

1. 상담의 의미와 유형

1) 상담의 의미

상담(counseling)의 어원은 라틴어 "counsulere"에서 유래되었으며 고려하다, 반성하다, 조언을 구하다 등과 같은 의미를 지니고 있다. 이러한 어원과 마찬가지로 오늘날에도 상담은 조언이나 위로, 격려, 충고의 의미가 내포되어 있다.

상담이란 상담자가 도움을 필요로 하는 사람에게 전문적 지식과 경험으로 문제의 본질을 파악시키고 해결방법을 스스로 찾도록 하는 활동을 의미한다. 상담은 인간을 이해하고 바람직한 방향으로 변화시키기 위한 의도적 활동이라 할 수 있다. 비단 문제가 있는 사람들 뿐 아니라 모든 사람들에게 자신을 더욱 잘 이해하고 성장하기 위해 상담을 받을 수 있다.

상담의 특징은 다음 세 가지로 나타낼 수 있다.

① 모든 행동변화나 의사결정은 내담자가 원하는 것이어야 한다.

② 상담은 자발적 변화가 일어날 수 있는 조건을 제공하는 것이어야 하며 개인이 선택하고 결정할 권리를 존중해야 된다.

③ 합리적 계획, 문제해결, 의사결정, 환경적 압력에 대한 대응, 일상 행동습관 등과 같은 일상생활의 문제에 중점을 둔다.

상담은 도움을 청하는 사람(내담자)과 도움을 주는 사람(상담자), 그리고 내담자와 상담자 간의 관계를 통해 이루어지는 것이다.

상담은 흔히 심리치료와 같은 의미로도 쓰이나 상담은 정신질환이 없는 정상적인 사람을 대상으로 하는 것인데 반해서 심리치료는 신경증이나 정신병 같은 이상행동을 주요대상으로 하고 있다. 그 대상의 문제에 따라서 성격상담 · 학업상담 · 진로(進路)상담 등으로 분류하고 형태에 따라서 개인상담, 가족상담, 집단상담 등으로 분류한다.

2) 상담의 유형

상담은 이론적 배경에 따라, 상담 내용에 따라, 대상에 따라, 그리고 상담 내용과 형태에 따라 다음 그림과 같이 다양하게 분류될 수 있다.

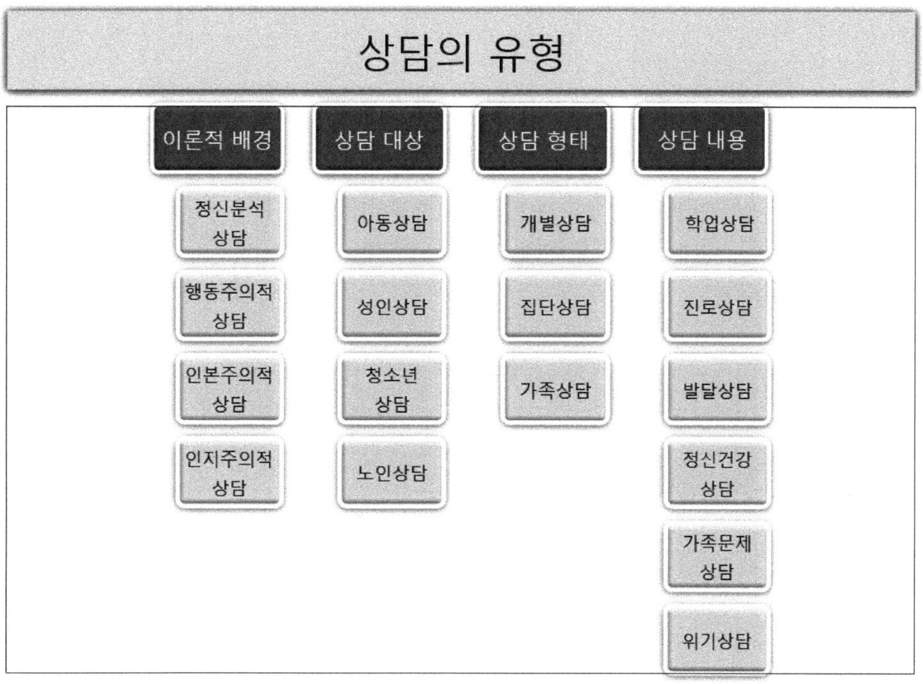

먼저, 이론적 배경에 따라, 정신분석 상담, 행동주의 상담, 인본주의 상담, 인지주의 상담으로 나누어질 수 있는데 이러한 상담이론은 보다 폭넓고 다양한 이론적 배경과 분파가 존재한다(※제2장을 참조하라).

상담의 내용에 따라 분류하면, 학업에 대한 상담, 진로상담, 결혼상담, 정신건강에 대한 상담, 가족 문제에 대한 상담, 각종 위기에 대한 상담 등이 있다.

상담은 내담자에 따라 분류될 수 있는데 내담자가 아동 또는 청소년인지, 성인인지, 노인인지에 따라, 아동상담, 청소년상담, 부부상담, 성인상담, 노인상담 등으로 분류할 수 있다.

또한 상담의 형태 및 대상에 따라, 집단상담, 개별상담, 가족상담 등으로 분류할 수도 있다.

상담의 유형은 앞의 그림에서 제시된 유형 외에도 내담자와의 접촉의 방법에 따라, 대면상담, 우편상담, 전화상담, 사이버상담 등의 유형으로 나눌 수 있으며 내담자를 치료하는 수단에 따라 음악치료, 미술치료, 작업치료, 독서치료, 원예치료, 최면치료 등으로 분류하기도 한다.

상담 활동을 그 활동에 따라, 개별상담, 집단상담, 가족상담으로 나누어 설명하면 다음과 같다.

3) 상담의 형태

(1) 개인상담

개인상담 또는 개별상담은 전문가인 상담자와 내담자가 개별적으로 면담을 통해 이루어지는 상담을 말한다. 상담이 이루어지는 과정에서 상담자의 역할에 따라, 지시적 상담, 비지시적 상담, 절충적 상담으로 구분할 수 있다.

지시적 상담이란, 상담자 중심의 상담 방법으로 상담자가 내담자에게 합리적인 문제해결과 선택을 하게 하고 내담자의 자기이해, 자기성장을 촉진시키는 것이다. 상담자는 내담자에 대한 면밀한 분석을 토대로 그가 직면하고 있는 문제나 해결에 대한 해석을 내려 주고 필요한 정보나 충고를 제시해 줌으로써 합리적인 의사결정을 할 수 있도록 돕는 것이다.

비지시적 상담은 인본주의적 상담, 또는 내담자 중심의 상담이라고 말하며 상담자의 역할보다는 내담자의 능력과 잠재력에 초점을 둔 상담 모형이다. 즉, 내담자의 자발성, 능동성을 강조하며 상담자는 조력자의 역할을 한다.

절충적 상담이란, 특정 상담기법을 고정시켜 적용하지 않고 상담 목적과 문제 및 내담자의 특성에 적절한 기법을 통합하여 적용하는 것을 말한다.

상담 유형별 모형

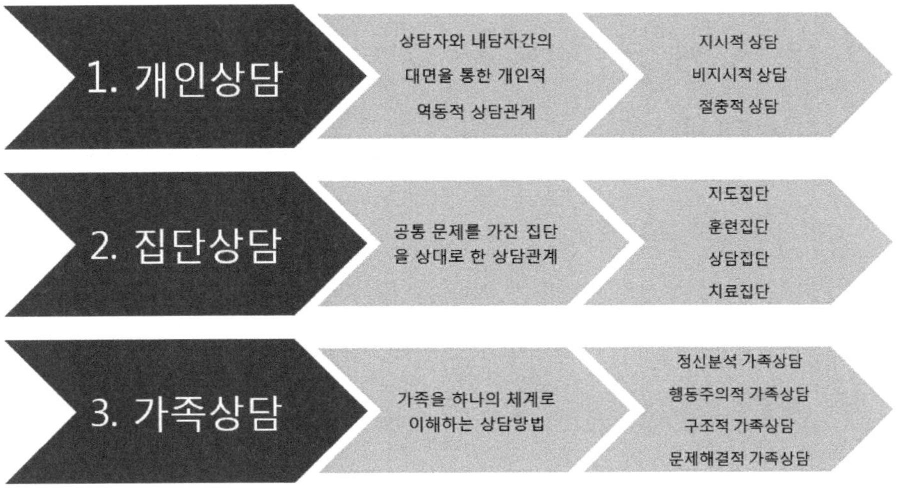

(2) 집단상담

개인상담이 개별 내담자를 중심으로 한 상담이라면 집단상담은 동일한 문제를 가진 집단을 상대로 상담하는 것을 말한다. 집단상담은 한 사람의 상담자가 공통의 문제를 가진 대상자들의 태도와 행동을 변화시키는 활동으로써, 그 효과 면에서 볼 때 개인상담이 더 효과적일 수도 있고 집단상담이 더 효과적일 수도 있다.

(3) 가족상담

가족상담은 개인의 문제를 가족의 체계와 관계성에 근거하여 접근하는 상담방법이다. 가족상담은 가족 구성원으로 하여금 가족의 역기능적 의사소통 유형을 개선시킬 수 있도록 도와 줌으로써 가족 체제 내에서 발생하는 문제를 개선시키는 것이다. 즉, 개인상담과 집단상담이 개인의 문제를 해결하고자 하는 반면, 가족상담은 가족의 체제를 변화시키는 데 그 목적이 있다.

2. 상담의 목표와 기본원리

1) 상담의 목표

상담의 가장 기본적인 목표는 내담자가 문제를 해결하고 자신의 잠재력을 최대한으로 발휘하여 보다 건강하고 행복한 일상을 누리도록 하는데 있다. 상담의 목표는 기본 이론에 따라 달라질 수 있는데, 일반적인 목표를 기술하면 다음 8가지로 요약할 수 있다(오만록, 2012).

(1) 행동 변화의 촉진

상담은 내담자가 내면적 · 외현적으로 행동의 변화를 촉진시키는 데 그 목적이 있다.

(2) 적응기술의 촉진

내담자들은 적응기술이 부족하여 문제나 증상을 호소하는 경우가 많다. 상담은 변화하는 일상생활에서 어려움이 없도록 적응기술을 촉진시키는 역할을 한다.

(3) 의사결정 기술의 함양

우리의 삶은 의사결정과 선택의 연속이다. 상담을 통하여 합리적인 의사결정을 하고 현명한 선택을 할 수 있도록 돕는다.

(4) 인간관계의 개선

인간은 사회적 존재이므로 인간관계는 삶에 있어서 매우 중요한 요소이다. 상담은 사회생활에서 바람직한 인간관계를 형성하도록 도움을 주며 인간관계의 형성과 관계촉진에 필요한 지식과 기술을 함양시킨다.

(5) 잠재능력의 계발

상담은 문제나 증상의 해소뿐 아니라 자기 탐색을 통하여 개인의 잠재력을 충분히 인식하고 계발하여 보다 성장하도록 돕는다. 내담자는 상담의 과정을 통해 자아실현의 기회를 가질 수 있다.

(6) 자아 정체감의 확립

상담은 내담자가 자신의 진솔한 모습을 인식하고 자아정체감을 확립하도록 돕는다. 이를 통하여 자신을 보다 긍정적으로 변화시키고 자신의 삶을 통찰할 기회를 갖게 한다.

(7) 긍정적 자아개념의 확립

상담의 과정을 통하여 내담자는 보다 긍정적인 태도와 신념을 가진다. 긍정적 자아개념을 확립하면 내담자는 자신감을 가지게 되며 원만한 대인관계를 맺을 수 있게 된다.

(8) 건전한 가치관의 확립

상담은 각 개인의 인생관과 신념에 큰 영향을 미치며 건전한 가치관을 확립하는

데 도움을 준다.

2) 상담의 기본원리

상담이 이루어지기 위해서는 다음 일곱 가지의 기본원리에 입각하여야 한다. 상담의 기본적인 원리를 간략히 소개하면 다음과 같다.

(1) 개별화의 원리

각 내담자는 개별적 차이를 지닌 특정한 존재로 간주해야 한다. 모든 내담자는 다른 사람과 다르며 그 감정, 사고, 행동, 독특한 생활양식, 경험 등은 존중되어야 한다. 상담자는 내담자가 속해 있는 집단이나 지역에 대한 편견과 선입견을 벗어나야 한다. 또한 내담자의 외모, 성별, 교육정도, 출신지역에 대한 편견과 선입견을 갖지 않아야 한다. 이를 위해 상담자는 끊임없는 자기 인식과 성찰을 거듭해야 한다.

(2) 의도적 감정표현의 원리

내담자는 그의 감정을 자유로이 표현한다. 이는 내담자가 수용받고자 하는 욕구이며 상담자와 관계를 맺고 원조를 받으려는 욕구이며 나아가 자신의 문제를 해결하고자 하는 욕구로 볼 수 있다. 따라서 상담자는 내담자의 긴장을 풀어 주고 허용적인 태도를 보임으로써 내담자가 자유로이 감정 표현을 하도록 해 주고 내담자의 감정표현을 기술적으로 자극하고 격려해야 한다.

내담자로 하여금 그 감정을 자유롭게 표현하도록 하는 것은 내담자가 긴장이나 압박으로부터 벗어나 자신의 문제를 보다 객관적이고 명료하게 인식하도록 하는 데 도움을 준다. 또한 내담자와 상담자가 적극적인 감정 교류를 가짐으로써 내담자는 문제에 대한 지나친 부담감으로부터 벗어날 수 있다.

자유로운 감정 표현을 통해 내담자는 문제해결과정에서 상담자와 한층 깊이 있고 친밀한 관계를 형성하게 되며 부정적인 감정 자체가 문제인 경우에는 그 감정 표현을 통해 많은 부분이 해결될 수 있다.

(3) 통제된 정서관여의 원리

상담은 주로 그 문제가 정서적인 문제와 상관이 있으므로 그 감정을 말로 표현하도록 권고해야 한다. 이러한 내담자의 정서는 상담자에 의해 통제되어 있는 것이므로 상담자는 상담사례에 따라, 상담자의 의도와 목적에 따라 내담자의 감정 반응에 대한 의도적이고 적절한 반응을 해야 한다. 즉 상담자가 내담자의 정서와 감정에 민감하게 반응함으로써 상담의 방향이 결정되어질 수 있는 것이다.

상담자는 친밀한 관계를 통하여 내담자의 감정에 적절한 반응을 보임으로써 정서적인 관여를 해야 한다. 내담자가 언어만을 통하여 자신의 감정을 말하는 것은 아니므로 그의 표정과 몸짓 등 내담자의 감정 상태를 잘 관찰하고 내담자의 감정을 포함한 상황에 대해 정확한 이해를 바탕으로 적절한 정서적 관여를 해야 하는 것이다. 상담자는 문제해결을 위한 목적의식을 가지고 의도적이고 진솔한 반응을 해야 한다.

(4) 수용의 원리

수용이란 내담자를 있는 그대로 받아들여 인정하고 존중한다는 것을 의미한다. 내담자가 호감이 가는 경우도 있지만 부정적 감정과 태도를 가진 사람일 수도 있다. 상담자는 내담자의 장 · 단점, 부정적인 감정 그리고 독특한 성격에 이르기까지 있는 그 대로를 이해하고 수용해야 한다. 즉, 내담자의 진정한 있는 그대로의 것들을 수용해야 한다.

수용의 원리는 내담자의 치료를 목적으로 한 것이므로 상담자는 내담자의 욕구와 권리를 존중해야 하며 수용의 한계는 상담실 한계 내에서 가능한 것이다.

상담자가 내담자에게 편견이나 선입관이 있거나 내담자를 향한 전이감정이 생기거나 상담자 자신이 일상생활에서 갈등 상황에 있으면 수용의 원리는 장애를 받게 된다.

또한, 상담자는 내담자가 자신에게 부정적인 태도나 적의를 가질 수 있다는 것도 수용해야 한다.

어려운 상황에서 힘든 경험을 지속적으로 하고 있는 내담자는 상담자가 그를 있는 기대로 수용함으로써 비로소 자신을 인정할 수 있게 되어 더 이상 방어적인 태도가 필요 없음을 인식하게 되고 자신의 현실을 객관적으로 바라볼 수 있게 된다.

(5) 비심판적 태도의 원리

상담에서 가장 큰 특징 가운데 하나는 내담자의 행동에 대하여 "잘했다", "못했다" 등과 같이 판단하는 것을 삼가야 한다는 점이다. 내담자는 도움을 받기 위해 찾아온 사람이므로 죄책감이나 열등감, 소외감 등 여러 가지 양가감정을 가지기 마련이다. 상담자가 내담자의 언행을 판단하고 평가하게 되면 자연적으로 내담자는 방어적 태도를 보이거나 저항하게 된다.

도움이 필요한 내담자의 경우 어느 정도 실패감, 열등감, 나약함, 불만 등의 감정을 가지고 있으므로 다른 사람으로부터 비난을 받을 것에 대해 매우 민감한 경우가 많다. 이때 상담자가 조금이라도 자신을 비난하고 있다는 느낌을 받게 되면 내담자는 자신을 방어하느라 많은 에너지를 낭비하게 된다.

상담자가 비심판적 태도를 가지기 위해서는 선입관이나 편견을 버려야 하며 특히 분류화하는 습관을 버려야 한다. 유사한 사례를 가진 내담자를 예시의 목적으로 참고하게 되면 내담자는 자기 방어적 태도를 취하기 쉽다.

(6) 자기 결정의 원리

상담자는 내담자가 스스로 결정을 내리고 선택을 하려는 "자기결정"을 인정하고 그 잠재적 힘을 이용하여 상담 목표에 이르게 해야 한다. 상담자는 내담자가 자기 결정을 할 수 있는 분위기를 조성해 줄 수 있어야 하는데 심리적인 지지를

보내 주거나 법과 사회제도, 지역사회 자원을 알려 줌으로써 도움을 줄 수 있다.

이러한 자기결정권을 최대화하기 위해서는 내담자의 실수나 한계점보다는 강점과 능력을 강조해야 한다. 자기결정의 원리는 상담자가 내담자에게 일방적으로 어떤 것을 해 주는 것이 아니라 내담자와 함께 문제를 해결해 가는 것을 강조하므로 일종의 파트너십이 요구되는 것이다.

그러나 이러한 자기 선택이나 결정의 권리와 욕구는 내담자의 능력에 맞아야 하고 법률이나 사회적 · 도덕적 규범에 어긋나지 않는 범위 내에서 이루어져야 한다. 가령, 내담자가 자살하겠다는 자기결정과 선택을 무조건적으로 수용하고 허용해서는 안 될 것이다.

또한, 상담자는 내담자의 자기결정을 강요하거나 설득해서는 안 된다. 이는 오히려 내담자의 자기결정 능력을 약화시키는 요인으로 작용하기 때문이다.

(7) 비밀보장의 원리

상담자는 내담자가 상담 장면에서 노출한 사적인 비밀 정보들을 전문적 개입(치료)의 목적 외에 타인에게 공개해서는 안 된다. 이러한 전제는 상담에서 가장 기본적인 전제이기도 하다. 내담자의 비밀을 보장한다는 것은 상담자와 내담자 간의 인간관계의 성립을 의미한다. 이는 내담자에게는 자아 존중감의 체험일 수 있고 상담자에게는 직업적 · 윤리적 의무라고 할 수 있다.

그러나 비밀보장의 원리는 다음 몇 가지 경우 제한을 둘 수 있다.

첫째, 비밀보장이 내담자의 생명을 위협받게 하는 경우를 들 수 있다. 가령 내담자가 자살을 계획하고 실행하려고 한다면 이는 비밀보장의 원리를 유보할 수밖에 없다.

둘째, 비밀보장은 타인의 권리를 심각하게 침해할 위험이 있을 때 제한받을 수 있다. 가령, 친구에게 괴롭힘을 당하던 내담자가 자신을 괴롭히는 친구에게 상해를 입힐 계획을 가지고 있다면 상담자는 이를 예방해야 할 것이다.

셋째, 비밀보장은 상담자의 권리와 갈등을 야기할 때 유보 또는 제한할 수 있다.

즉, 상담자가 내담자의 비밀을 지키는 것이 자신의 권리보장을 훼손할 경우 비밀보장의 원리는 제한받을 수 있다.

넷째 비밀보장은 학교기관의 권리와 갈등을 야기하는 경우 제한받을 수 있다. 내담자의 비밀을 지킴으로써 학교 기관이 그 자체의 목적과 기능 및 의무에 반하는 역할을 수행해야 할 경우, 내담자의 비밀보장을 심도 있게 고려해 볼 필요가 있다.

다섯째, 내담자의 비밀을 지키는 것이 사회 전체에 좋지 못한 영향을 미치게 될 경우에는 개인의 비밀을 보장하는 것이 유보될 수 있다.

이상의 경우 외에도 상담 현장에서는 개인의 비밀이 보장되지 못할 상황이 발생할 수 있다. 상담 초심자의 경우, 상급자에게 사례를 상세히 보고해야 하고, 상담사례회의나 연구 목적 등으로 보고가 되는 경우가 종종 발생하기 때문이다. 이러한 경우 상담자는 내담자에게 보다 나은 문제해결의 수단임을 이해시키고 미리 동의를 구하는 것이 필요하다.

제2장

대표적 상담이론

1. 정신분석 상담
2. 아들러학파의 개인주의 상담
3. 실존주의적 상담
4. 인간주의적 상담
5. 게슈탈트(형태치료) 심리학
6. 의사교류 분석적 상담
7. 행동주의적 상담
8. 합리적 · 정서적 행동치료와 인지적 치료
9. 현실치료
10. 의사결정적 상담
11. 해결중심적 단기 가족상담
12. 대상관계 아동상담

역사적으로 상담은 다양한 형태로 발전되어 왔다. 상담을 할 때, 어떤 이론을 근거로 하느냐에 따라 접근 방식과 상담의 방법은 달라질 수 있다. 각 상담이론은 적용상 장점과 제한점이 있으며 오늘날은 여러 가지 방법의 강점을 접목시켜 시도하는 경우도 있다.

상담이론의 목표와 내용을 간략히 알아보면 다음과 같다.

1. 정신분석 상담

정신분석은 오스트리아 정신과 의사 지그문트 프로이드에 의해서 처음 시도된 심리치료방법이다. 오늘날에는 심리학의 사고방식 또는 연구방법의 하나로 의미하기도 한다. 정신분석과 대조적인 입장에 있는 것은 행동주의심리학에 바탕을 둔 "행동요법"이다.

프로이드 이후 정신분석을 일별해 보면 다른 문제가 남아 있는 것이 분명하다. 정신분석의 역사는 프로이드의 비판과 이반(離反)으로 시종하고 있다고 해도 과언은 아니다. 1911년 알프레드 아들러는 프로이드의 성욕론에 반대하여 "개인심리학"의 일파를 만들었다. 그 내용은 개인심리학이라는 명칭과는 반대로 충동의 기본은 사회적 관심에 있다고 하였다. 이 생각은 몇 년 뒤 신프로이드 학파에 영향을 주었다. 1914년이 되자 칼 구스타브 융이 프로이드의 성욕론에 반대하여 "분석심리학"을 제창하고 무의식을 계통 발생적으로 고찰하였다. 제2차 세계대전 뒤에 프로이드의 생물학적 사고방식에 대해 사회적 · 문화적 영향을 중시하는 신프로이드파라고 하는 분석가들이 나타났다. 신프로이드파가 미국문화를 바탕으로 하고 있는데 반해 영국에서는 대상관계 이론파(對象關係理論派)가 형성되었다. 이 경우는 부모 · 자식관계가 중시되지만 생물학적 사고를 버리려고 하는 점에서는 신프로이드파와 같은 경향을 띤다. 정통파의 정신분석은 이러한 이단과는 달리

한층 더 심리학에 접근하고 있지만 그 성과가 기대할 만한 정도는 아니었다. 프랑스의 J. 라캉 일파는 정통파와는 전혀 다르지만 "프로이드로 돌아가자"라는 슬로건 아래 프로이드를 재평가하려고 하였다. 정신분석은 새로운 사상의 형성과 연관되어 있는 것이다.

Sigmund Freud
· 정신분석학의 창시자

Anna Freud
· 아동분석가

표 Ⅰ-1 정신분석 상담

정신분석적 상담	
치료목표	무의식을 의식화시키는 것, 기본적 성격을 재구성하는 것, 초기 경험을 재경험하고, 억압된 갈등을 훈습하도록 하는 것, 지적 인식을 돕는 것이다.
적용대상	정신분석적 치료를 받는 사람은 치료자가 되길 원하는 전문가이거나 더 성숙하기를 원하며 심한 심리적 고통에서 해방되기를 원하는 사람들이다. 정신분석적 치료는 자기중심적이며 충동적인 내담자 혹은 심한 정신병 환자에게는 맞지 않는다. 가족 역동과 내담자의 방어기제를 이해하는 데에 도움이 된다.
제한점	치료자는 오랜 훈련을 받아야 하고, 내담자는 많은 시간과 경비를 들여야 한다. 이 모형은 사회적, 문화적, 대인관계적 요인을 무시하고 본능적, 생물학적 요인을 강조한다. 낮은 계층의 내담자에게는 적용할 수가 없고, 이 접근을 사용할 수 없는 문화적, 민족 집단도 많다. 자아의 힘이 부족하여 '전이신경증' 치료를 받을 수 없는 내담자도 많다. 대개의 상담상황에는 적합하지 않다. 환경적, 문화적 영향을 고려해야 하는 내담자에게는 알맞지 않다.

2. 아들러학파의 개인주의 상담

오스트리아 정신분석학자였던 알프레드 아들러(Adler)는 1895년 빈대학에서 의학으로 학위를 받고 안과와 내과의사가 되었으나, S. 프로이드의 정신분석에 흥미를 가져 1902년부터 1911년까지 빈정신분석학회에서 일했다. 그 후 프로이드의 성욕설(性慾說)을 비판하고 그의 영향에서 벗어나 독자적으로 개인심리학의 동지를 모아 학파를 이루었다.

이 개인심리학은 그 이름과는 달리 사회심리학적인 경향을 가진 것이었으며 뒤의 신프로이드파에 영향을 주었다. 그는 1935년 나치스의 위협을 피하여 미국으로 건너갔다. 그의 사고방법은 열등감, 우월하려는 노력 등의 개념에 잘 나타나 있다.

아들러의 이론은 개인의 차이를 체계적으로 연구 · 분석한 심리학으로 요약된다. 특히 어렸을 때의 경험이 갖는 독특한 중요성을 지적하여 성격은 외부의 환경에 의하여 규정되며 변할 수 있다는 것을 주장함으로써 그의 이론은 교육 및 치료에 대한 길잡이가 되었다. 즉, 아들러의 이론은 정신병리학의 바탕에서 나온 일종의 교육심리학적 이론이라 할 수 있다. 그의 이론을 바탕으로 한 개인주의 상담의 내용을 간략히 요약하면 다음과 같다.

표 Ⅰ-2 개인주의 상담

Adler학파의 개인주의 상담	
치료목표	내담자의 기본적 전제나 생활목표에 도전하는 것, 그들이 사회적으로 유용한 목표를 설정할 수 있도록 용기를 북돋우는 것, 잘못된 동기를 바꾸고, 다른 사람과 동등감을 느끼게 하는 것이다.

Adler학파의 개인주의 상담	
적용대상	삶의 모든 영역에 다 적용될 수 있다(부부치료와 가족치료, 성인이나 어린이와의 개인상담, 집단상담, 약물중독 치료계획, 노인상담 등). 성장모형이므로 예방과 정신건강이나 성장을 저해하는 여러 악조건을 약화시키는 데 이용할 수 있다. 가족과 사회와의 조화를 강조하는 동양 문화권에 잘 어울린다.
제한점	정확성, 검증성, 경험적 타당성이 부족하다. 기본 개념의 타당성에 대한 과학적 연구가 거의 없다. 복잡한 인간 문제를 너무 단순화시켰고, 상식에 너무 의존한다. 가족사에 대한 깊은 탐색작업은 동양문화권 내담자에게 저항감을 줄 수 있다.

3. 실존주의적 상담

실존주의적 상담은 다른 상담이론에 비해 철학적인 면이 강조되며 상담기술보다는 인간관에 더 많은 관심을 가지는 상담이다. 상담자는 내담자를 유일하고 독특한 인간으로 생각하고 내담자에게 영향을 주는 기법보다는 내담자의 세계를 그대로 이해하려는 관점을 보인다. 인간은 자기 자신이 선택의 주체이며 책임을 지는 주체이어야 한다. 내담자는 자신의 실존에 근거하여 자유 본능을 충족해야 하고 자신의 행위에 대해 책임을 질 수 있도록 지도하는 것이 실존주의적 상담의 과정이다. 프로이드의 정신 훈련을 받은 수많은 정신과 의사들이 실존주의 개념에 많은 관심을 가지고 있다.

표 Ⅰ-3 실존주의적 상담

실존주의적 상담	
치료목표	내담자가 자신이 자유롭다는 것을 인식하고, 자신의 가능성을 인식할 수 있도록 돕는 것, 자기 환경 속에서 일어난 사건들에 대해, 실제로는 자신에게 책임이 있다는 사실을 인식하도록 독려하는 것, 자유를 방해하는 요인을 규명하는 것이다.
적용대상	발달적 위기나 전환기에 있는 사람들에게 특히 적절하다. 실존적 관심사(선택의 문제, 자유와 책임, 죄책감과 불안의 문제, 생명감과 가치관의 문제)를 가진 내담자에게 적절하다. 또 자기 향상을 추구하는 사람들에게 변화에 대한 가능성을 제시해 준다. 개인상담이나 집단상담, 부부치료나 가족치료, 위기중재, 지역사회 정신건강운동 등에 적용할 수 있다.
제한점	맑은 기본 개념이 흐릿하고 불명확해서 일반적 틀이 모호하다. 치료원리나 실제 치료에 대한 체계적 기술이 정립되어 있지 않다. 기능 수준이 낮은 내담자, 비언어적 내담자, 심한 위기상황으로 방향 지시가 필요한 내담자에게는 잘 적용할 수가 없다. 권위나 전통의 존중, 집단주의적 가치, 단체중심의 문화권 내담자에게는 가치관의 갈등을 안겨 줄 수 있다.

4. 인간주의적 상담

인간주의적 상담은 미국을 중심으로 한 현대 심리학의 세 흐름 가운데, 행동주의 · 논리실증주의(論理實證主義)와 정신분석 · 역동적(力動的) 심리학의 두 갈래 흐름에 대해 비판적 · 상보적(相補的)인 또 하나의 흐름을 뜻한다. 인간학적 심리학은 인간주의 심리학 또는 휴머니스틱 심리학이라고 한다. 이 심리학에서는 인간을 환경조건이나 다른 사람에 의한 자극에 조작되어 반응을 일으키는 기계나 수동체로만 보지는 않는다. 또한, 인간을 개인이 통제할 수 없는, 무의식의 힘에 지배되고 있는 비합리적인 존재로만 보지도 않는다. 이 심리학에서는 인간을 전체로서 본다. 즉 인간을 여러 가지 소질 · 본능 · 특성으로 환원시켜 버리지 않고 그것들이 하나의 인격적 주체에 통합되어 자각과 자유의지를 지니며 개성 · 독자성을 발휘하면서 전진하는 존재라고 본다.

인간주의적 상담의 기본 바탕은 다음 7가지 전제를 기초로 한다.

① 인간을 전체로서 연구한다(부분으로 환원하지 않는다).

② 외부에서 본 행동이 아니고 직접적 체험, 즉 사적(私的)인 현상세계(現象世界) · 장(場)을 중시한다.

③ 연구자는 그 상대의 세계 · 장에서 떨어진 곳에 서는 것이 아니라 거기에 관여하면서 직관적 · 공감적 이해에 노력한다.

④ 개인의 독자성에 주목하고 개성 기술적 접근을 한다.

⑤ 과거의 살아온 과정이나 환경조건의 결정인(決定因)보다도 현재 및 장래의 목표 · 가치 · 희망을 중시한다.

⑥ 선택 · 창조 · 의미 · 자기실현 등과 같은 인간 독자의 성질을 강조한다.

⑦ 인간행동의 반응면 · 순응면 · 병리면을 과도하게 강조하지 않고, 반대로 자발적 · 전진적으로 행동하며, 병리(病理)에서는 회복하여 건강을 추구하는 등의 적극적인 부분을 강조한다.

표 Ⅰ－4 인간주의적 상담

인간주의적 상담	
치료목표	자기 탐색을 할 수 있는 안전한 환경을 만들어 줌으로써 내담자가 성장 방해점을 인식하고, 이전에 부정하거나 왜곡했던 자기의 제 측면을 경험할 수 있도록 하는 것과 개방, 자기신뢰, 발전에의 의지, 자발성이나 생동성 등으로 나아갈 수 있도록 해 주는 것이다.

인간주의적 상담	
적용대상	개인상담이나 집단상담에 널리 적용할 수 있다. 특히 위기 중재의 초기에 아주 적합하다. 부부치료나 가족치료, 지역사회 프로그램, 행정이나 경영, 인간관계 훈련 등에 이 원리를 적용할 수 있다. 교육, 부모/아동 관계 등에서 다양한 문화적 배경을 가진 사람들에게 그들 문화와 가치를 인정해 준다.
제한점	치료자가 반영만 하고, 소극적으로 임할 위험이 있다. 지시가 없고, 구조화가 없고, 기법이 없다는 불만을 느끼는 내담자들이 많다. 위기상황에 있는 내담자에게는 더 지식적인 방법이 필요할 수도 있다. 치료자가 보다 더 적극적으로 개입하여 삶의 방향을 제시해 주고 직접적인 도움을 주기를 바라는 문화권의 내담자에게는 적합하지 않다.

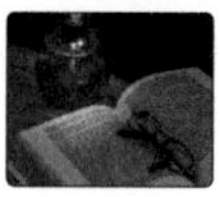

5. 게슈탈트(형태치료) 심리학

심리현상의 본질은 그 역동적 전체성에 있으며 원자론적인 분석으로는 밝혀낼 수 없다고 하는 심리학설로서, 게슈탈트 심리학이라고도 한다. 게슈탈트라는 말은 사물의 추상적인 형태, 질료(質料)와 구별되는 형상을 의미하는 것이 아니라, 그것 자신의 구조 내지는 체제(體制)를 갖는 대상 자체를 의미한다.

이는 구성주의 심리학에 대해 반발하여 수립된 이론이로서, 심리현상이 요소의 기계적 결합으로 이루어지는 것이 아니라는 것이다. 심리현상은 요소의 총화로는 설명할 수 없는 전체성을 갖는 동시에 구조화되어 있다고 하였으며, 이러한 성질을 "게슈탈트"라고 불렀다.

또한, 자극과 지각과의 1 : 1의 대응관계를 부정하고, 자극은 전체적 구조의 테두리 안에서 서로의 역동적 관계 위에서 지각된다고 주장하였다. 이와 같은 전체적 · 역동적 구조의 개념은 당시 물리학의 장이론(場理論)의 영향을 받았다.

게슈탈트 심리학은 심리학의 모든 연구영역에 걸쳐 큰 영향을 주어 심리학의 주요한 조류가 되었을 뿐 아니라 정신의학이나 신경학 등 인접과학에도 영향을 미쳤다.

표 Ⅰ-5 게슈탈트 심리학

게슈탈트(형태치료)	
치료목표	순간순간의 경험을 인식할 수 있도록 도와주는 것, 외부 지지에 의존하지 않고, 내적 지지의 책임능력을 인정하도록 독려하는 것이다.
적용대상	다양한 문제나 집단에 사용된다. 위기중재, 정신지체 장애, 부부치료나 가족치료, 정신건강 전문가의 인식훈련, 아동 행동장애, 교육과 학습, 조직발달, 개인상담이나 집단상담에 다 적절하다. 이 방법은 감정을 개방시키고 내담자의 신체언어에 주목하며 현재 중심경험과 접촉시키는 강력한 촉매역할을 한다. 이질적 문화권의 내담자와의 경우, 언어적 장벽이 극복될 수 있다.
제한점	강한 정서 표현을 유발하는 기법을 사용한다. 이 감정들을 충분히 탐색하지 않거나 인지적 작업을 제대로 하지 않으면, 내담자는 미결 상태에 머무르고, 학습 내용을 통합하지 못할 수도 있다. 심상이나 환상을 잘하지 못하는 내담자는 이 방법에서 이득을 얻지 못할 수도 있다. 감정표현에 저항감을 느끼는 문화권의 내담자에게는 부담감을 줄 수 있다.

6. 의사교류 분석적 상담

에릭 번(Berne)에 의해 개발된 이 접근법은 개인상담 뿐 아니라 특히 집단상담에 적합한 방법으로 알려져 있다.

심리치료 과정에서 치료자와 내담자의 관계가 동등함을 가정하고 있는 것이 특징이며 다른 상담 방법과 달리 계약적이고 의사결정적이다. 내담자의 변화에 대한 책임은 내담자 스스로가 지게 된다.

표 I-6 의사교류 분석적 상담

의사교류 분석적 상담	
치료목표	생활 각본이나 게임에서 벗어나서 자신의 삶을 선택할 수 있는 자주적인 사람이 되도록 돕는 것, 초기 결정을 재검토해서 인식을 바탕으로 재결단하도록 돕는 것이다.
적용대상	집단 상담에 특히 적절하며 개인상담, 부부 및 가족치료, 부모/아동관계에도 적용할 수 있다. 모든 연령층과 다양한 문제에 사용할 수 있다. 범죄행동, 알코올이나 약물중독, 정신분열증 환자의 치료, 대인관계 문제에 적용된다. 내담자가 속한 사회의 문화와 가족의 영향을 이해시키는 데에 유익하며 계약은 내담자가 원하는 것으로 상담을 이끄는 안전장치가 된다.
제한점	이론의 기본 개념을 지지해 줄만한 경험적 연구가 별로 없다. 치료자나 내담자가 모두 지적 이해나 설명에 많은 주의를 기울이므로 감정의 요소를 경시하기 쉽다. 내담자가 이 이론의 용어를 이해하기 어렵고 혼동을 느낄 수 있다. 역할놀이, 형태치료, 신체적업 등과 같이 병용하면 지나치게 인지적으로 기울 위험은 감소될 수도 있다.

7. 행동주의적 상담

행동주의적 상담은 행동주의 이론과 학습이론을 바탕으로 하며, 바람직한 행동은 계속 유지하고 증진시키며, 바람직하지 않은 행동을 감소시켜 감으로써 아동의 행동을 변화시키고자 행동주의 개념과 기법을 상담에 조직적으로 응용하는 것을 의미한다.

행동주의 상담은 상담자가 행동 목표를 설정하고 아동의 환경과 강화 조건을 조작하는 데 일차적인 관심을 가지지만 치료자는 언제나 상호관계에 관심을 가지고 치료적 관계를 유지하려고 노력하게 된다. 대부분의 경우, 부적응 행동을 통제한다는 일차적 목표가 이루어지면 치료자들은 다음으로 아동 중심적 방법을 사용하여 자기인식 및 자기이해, 태도발달을 증진시켜 주는 목적을 이루고자 한다.

표 Ⅰ-7 행동주의적 상담

행동주의적 상담	
치료목표	일반적으로 부적응 행동을 줄이고, 효과적인 행동을 가르치는 것, 행동에 영향을 미치는 요인에 초점을 두며 문제행동을 감소할 수 있는 방법을 찾는 것, 치료 목표의 설정이나 목표 도달의 평가에 내담자가 능동적 역할을 하게 돕는 것이다.
적용대상	결과의 경험적 타당성에 근거한 실용주의적 접근법으로 개인, 집단, 부부, 가족상담 등에 널리 적용된다. 공포, 우울, 성행동 장애, 아동기 행동장애, 말더듬, 심장혈관 이상의 예방 등에 널리 적용할 수 있다. 임상적인 시행뿐 아니라 소아과, 스트레스 조절, 행동의학, 교육, 노인의학 등의 영역에도 적용되고 있다. 내담자에게 자기관리 기술을 가르쳐 주고 특정기법이 그 상황에 적합한지의 여부를 확인하고 평가할 수 있다.
제한점	행동은 바꾸지만 감정은 바꾸지 못한다는 면, 치료에 대한 이론을 무시하고 통찰을 제공해 주지 못한다는 면, 현재 행동에 대한 과거원인을 무시하고 치료자가 조작이나 통제를 한다는 면에서 비판받고 있다. 이런 주장의 많은 부분은 오해에서 나왔다고 행동치료자들은 강조한다. 환경 변인을 통제하는 것이 어렵기 때문에 행동변화를 항상 객관적으로 평가할 수 없다는 것도 근본적 한계점이다. 내담자의 행동변화를 가족이 싫어할 수도 있으므로 다른 사람의 저항을 다루는 방법도 가르쳐 주어야 한다.

8. 합리적 · 정서적 행동치료와 인지적 치료

심리적 장애로 인한 바람직하지 못한 행동을 행동주의적 입장에서 학습이론에 따라 적극적으로 치료 · 개선하려는 요법으로서 정신의학적으로는 치료 불가능한 신경성 환자에게 조건반사법을 적용하여 완치시킨 러시아의 V. M. 페히테레프로를 창시자로 들 수 있다.

전통적 심리요법은 신경증이나 정신질환의 원인인 잠재적 콤플렉스를 제거하여 치료할 수 있다고 본 반면, 행동요법은 환자의 이상적 행동을 과거의 부적당한 경험에서 비롯된 것으로 보고 부적응행동의 습관이나 행위를 행동이론과 학습이론에 입각하여 제거하고 바람직한 행동을 학습함으로써 치료할 수 있다고 보았다. 행동요법에서는 이상행동 그 자체를 치료의 대상으로 정하여 학습원리에 따라 적절하게 재학습시킨다. 주로 공포와 불안을 해소시키기 위한 조건반사 형성의 측면에서 여러 치료법이 연구되었는데, 조건반사설 · 강화이론 · 조작적 조건조성 등을 기본원리로 사용한다

최근에는 행동을 조절하는 셀프컨트롤법이나 의식을 끌어들여 이미지를 사용한 인지적 행동요법도 개발되어 있으며 공포증 · 말더듬이 · 야뇨증 · 성격이상 · 알코올중독 · 히스테리성 감각장애 · 자폐증 · 정신분열증에 적용되고 있다.

표 I－8 합리적 · 정서적 행동치료와 인지적 치료

합리적 · 정서적 행동치료와 인지적 치료	
치료목표	자기 패배적 인생관을 없애고, 더 관대하고 합리적인 인생관을 획득하도록 인지적으로 치료를 돕는 것, 정서 문제와 행동 문제에 과학적 방법을 적용할 수 있도록 돕는 것이다.

합리적 · 정서적 행동치료와 인지적 치료	
적용대상	정서치료와 성행동 장애치료, 교육, 집단상담, 자기표현 훈련, 우울, 아동치료, 개인치료를 해야 하는 여러 문제영역에 널리 적용하고 있다. 또한 집단치료, 마라톤 대면, 단기치료, 위기중재, 부부나 가족치료에 이용한다. 이 접근은 자기조력의 기술로 REBT를 많이 사용한다. 상담자가 직설적으로 가르쳐 주고 감정보다는 사고와 논리를 강조하는 이 이론을 내담자들이 더 편안하게 수용하는 경향이 있다.
제한점	내담자의 어떤 생각을 상담자가 너무 급하게 비합리적 신념으로 규정하고 가혹하게 공박할 위험이 있다. 그런 식으로 직면시키게 되면 내담자가 놀라서 도망가 버릴 수도 있다. 사고의 변화가 감정을 변화시키는 경우를 제외하면 너무 인지적이며, 감정의 차원을 경시한다. 치료자가 내담자의 비합리적 체계를 치료자 자신의 합리적 신념에 맞추어 개조하려는 인상을 줄 위험이 있다.

9. 현실치료

현실치료란 문제해결 중심의 치료적 접근으로서 정신분석치료에서 중요시하는 과거, 꿈, 무의식, 아동기 경험, 전이에 대한 탐색의 치료적 가치를 무시한다. 반면, 해결하기 쉬운 현실적 문제에 초점을 두고 내담자의 기본적인 욕구와 문제를 파악하고 해결하는데 중점을 두는 것이다.

표 Ⅰ-9 현실치료(문제중심 접근)

현실치료(문제중심 접근)	
치료목표	자기 자신의 기본적 욕구를 잘 만족시킬 수 있도록 내담자를 돕는 것, 자신의 행동을 관찰하고, 이 행동이 자기에게 도움이 되는지를 평가하도록 하는 것이다.

현실치료(문제중심 접근)	
적용대상	자기의 삶을 효율적으로 통제할 수 있도록 교육한다. 개인상담, 집단상담, 청소년 범죄자, 부부 및 가족치료 등에 적용되고 있다. 단기치료나 위기중재에 아주 적합한 경우도 있다. 내담자 스스로 자신의 욕구와 행동을 평가하게 하는 강점이 있다.
제한점	과거, 꿈, 무의식, 아동기 경험, 전이에 대한 탐색의 치료적 가치를 무시한다. 이 접근은 비교적 덜 복잡한 문제에만 적용된다. 깊은 정서적 문제는 탐색하지 않으며 문제해결 중심의 치료이다. 내담자를 빨리 '요리하려는' 치료자들이 사용하기가 쉽다.

Donald W. Winnicott
· 어린이 정신분석과 놀이치료의 선구자

10. 의사결정적 상담

의사결정적 상담은 현실적인 문제해결이 필요한 내담자에게 적용되는 상담접근으로서 주로 개인의 생애 전 단계에 걸쳐 진로와 직업선택, 결혼이나 임신과 같은 인생사의 중요한 결정과 효과적인 생활양식의 결정을 도와주는 것을 목표로 한 접근법이다.

표 Ⅰ-10 의사결정적 상담

의사결정적 상담	
치료목표	개인의 생애 전 단계에 걸쳐 진로와 직업선택, 결혼이나 임신과 같은 인생사의 중요한 결정과 효과적인 생활양식의 결정을 도와주는 것이다.
적용대상	주로 학교현장과 복지기관에서 장애인의 재활문제, 학업, 진로, 직업, 적응 등의 영역에 많이 사용된다. 현실적인 해결책이 요구되는 내담자로서 청소년 지도와 직업지도에 특히 적합하다. ① 내담자에게 필요한 기술을 습득시켜 주고, ② 태도를 바꾸게 하며, ③ 환경을 변화시켜 주고, ④ 적절한 환경을 선택하게 하고, ⑤ 동조(同調)를 요구하는 것은 새로운 환경과 문화에 대한 적응이 필요한 내담자에게 적합하다.
제한점	이 접근에서는 내담자에 대한 ① 분석, ② 종합, ③ 진단, ④ 예후의 단계를 거쳐 ⑤ 상담에 임하고, ⑥ 추수지도를 한다. 내담자의 상태에 대한 평가를 내리기 위하여 여러 가지 심리검사(적성, 흥미, 지능, 성격검사)를 실시하고 개인의 환경적 요인을 고려한다. 그러므로 카운슬러는 심리평가의 기술에 정통해야 한다. 카운슬러가 직선적인 조언과 설득과 설명을 하여 합리적으로 문제를 해결하게 유도하는 것은 정서적인 문제의 내담자에게는 잘 수용되지 않으며 내담자에게 의존성을 부추겨 줄 소지가 있다.

W. Ronald D Fairbairn
· 가족치료가

11. 해결중심적 단기 가족상담

해결중심적 단기 가족상담은 내담자가 원하는 새로운 행동을 증가시키는 것을 목표로 4~5회의 단기간에 내담자의 문제를 해결하는 접근법이다.

표 Ⅰ-11 해결중심적 단기 가족상담

해결중심적 단기 가족상담	
치료목표	내담자의 문제점, 즉 잘못된 행동이나 관계를 시정하는 것에 목표를 두기보다는 내담자가 원하는 새로운 행동을 증가시키는 것, 대인 관계적 상호작용의 기술향상에 초점을 맞추어 4~5회의 단기간에 문제해결하는 것, 내담자가 구체적이고 명확하고 해결 가능한 행동을 하게 돕는 것이다.
적용대상	결혼과 가족생활 등의 적응문제에 있어서 새로운 행동을 시도하려고 하는 동기와 잠재능력이 있는 성인으로서 빠른 해결책을 선호하는 사람, 적응장애의 정도가 심각하지 않은 내담자, 조급한 기질의 한국문화권에 어울리는 것 같다.
제한점	심각한 문제(약물남용, 성폭력과 파괴, 자살 가능성, 섭식장애 등)의 내담자나 상담회기에 합의된 해결책을 실생활에서 시도할 수 없는 내담자와 삶의 의미 발견과 같은 자아의 탐구가 필요한 내담자에게는 적합하지 않다. 피상적인 변화가 일어난 상태에서 상담이 종결될 가능성이 있고 상담자가 제시한 해결책을 내담자가 수용하지 않는 경우도 있다. 한 명의 내담자에게도 다수의 전문상담자가 필요하다.

12. 대상관계 아동상담

대상관계 아동상담은 정신분석 이론에 근거를 두고 있으며 주로 아동을 대상으로 한 상담 방법으로 발전해 왔다. 대상관계 이론의 치료 목표 및 장·단점은 다음과 같다.

표 Ⅰ-12 대상관계 아동상담

대상관계 아동상담	
치료목표	아동의 문제는 주로 양육자와 유아간의 만족스럽지 못한 관계에 생긴다. 치료의 목표는 정신분석 상담과 마찬가지로 내담자 자신의 문제와 관계, 상황에 대한 통찰과 내적 성장에 목표를 가지고 있다.
적용대상	대상관계 이론은 프로이드의 정신분석 상담이론을 근거로 하여 아동에게만 적용할 수 있는 상담이론을 발전시킨 것이다. 멜라니 클라인, 마가렛 말러 등은 아동 내부의 세계를 이해하기 위해 언어보다 인형, 그림 진흙 등을 이용하였다(이는 아동 놀이치료의 근거가 됨). 대상관계의 주된 적용 대상은 문제를 가진 아동과 그 양육자이다.
제한점	대상관계 이론은 정신분석 이론에 근거를 두고 있으므로 치료자는 기본적인 이론적 토대가 갖추어져야 하고 오랜 훈련을 받아야 하며, 내담자는 많은 시간과 경비를 들여야 한다. 대상관계 이론의 주상담 대상은 아동상담자이며 일반적인 모든 상담 대상자를 대상으로 하지 않는다.

Melanie Klein
· 유아의 발달단계를 중요시한 대상관계 이론가

Margaret Mahler
· 대상관계이론의 창시자

제3장

아동상담 및 부모상담

1. 아동상담
2. 아동상담의 유형
3. 부모상담

앞 장에서 살펴본 바와 같이 상담의 대상에 따라 아동상담, 청소년상담, 성인상담 그리고 노인상담으로 구분할 수 있다. 본 장에서는 유아교육기관이나 초등학교에서 주로 대상이 되는 아동들에 대한 상담의 특징과 유의점을 다루고자 한다.

상담에 대한 기본적인 이론은 제2장에서 다룬 바와 같다. 그러나 대상이 아동이므로 아동의 발달 및 특성에 따라 상담 방법과 과정에서 상담자가 고려해야 할 사항이 있다. 특히 어린 유아들의 경우 언어적 표현이 제한되어 있으므로 성인상담과는 큰 차이를 보이며 아동의 보호자(부모)가 상담의 대상에 포함되어야 한다.

1. 아동상담

1) 아동상담의 목적

아동상담은 주로 부적응행동을 교정하여 주변 환경에 잘 적응할 수 있도록 도와주는 것이 목적이다. 보다 나아가서, 아동이 일상생활에 잘 적응하고 자신이 가진 잠재력을 최대한 발휘할 수 있도록 도와주는 것이 아동상담의 목적이라 할 수 있다. 아동상담의 목표를 구체적으로 살펴보면 다음과 같다.

(1) 아동 행동의 바람직한 변화

교우관계, 부모- 아동 관계 등과 같은 관계뿐 아니라 아동 주변의 생활과 관련한 다양한 문제증상을 해결하고 바람직한 행동으로 변화하는 것이 아동상담의 목표이다. 즉, 아동기에는 성격과 습관의 형성기이므로 바른 습관을 형성하는 것도 중요한 상담 목표일 수 있다.

(2) 정신건강 촉진

현대는 아동의 정신건강을 위해할 수 있는 다양한 요소가 존재한다. 아동들이 이러한 위해요소로부터 상처받지 않고 건전한 정신을 함양할 수 있도록 정신건강을 촉진한다.

(3) 문제해결 능력

상담자는 아동이 스스로 문제를 해결하도록 도움을 주어야 하며, 가족관계, 학교(유아교육기관) 적응, 행동이나 습관, 심리적 문제를 해결하는데 있어서 자발적으로 스스로 문제를 해결하도록 도움을 준다.

(4) 잠재력 증진

아동은 발달하는 존재이며 무한한 잠재력을 가진 존재이다. 아동이 가진 잠재력을 최대한 발휘할 수 있도록 촉진시켜 주어야 한다.

(5) 합리적 의사결정

상담은 합리적인 의사결정이 이루어지도록 도움을 주는 과정이기도하다. 아동이 스스로 합리적인 선택을 하고 의사를 결정할 수 있도록 조력한다.

2) 아동상담의 특징

아동상담은 아동의 발달적 특성으로 인해 다음과 같은 특징을 가진다.

(1) 언어표현의 제한

아동은 성인과 달리 언어적 표현에 제한을 갖는다. 대부분의 상담이 언어를 매개로 이루어지는데, 아동의 경우 언어를 통해 자신의 내면세계를 표현하거나 상대방을 이해하는 것이 어렵다. 따라서 아동을 대상으로 한 상담은 언어 대신에 놀이, 그림, 음악 등 외부 자극을 조작함으로써 심리치료나 행동수정을 하고 있다.

아동의 세계는 성인들과는 매우 다르다. 아동을 상담하기 위해서는 아동의 언어적 제한성을 이해하고, 아동 내담자와 눈높이를 맞추며 아동의 생각과 느낌을 반영할 수 있는 공감능력이 요구된다.

(2) 아동 발달에 대한 고려

아동은 신체적으로 뿐 아니라 언어, 인지, 사회성 등 제반 발달이 이루어지고 있는 과정에 놓여 있다. 상담에 있어서 각 영역의 발달 과정에서 겪는 특징들과 아동기의 특성에 대한 발달적 이해가 기초되어야 한다. 상담가는 이러한 아동 발달에 따라 다른 특징을 고려한 상담 계획을 마련해야 하며 상담 과정에 있어서도 발달적 특징을 고려해야 한다. 특히 나이가 어린 유아들일수록 성인과는 달리 성격과 정서가 미분화된 상태이므로 아동상담에서는 고려해야 할 사항들이 많다.

현정환(2009)은 발달 과정에 있는 영유아기 아동들의 특징을 다음과 같이 제시한다.

① 미분화성

영유아기는 미분화상태이다. 따라서 심각한 심리적 갈등상태에 빠지는 경우가 거의 없으며 불안에 대한 방어기제로써 자기방어기제도 사용하지 않는다. 따라서 문제 상황에 대해 단순한 신체-심리반응(공격성, 울음 등)으로 나타난다. 욕구불만에 대한 아동의 반응은 연령 증가와 함께 복잡해진다.

② 가소성

연령이 어릴수록 행동의 개선효과가 성인에 비해 비교적 쉽게 나타난다. 즉, 어린 아동일수록 가소성이 크기 때문에 빨리 문제가 해결될 수 있고, 또 해결된 문제가 금새 다시 나빠질 수도 있다.

③ 생물학적 요인

연령이 어릴수록 부적응 행동의 발현에는 생물학적 요인이 관여하기 쉽다. 가령, 야뇨증이나 언어발달 지연 등에 생물학적 요소나 유전적 요소가 관여할 가능성이 많아진다.

④ 가정환경

발달 과정에 있는 아동들은 가정환경에 많은 영향을 받는다. 아동의 문제행동은 부모와의 관계나 가족관계를 반영하는 경우가 많으므로 가정환경이나 가족 간의 상호작용에 주목할 필요가 있다. 특히 부모의 훈육방법 등은 아동 행동에 큰 영향을 준다.

⑤ 일시적 문제행동

영유아기는 심신의 발달이 급속하게 이루어지는 시기이다. 따라서 발달 과정에서 일시적으로 출현하는 문제행동도 많다. 아동의 문제행동을 평가할 때, 심각성과 지속성 등을 고려하여 전체적 관점에서 치료계획을 세우는 것이 좋다.

⑥ 또래의 중요성

또래와의 놀이가 시작되는 시기부터는 또래집단이 매우 중요해진다. 유아교육기관이나 학교에서 또래와의 상호작용은 적응행동에 큰 영향을 미치며 사회성 발달에도 영향을 준다.

2. 아동상담의 유형

상담의 유형은 여러 가지로 분류될 수 있으나 교육기관에서 이루어지는 상담은 학기가 시작될 무렵을 비롯하여, 일정한 간격을 두고 이루어지는 정기적인 상담과 필요에 따라 이루어지는 비정기적인 상담이 있다.

1) 교육기관에서의 상담

그리고 다음의 표에서 제시된 바와 같이 개인적으로 이루어질 수도 있고 집단 상담의 형태로 이루어질 수 있다. 교육기관에서 이루어질 수 있는 상담의 유형은 다음과 같다.

표 I－13 교육기관의서의 상담 유형

종 류	내 용
개인상담	상담자와 부모, 또는 상담자와 아동이 서로 대면하여 아동의 생활과 행동에 관한 여러 가지 문제에 관하여 서로 의견을 교환하는 상담활동이다.
집단상담	집단상담은 보통 1년에 한두 번 정도, 즉 학기 초와 학기 말에 한 번씩 반별로 교사(상담자)와 부모 20~30명 정도가 함께 모여 이야기를 나눈다. 집단상담의 장점은 여러 부모들이 가정에서 자녀를 키우면서 경험했던 문제를 이야기함으로써 자기 아이만의 문제라고 생각했던 것을 다른 유아에게서도 발견할 수 있다는 것을 알고 위안을 받을 수 있다는 점이다.
가족상담	가족상담은 가족 간의 상호작용에서 비롯되는 여러 가지 부적응 현상을 치료하는 집단치료의 일종으로서, 개인의 심리적 장애와 문제가

종 류	내 용
	가족 간의 부적응에서 온다는 전제하에 실시되는 방법이다. 독립적인 가족치료가들에 의해서 발전되기 시작하였으며, 특히 1960년대 이후에는 심리치료의 혁명적 발전으로 평가되기도 했다. 일반적으로 가족치료는 가족들이 서로 지니고 있는 감정을 명백히 하고, 이를 표현하여 서로의 이해를 증진시키며, 서로가 반응하는 양식을 더욱 효율적으로 하여, 공동의 문제를 합리적이고 현실적으로 해결할 수 있도록 하는 것을 목표로 한다.

2) 치료기관에서의 상담

유아교육기관이나 학교에서 교사들에 의해 적응하지 못하는 아동이나 특별한 문제를 발견하는 경우가 많다. 문제행동을 판단할 때는 어떤 기준에 의해 판단하는지 그 타당성에 대해 생각해 볼 필요가 있다.

일반적으로, 통계적 기준, 문화적 가치판단에 의한 기준, 의학적 기준, 발달적 기준 등이 적용되며 교사는 객관적 진단 기준과 관찰을 통해 아동의 문제를 파악하고 그 문제가 교사의 능력 범위를 벗어난 경우 아동의 치료를 위해 전문상담가에게 의뢰할 수 있다.

상담 전문가들은 그들의 전문 분야에 따라, 부부상담, 청소년상담, 진로상담, 아동상담 등이 전문가로 분류될 수 있으며 그들의 상담이론 배경에 따라 상담과정과 상담 기법이 달라질 수 있다. 가령, 아동의 경우, 그 아동이 가진 문제에 따라 의료적 접근이나 행동수정 방법이 더 유효할 수도 있으며 놀이치료나 미술치료가 적합할 수도 있다.

교사는 아동의 문제를 관찰하고 객관적이고 다각적인 형태로 문제에 대한 평가를 하고 부모상담을 통하여 아동을 전문상담가에게 위임할 지에 대해 의논해야한다. 일단, 아동이 전문 상담기관에서 상담을 받게 될 경우, 교사는 학급에서 일어나는 행동에 대한 관찰 자료와 그 동안 평가한 기초적인 아동 사정 자료에 대한 자료를 제공하고, 상담이 진행되는 동안 상담의 협조자로써 지원적 역할을 해야 한다.

만일, 부모가 전문 상담치료를 거부할 경우, 교사는 전문 상담인의 협조를 얻어 아동 문제해결에 최선을 다 해야 하므로 교사가 기본적인 상담 과정과 기법을 이해하는 것은 매우 중요한 일이다.

3. 부모상담

아동상담의 효과를 기대하기 위해서는 아동에 대한 심리 치료적 접근과 함께 부모나 교사의 협력이 필수적이다. 아동기의 경우 부모에 대한 의존도가 높은 시기이므로 부모의 심리상태와 양육태도는 아동발달에 중요한 의미를 지닌다.

자녀와 공생관계를 형성하고 있거나 지나치게 자녀에게 심리적으로 개입을 한 부모의 경우, 부모의 태도 변화 없이 아동의 행동 변화를 기대하기 어렵다.

1) 부모상담의 형태

부모상담의 형태는 상기한 바대로 개별상담과 집단상담, 가족상담 등으로 나눌 수 있으며 접근 방법에 따라 생활지도(guidance)와 상담으로 나누어 볼 수 있다.

(1) 생활지도(guidance)

생활지도란 어떤 특정 문제에 직면한 사람에게 객관적인 자료를 포함한 정보를 제공하여 구체적인 해결방법을 제시하는 것을 말한다. 요즘은 아동 지도에 대한 정보가 넘쳐 나므로 종종 부모들에게 혼란을 야기하거나 잘못된 훈육방법의 적용으로 오히려 문제를 겪는 경우가 허다하다. 상담자는 아동의 문제 행동에 대한 정확한 이해와 지도를 위해 연구하는 자세가 필요하며, 한 아동에게 유효한 지도방법을 모든 아동에게 동일하게 유효하지 않다는 점을 명심해야 한다.

상담자는 견고한 이론적 기반을 가지고 각 아동의 사례가 가지고 있는 특수성을 고려하여 상담에 임해야 할 것이다.

(2) 상담

상담과 생활지도는 큰 차이가 있는 것은 아니다. 생활지도가 특정 문제의 해결을 위해 정보의 제공을 그 목적으로 하는데 비해 상담은 그 사람의 인격적 측면까지 접근하여 총체적인 변화를 시도하므로 보다 광범위한 문제해결을 목표로 한다.

부모를 대상으로 상담을 할 때, 부모 자신이 문제를 가지고 있지 않다 하더라도 상담자는 아동의 문제와 연결지어 부모를 상담하게 된다. 부모상담에서 해결되어야 할 과제는 다음과 같다.

① 부모와 자녀의 관계 문제와 이로 인해 발생되는 아동의 문제

② 부모 자신의 문제와 이로 인해 발생되는 아동의 문제와 부모-자녀 관계의 문제

③ 부부간의 문제와 이로 인해 발생하는 아동의 문제 및 부모-자녀 관계의 문제

이와 같이 상담사는 아동의 문제에만 초점을 맞추는 것이 아니라, 부모와 자녀 관계의 문제, 부모 자신의 문제, 부부간의 문제에 대해서도 초점을 두고 아동 문제해결의 실마리를 찾아야 한다.

특히 어머니의 경우는, 한 인간으로서 여성, 아내, 어머니라고 하는 세 가지 역할을 하고 있으며 동시에 자녀와 남편 외에도 시부모, 형제, 친척 및 친구, 직장동료 등 다양하고 복잡한 인간관계를 맺고 있다. 이러한 인간관계의 영향을 받으며 자녀를 양육하고 있는 점을 유의하여야 한다.

2) 부모상담의 목적

(1) 치료 관계의 유지

아동상담은 성인 상담과 달리 아동 스스로 상담실을 찾는 경우가 거의 없으며 대부분 부모의 판단에 의해 상담이나 심리치료가 시작된다. 따라서 부모상담의 가장 큰 목적은 아동상담이나 심리치료가 완료될 때까지 정기적으로 자녀를 데리고 올 수 있도록 상담의 동기를 강화시키는 데 있다.

(2) 아동 관련 정보수집 및 제공

부모상담에서 얻을 수 있는 중요한 정보원 중의 하나는 바로 부모이다. 이는 평소 치료 장면에서 얻기 어려운 아동의 모습에 대한 정보를 부모를 통해 얻을 수 있다. 부모로부터 가정에서의 아동 태도 및 행동 부모와의 관계 등에 대한 정보를 최대한 많이 수집해야 한다.

부모상담은 아동에 대한 정확한 정보제공을 해 주는 목적도 가지고 있다. 이를 통해 부모가 보다 객관적인 자녀 이해를 할 수 있고 자녀에 대한 긍정적인 측면을 발견할 수 있도록 한다.

(3) 부모에 대한 심리치료

모든 아동의 문제나 증상이 부모나 가족의 병리적 현상과 관련되어 있다고 단언하기는 어려우나 그릇된 양육 태도나 인격 장애로 인한 경우가 매우 빈번하게 보고되고 있다.

이런 경우에는 부모나 가족 구성원을 대상으로 한 가족상담이나 심리치료를 통해서 부모 자신이 자신의 문제를 통찰하고 보다 건강한 심리상태가 될 수 있도록 지원해야 한다.

3) 부모상담 시 유의사항

부모를 상담할 때 다음 몇 가지를 유의해야 한다.

첫째, 부모의 주체적인 선택을 존중한다. 부모에게 가정에서 효과적인 대응법을 제안할 때 지시적이거나 일방적인 제안보다는 부모가 주체적으로 선택할 수 있도록 조언하는 것이 바람직하다. 상담자가 확신을 가지고 구체적인 방안을 제안해 주고 싶을지라도 부모의 주체적인 선택을 존중해 주어야 한다. 이러한 상담자의 태도는 부모에게 최종적인 결정권을 주고 자녀 행동지도에 대해 책임감을 주며 능동적 참여를 유도하는 효과를 준다.

둘째, 상담실 내에서 아동의 행동이 자유로울 수 있도록 부모의 협조를 구한다. 어린 아동들의 경우 놀이치료나 작업치료 등을 할 수 있다. 이때 아동이 자유롭게 탐색하고 치료 장면에 임할 수 있도록 부모의 협조를 구하는 것이 필요하다.

셋째, 부모의 능동적 참여의 필요성을 의식하도록 유도한다. 상담자는 부모가 보다 능동적으로 참하도록 격려하고, 부모의 역할이나 책임감을 인식할 수 있도록 도움을 준다.

넷째, 아동에 대한 객관적 이해와 긍정적인 면을 발견할 수 있도록 지원한다. 대부분 문제와 증상을 호소하며 상담을 원하는 부모들은 자녀에 대해 부정적인 측면을 강조하게 된다. 또한, 자녀 문제에 대한 부모의 인식은 왜곡된 경우가 많다. 자녀에 대한 왜곡된 인식은 부모의 그릇된 양육태도로 연결된다.

부모상담에서 자녀의 상태에 대해 정확하고 객관적으로 이해할 수 있도록 지원해 주는 것은 매우 중요하다.

다섯째, 치료의 초기장면부터 진단적 판단을 하지 않도록 한다. 아동을 대하는 첫 면담부터 진단적 판단을 하지 않는 것이 좋다. 정확한 진단을 위해서는 최대한 신중해야 하며 행동관찰, 각종 검사결과, 임상면담 결과를 종합하여야 한다.

대부분 부모들은 첫 상담에서부터 자녀의 문제 증상에 대한 결과를 얻고자 한다. 상담자는 진단과 판단을 유예하는 것이 좋으며, 진단 결과를 제시할 때는 부모의 인식정도, 성숙도, 문제에 대한 수용능력 등을 고려해야 한다.

여섯째, 보다 효과적인 상담을 위해 아동상담실-부모-아동 교육시설간의 협력을 구축한다.

상담의 효과는 이러한 부모와 교사와 아동 주변의 중요한 인물들의 협력 속에서 극대화될 수 있을 것이다.

4) 상담에 응하는 부모의 유형

신현균(2014)은 상담에 응하는 부모의 유형을 다음과 같이 네 가지로 분류하고 그 대처방안을 제시하고 있다.

(1) 상담자에게 의존적 부모

자녀 문제에 어떻게 대처해야 하는지 전혀 알지 못하는 부모가 있다. 이러한 부모들은 대부분 심리학적 지식이 거의 없으며 주변 사람들의 조언을 얻어 일관적이지 못한 양육 방식으로 자녀를 양육하는 경우가 대부분이다.

이들은 상담자에게 전적으로 의존하려 하고, 상담이 모든 것을 해결해 준다고 믿는다. 의존적인 부모들은 상담자의 의견에 전적으로 따르므로 상담자가 상대하기 수월하지만 상담자의 설명을 제대로 알아듣지 못하거나 상담자가 치료의 모든 측면을 책임져 주기를 바란다.

이들을 적극적으로 상담에 개입시키기 위해서는 부모역할의 중요성을 반복해서 알려주고 필요한 자료를 제시해 줄 필요가 있다. 의존적인 부모는 자녀 양육방식에 대한 교육 등 부모교육이 필수적이다.

(2) 상담자를 불신하는 부모

상담에 대한 경험이 없는 부모들은 상담이나 심리치료에 대한 효과를 불신할 수 있다. 이러한 부모들에게는 심리평가의 결과를 제시하고 아동 문제를 개념화하면서 불신이 줄어들 수 있다. 지속적으로 불신이 계속되는 부모들의 경우는 치료자의 능력을 시험해 보기 위해 거짓정보를 주거나 정보를 제대로 제공해 주지 않는 경우도 있으며 치료자의 설명에 큰 반응을 보이지 않는다.

상담자를 불신하는 부모의 경우, 기본적으로 인간에 대한 신뢰감이 부족한 사람들이며 의심이 많고 대인관계도 원활하지 못한 경우가 많다. 이러한 부모를 대할 때에는 우선, 상담자가 부모의 불신감을 그대로 수용하는 태도가 필요하다. 이들에게 상담자의 전문성을 강조해도 신뢰감 형성에 큰 효과를 볼 수 없으므로 성의 있는 태도로 일관성 있게 상담에 임하는 것이 필요하며 설득하지 않는 것이 좋다. 이런 경우는 부모와 좋은 관계를 형성하여 아동상담에 협조를 구하는 노력보다는 아동상담에 전념하는 편이 더 효과적이다. 결국 아동이 변화를 보여야 상담에 대해 신뢰감이 생기고 상담에 협조하게 될 것이기 때문이다.

(3) 문제를 부정하는 부모

아동이 심각한 문제를 보이고 있는 경우, 예를 들면 자폐장애나 정신지체 등의 경우에 부모들은 자녀의 문제를 부정하려고 한다. 이는 심리적으로 충격을 완화시키고자 하는 무의식적 방어에서 기인하는 것으로써 첫 면담이나 상담 초기에 많이 나타나는 현상이다.

치료자가 심리평가를 통해 진단에 대해 전문가로서의 확신을 갖고 있다 할지라도, 부모가 수용하지 못한다면 잠시 유예기간을 두는 것이 필요하다. 부모들은 부정, 분노, 우울의 단계를 거치고 나서야 현실을 수용하게 된다.

이 단계 동안 상담자가 역점을 두어야 할 것은 부모의 감정 상태를 수용하고 공감해 주고 위로해 주는 것이다. 상담자의 진단을 강요하는 것은 부모의 방어를 더 강하게 만들거나 위협감을 느끼게 되어 치료를 포기하게 만들 수 있다. 상담자는 진단에 대해 상담을 진행해 가면서 좀 더 관찰하고 자료를 모아서 다시 재검토해 보겠다고 말해 줌으로써 부모의 고통을 완화시킬 수 있다. 어떤 부모들은 현실을 빨리 수용할 수 있지만 다른 부모들은 그 과정에 오랜 시간이 걸린다. 상담자는 부모가 아동 문제의 본질을 수용할 준비가 될 때까지 인내심을 갖고 기다리는 동시에 부모의 양육 스트레스를 감소시키는 개입을 하고, 아동상담에 도움이 되는 부모교육을 실시하는 것이 좋다. 아동의 문제가 심각할지라도 부모가 도와줄 수 있는 방법들을 알게 됨으로써 미래에 대한 두려움이 감소하게 된다.

(4) 주지화(主知化)하는 부모

어떤 부모는 자신이 알고 있는 약간의 심리학적 지식을 바탕으로 아동 문제를 진단하고 사례 개념화까지 하려 한다. 이들은 문제의 원인까지 확신하고 있으며 해결 방안까지 다 알고 있는 듯이 보인다. 이들은 상담자를 자신들의 지도를 받으며 심리치료를 수행하는 사람 정도로 인식하며 상담자의 전문성에 대해 기대를 하지 않는다. 이들은 대개 자기중심적인 사람들로, 아동 문제의 원인을 자신보다는 외부에서 찾음으로써 자존감을 유지하려 한다.

예를 들어, 학교에서 따돌림을 당하는 초등학생 딸을 데리고 온 한 어머니는 자신의 딸이 너무 예쁘고 똑똑하여 완벽하기 때문에 열등감이 많은 다른 대부분의 아이들이 자신의 딸을 질투하여 따돌리는 것이라고 굳게 믿고 있었다. 따라서 상담자가 해야 할 일은 자신의 딸이 그런 상황에서도 기죽지 않고 다른 아이들을 무시하면서 당당할 수 있도록 도와주는 것이라고 처방까지 내렸다. 그러나 이 사례에 대한 치료자의 평가 결과, 어머니는 자기애성 성격장애가 의심되었다. 즉, 자신과 자신의 가족은 너무 완벽한 사람들이라 일반인의 시기와 질투를 받을 수밖에 없다고 믿고 있었다. 아동 역시 그러한 사고를 그대로 수용하여 공주처럼 행동하면서 다른 아이들을 무시하는 것이 따돌림을 당하는 주된 이유로 판단되었다.

이런 부모들을 대할 때 상담자는 무시당하는 느낌을 받아 화가 나기 쉬우며 부모의 잘못된 지식에 대해 신랄하게 지적하고 싶은 욕구를 갖는다. 그러나 이런 상황에서도 치료자는 치료적인 태도를 견지해야 한다.

주지화하는 부모의 경우, 부모의 의견을 정면으로 반대하면서 상담자의 전문적 견해를 제시하면 부모는 자존감에 위협을 느끼며 분노를 느끼게 되므로 상담자의 견해를 수용하지 않게 된다. 따라서 상담자는 아동 문제에 대한 부모의 견해를 하나의 가설로 수용하고 다른 가설들이 있을 수 있음을 설명하는 것이 좋다. 이 사례의 경우 상담자는 부모가 판단한 것처럼 아동이 장점이 많고 훌륭하지만 인간은 누구나 부족한 점을 갖고 있으며 아동이 대인관계 기술을 좀 더 배운다면 학교생활에 더 잘 적응하면서 건강하게 성장하게 할 수 있음을 설명하였다. 이처럼 부모의 자존감을 건들지 않으면서 아동 쪽의 변화도 필요함을 전달하였다.

주지화하는 부모들을 대할 때 치료자는 이들의 비현실적이고 잘못된 생각과 믿음을 한 번에 변화시킬 수 없으므로 점진적으로 현실과 접목시키기 위해 노력해야 한다.

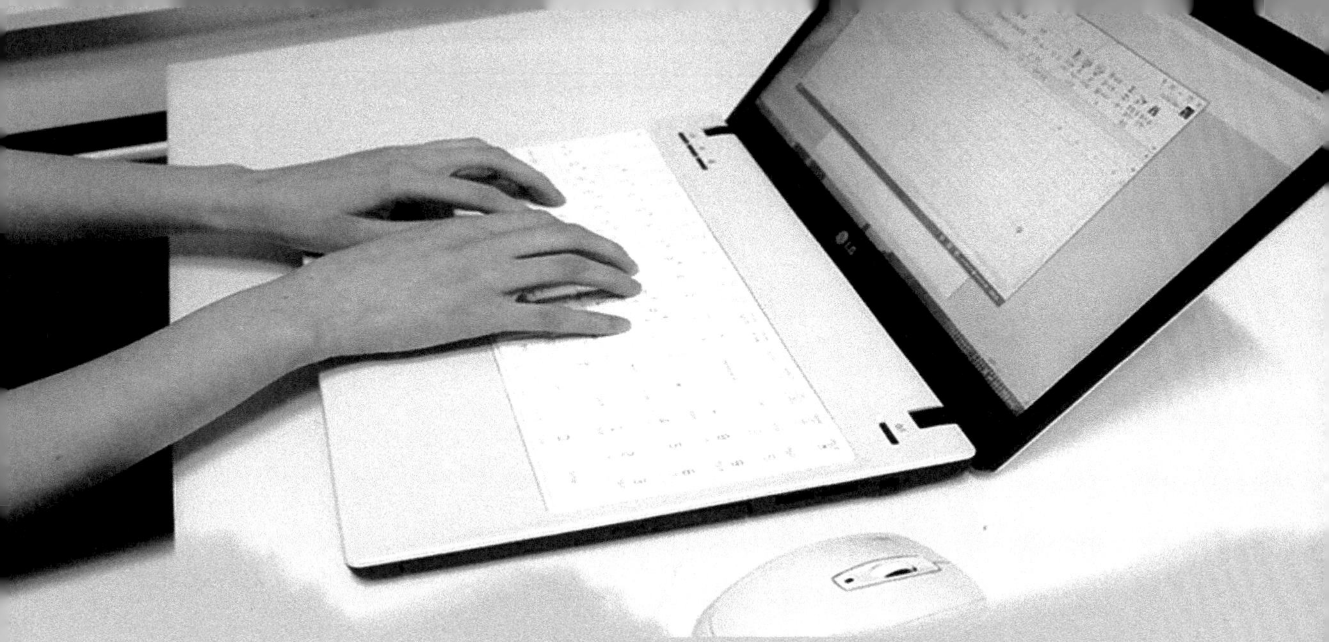

제 II 부

상담의 과정

제II부는 상담의 과정을 상담의 준비에서 종결에 이르기까지 단계별로 비교적 자세히 기술하였으며 모두 7장으로 구성되어 있다.

상담을 준비하기 위한 환경설정 및 필요한 각종 도구(면접지) 등을 제시하였으며 상담 초기, 상담 중기, 종결단계에 이르기까지 상담과정의 유의점과 개입의 기술, 필요한 평가도구와 해석방법 등을 구체적으로 제시하고 있다.

제7장은 상담의 유형별 실제 사례를 수록함으로써 예비 상담가들에게 도움을 준다.

제1장

상담준비 및 상담접수

1. 상담의 준비
2. 초기 면담

1. 상담의 준비

상담이 이루어지기 위해서는 상담이 원활하게 이루어지게 하기 위한 적절한 물리적 환경이 갖추어져 있어야 한다.

상담과 관련한 물리적 공간은 접수실, 대기실, 상담실, 검사실 등이 있다.

1) 접수실

접수실은 상담 접수를 받는 공간이다. 내담자가 가장 쉽게 찾을 수 있는 공간에 위치하는 것이 좋다. 접수 전담 사무원이 있어야 하며 상담과 관련한 가장 기본적인 사항을 수집하는 곳이다. 내담자가 처음으로 대하는 곳이므로 안정적이고 밝은 분위기가 필요하며 기본적인 상담 접수 관련 서류들이 구비되어 있어야 한다.

2) 대기실

대기실은 내담자가 편안하게 서비스를 기다릴 수 있는 공간이다. 상담실에 근접한 곳에 위치하는 것이 좋으며 조용한 클래식 음악 등을 이용하여 내담자가 기다리는 동안 심리적으로 편안함과 안락함을 느낄 수 있도록 한다.

대기실에는 딱딱한 의자보다는 천으로 된 소파 등 부드러운 종류의 가구들을 배치하여 긴장을 풀 수 있도록 하는 것이 좋다.

3) 상담실

상담자가 자신의 집무실이 있는 경우 상담실과 겸용하는 경우가 많다. 상담실은 일반적인 개인상담 신청서의 양식은 다음과 같은 사항들이 포함된다.

개인상담 신청서(예시 : 일반)

* 이름 : *성별 : 남 · 여 *신청일 : 년 월 일

* 생년월일 : 년 월 일(만 세) *주민등록번호 : –

* 거주사항 : * 자가 · 타가(자취 · 친척집 · 하숙 · 전월세)

* 종교 : 기독교 · 불교 · 천주교 · 기타

* 결혼여부 : 미혼 · 기혼 · 이혼 · 별거 · 사별 · 기타

* 직 업 : * 소속 : * 전화번호 :

* 가족사항(가족 이외에 동거하는 사람들도 모두 적어 주십시오)

이름	관계	연령	학력	직업	동거여부	비고

* 상담받기를 원하는 내용은 무엇입니까?

. . . .

. . . .

* 상담받기를 원하는 특정한 상담자가 있습니까? 아니오( ) 예(누구:)

* 이전에 상담을 받아본 적이 있습니까? 아니오( ) 예( )

* 이전에 상담을 받은 경우 : 언제:______ 어디서:______ 왜:__________

* 상담을 그만둔 이유? ______________________________________

* 본 상담실을 알게 된 경위는? (　　)

① 타 상담기관　② 타 기관 카운슬러　③ 타 사회 단체　④ 신문 · 방송광고
⑤ 교사　⑥ 부모　⑦ 친척

* 요즈음 당신의 관심사항에 "∨"표를 하십시오.

* 오늘 당신의 관심 사항에 "∨"표를 다시 한번 더 하십시오.

항목	표시	항목	표시	항목	표시	항목	표시
성적부진		의사결정		건강문제		여가활동	
시험불안		우유부단		스트레스/압박감		성격	
성적하락		자녀문제		불안/초조함		원치 않는 습관	
학교 가기 싫어함		부부관계		걱정/근심		약물 오남용	
학교적응		가족관계		기운이 없음/피로		죽음/애도	
진학문제		재정문제		집중력 저하		가출	
진로문제		직장 적응문제		분노감		비행	
취업		자신감 결여		고독감		(집단)폭행	
지능		이별/헤어짐		우울감		성 폭행	
교우관계		성에 대한 관심		체중증가		자살	
이성교제		임신		체중감소		노이로제	
외모 · 자아상		종교 · 신앙문제		불면증		정신병	
기타 :							

*건강상의 문제 :

*현재 복용중인 약품 :

*상담실에 올 수 없는 시간에 "×"표, 선호하는 시간에 "0"표를 하십시오.

시간 요일	오전 9–10	10 –11	11 –12	오후 12–1	1–2	2–3	3–4	4–5	5–6	저녁 6–7	7–8	8–9
월												
화												
수												
목												
금												
토												

☺ 수고하셨습니다. 이 양식을 접수자에게 제출해 주십시오.

2) 접수 면접의 내용

상담이 접수되는 것은 공식적인 상담이 이루어지는 가교역할을 하는 것이다. 상담을 접수하는 자는 상담분야의 교육을 받고 실무경력이 있어야 하며 2년 정도의 실습경험이 있어야 한다. 접수 면접에서는 다음과 같은 기본 정보들을 수집해야 한다.

(1) 내담자의 기본 정보

접수 면접의 날짜. 내담자의 이름과 생년월일, 접수면접자의 이름, 이전에 상담을 받았는지 여부 등이다.

(2) 호소 문제

내담자가 주로 호소하는 문제, 상담받으려는 목적이나 이유, 문제가 발생한 시기 및 배경, 상황적 · 생물학적 문제의 배경, 문제의 진행상황 및 현재의 상태의 심각도 등을 듣는다.

(3) 최근 또는 현재 상태

환경적, 심리적 변화가 최근에 발생했을 수 있으며 내담자의 현재 생활에 많은 영향을 미치고 있을 수 있다. "현재 어떤 상태인가?"와 "지난 1년 간 어떻게 보냈는가?"를 질문함으로써 최근의 상태를 파악한다.

(4) 스트레스의 원인

내담자의 스트레스의 원인을 파악한다. 이때, 접수자의 객관적인 용어를 이용하여 기록하는 것보다는 내담자의 용어를 그대로 기록하는 것이 바람직하다. 가령,

"시어머니의 잔소리", "아이의 짜증" 등은 다른 방식으로 기록이 가능하겠지만 접수 면담에서는 내담자가 표현하는 방식으로 기록하는 것이 바람직하다.

(5) 사회적 · 심리적 지원

내담자가 문제에 봉착했을 때 지원을 받을 수 있는 사회적 · 심리적 지원을 받을 수 있는 자원이 있는지 파악한다. 즉 어려운 문제가 생겼을 때 상의하거나 도움을 받을 만한 지역사회 단체나 친구, 가족 등이 주변에 있는지 살핀다.

(6) 개인사 및 가족관계

호소하는 문제와 관련한 개인사 및 가족관계를 탐색한다. 이전에 비슷한 문제를 겪었는지, 그 때는 어떻게 대처했는지, 가족 가운데 내담자와 갈등관계에 있는 사람이 있는지 등 내담자가 주로 호소하는 문제와 관련한 정보들을 수집한다.

(7) 외모 및 행동

내담자의 옷차림, 청결상태, 표정, 말할 때의 특성 시선, 면접자를 대하는 태도 등 비언어적 요소는 중요한 정보가 될 수 있다. 면접자는 내담자의 비언어적인 외모 및 행동을 관찰하여 기록한다.

(8) 진단평가 및 면접자 소견

내담자에 대한 정보, 관찰내용, 느낌과 인상 등을 중심으로 진단평가를 한다. 내담자에게 유용할 수 있는 심리검사에 대한 의견도 기록한다.

이상의 상담접수 양식의 예시에서 알 수 있듯이, 상담 접수를 통해 개인의 전체적인 상담 내용 및 상담을 할 수 있는 시간 등에 대하여 알 수 있다. 상담접수

양식은 어린 영유아를 주 대상으로 하는 경우 달라질 수 있다.

아동상담은 가족적 접근이 이루어지거나 부모 면담과 아동 면담이 둘 다 이루어져야 하는데 대부분 부모와의 면담이 먼저 시작된다. 초기의 상담 접수 및 면담과정은 내담자와의 관계 맺기 등에서 매우 중요한 의미를 가진다.

3) 부모면담

부모와의 면담에서 기초적으로 수집되고 평가되어야 할 내용들은 다음과 같다.

(1) 주 호소문제

부모가 호소하는 문제행동은 무엇인가? 그리고 이 문제로 인해 생기는 일상생활에서의 어려움은 무엇인가를 조사한다.

(2) 가족환경

가족형태, 출생순위, 주거환경, 부모의 취업여부 등 기초적인 가족환경을 조사한다.

(3) 유아의 발달 이력

성격 및 병력, 유아를 임신했을 때와 분만과정, 양육자와의 관계. 이전에 다니던 기관에서의 적응정도 등을 알아본다.

(4) 주된 문제 행동 및 유발요인

문제 행동의 빈도 및 강도, 문제 행동 발생 시기. 지속기간 발생상황 등을 조사하고 특히, 문제가 발생했을 때 부모나 주변 사람들의 대처방법을 조사한다.

(5) 부모의 성격 및 양육태도

아동의 문제행동을 유발하는 요인 가운데 하나는 부모의 양육태도나 성격에서 비롯될 수 있다. 따라서 부모의 양육태도나 성격적 요인을 관찰하는 것이 중요하다. 그리고 고부갈등이나 부모의 성장과정 역시 큰 영향을 미칠 수 있으므로 원가족의 환경도 조사한다.

(6) 아동의 현재 적응정도

아동의 학업성취, 교우관계, 일상생활습관 및 태도를 조사한다.

(7) 가족 주변의 환경

친척, 지역사회 등 기타 참고사항 등을 조사한다.

면담 과정에서는 구조화된 면담 기록지를 이용하여 조사하면 시간적인 절약을 할 수 있으며 기록지를 토대로 상세히 알아야 할 필요가 있는 부분은 면담을 통해 알아볼 수 있다.

아동의 가족 환경을 보다 쉽게 도식화하기 위해서는 생태도 및 가계도를 이용하여 기록하는 것이 편리하다.

부모면담 기록지의 예

성　명 :　　　　　　　　　　생년월일 :　　　　년　　월　　일
주　소 :
전화번호 :

상담사유 :

참조사항 :

이전 기관의 경험

1. 문제행동의 시작 및 지속기간, 부모의 반응 및 대처방법

2. 유치원 생활, 교우관계, 학업성취(Social Adaptation)

3. 가족력
ⓐ 가족력
ⓑ 가족관계
ⓒ 아동에 대한 가족의 태도

4. 임신과 출산과정
ⓐ 임신 계획(원하던 아기/원하지 않던 아기)
ⓑ 주변의 반응
ⓒ 산모의 정신건강과 질병
ⓓ 임신 기간(조산/ 정상 분만/ 만산)
ⓔ 분만 상태
ⓕ 체중
ⓖ 아기의 건강상태

5. 발달이력
ⓐ 주 양육자(보호자)
ⓑ 성격특성(순응적 아기/ 까탈스런 아기/ 둔한 아기 등)
ⓒ 발달지표
- 근육발달(신체발달)
- 언어발달
- 정서발달
- 대 · 소변 훈련

4) 아동면담

성인과는 달리 아동들은 스스로 상담을 요구하는 경우는 거의 없다. 대부분 부모나 소아과의사, 교사 등 아동 주변의 성인에 의해 상담이 의뢰되는데, 일반적으로 학부모들이 상담을 원할 경우 대부분 자녀의 적응문제나 행동에 대한 조언을 구하기 위한 것이다. 교사가 학부모와 상담을 하기 위해서는 기초적인 상담 지식 및 상담자로서의 태도를 갖추어야 한다. 학부모의 감정을 이해하고 지지하기 이전에 상담하고자 하는 문제와 관련한 상담에 필요한 기초 자료가 준비되어 있어야 할 것이다. 가령, 가족관계, 아동의 영역별 발달수준, 기타 문제행동의 빈도와 강도에 관련한 정보가 미리 준비되어 있어야 할 것이다. 즉, 상담을 받으려는 학부모 및 그 자녀에 대한 충분한 기초 자료를 준비해 두고 학부모의 성향에 대해서도 미리 탐색을 해 두는 것이 좋다.

아동을 상담할 때, 상담자는 아동의 언어발달 및 인지발달이 성인과 다르므로 다음과 같은 아동들의 발달적 특성을 이해하고 상담과정에 고려해야 한다.

표 Ⅱ-1 아동상담의 특성

요인	아동의 특성	고려 사항
언어발달	언어이해, 표현 능력이 제한적이다.	언어적 상호작용보다는 비언어적 의사소통 경험이 강조 되어야 한다.
인지발달	구체적 사건이나 사물에 의존해야 논리적 추론이 가능하다.	복잡한 느낌이나 생각들을 통합하기 위해서는 실제적인 수단이 필요하다.
상담동기	타인에 의해 의뢰되므로 자신의 문제를 다루려는 동기가 부족하다.	상담 초기단계에서 상담관계를 형성시키는 것이 중요한 측면이다.
상담 목적과 과정에 대한 통찰	상담자와 자신의 문제를 공유하는 능력이 부족하다.	상담자는 아동에게 재미있는 방법을 찾는 노력을 해야 한다. 아동의 탐구욕구, 조작욕구가 적극 활용되어야 한다.

요인	아동의 특성	고려 사항
상담목표	아동은 일련의 지적 · 정서적 · 사회적 · 신체적 변화가 수반되는 발달과정상에 있다.	아동 개개인의 고유한 문제 외에 발달과제의 성공적 수행을 도울 수 있는 방안이 포함되어야 한다.
아동의 통합적 발달	지적 · 정서적 · 사회적 · 신체적 영역이 서로 상호보완적인 전인적 발달을 한다.	한 영역의 발달의 문제가 다른 영역의 발달에 연관을 미치게 되어 다 학문적 접근이 필요하다.
상담의 대상	아동은 부모, 교사 혹은 주변 환경에 크게 영향을 받는다.	아동상담이 효과적으로 이루어지기 위해서는 부모참여가 필수적이다.

아동과의 면담에서는 특히 아동의 발달단계가 고려되어야 한다. 그리고 대부분의 경우 아동이 자발적으로 상담을 원하는 경우는 없다. 따라서 상담을 적극적으로 원해서 면담에 응하는 경우와는 달리 동기가 부족한 경우가 많으므로 첫 면담에서 아동과의 원활한 관계 맺기는 매우 중요한 요소가 된다.

면담에서 가장 중요한 도구는 언어이다. 그러나 어린 유아들의 경우 언어표현능력이 제한되어 있으므로 놀이 활동을 통한 체계적인 행동관찰을 하게 되고, 언어발달이 원활한 아동의 경우에는 이야기나누기가 더 중점적으로 이루어지게 된다.

(1) 체계적 행동관찰의 범주

의사소통이 원활하지 않은 유아들을 상담할 경우 체계적인 관찰은 필수적이다. 어린 유아들의 행동을 관찰하기 위한 범주들은 다음과 같다.

① 신체적/신경학적 발달
② 기분과 정서의 상태
③ 언어 및 인지발달
④ 대인관계를 맺는 능력
⑤ 환경을 활용하는 능력

⑥ 욕구 좌절 시 행동
⑦ 놀이의 발달적 적합성

(2) 아동면담의 내용

언어발달이 원활한 아동의 경우 면담의 내용과 과정은 성인의 경우와 유사하다. 아동면담에서 평가되어야 할 영역들은 다음과 같다.

① 주 호소문제
② 사회적 상황
- 가족관계
- 학교(유아교육기관) 생활에 대한 정보
- 교우관계

③ 자아상
④ 정서 상태 : 어떤 느낌이나 감정을 느끼는 빈도 및 강도 등
⑤ 아동의 관심(흥미)
⑥ 아동의 장래 희망
⑦ 아동의 환상

(3) 면담 관계 맺기

아동과 성공적으로 관계를 맺는 일은 상담의 성패를 좌우하는 요소가 될 수 있다. 초기 면담 과정에서 아동은 상담자를 자신의 문제 행동에 대한 처벌자로 여길 수도 있다. 따라서 다음과 같이 상담의 목표와 과정에 대한 이야기를 나누는 것은 관계 맺기의 기초가 될 것이다.

① 상담자 소개하기
② 비밀보장의 한계에 대한 논의
③ 상담의 목표 논의하기

(4) 상담 일정의 계획

첫 면담 후에 상담자는 다음과 같은 사항을 중심으로 상담일정을 계획해야 한다.

① 내담자가 호소하는 문제와 당신이 수집한 정보를 연관지어 볼 때, 내담자의 진정한 문제는 무엇이라고 당신은 생각하는가?
② 상담에서 기대되는 소득은 무엇인가?
③ 어떤 유형의 상담이 적합하다고 생각하는가?

상담 접수 및 초기 면담

상담접수
- 상담실 및 접수실 준비
- 상담 신청서 접수

부모면담
- 부모의 주 호소문제 검토
- 가족환경 및 아동 발달이력 등 조사
- 상담 일정 계획하기

아동면담
- 아동의 주 호소문제 검토
- 체계적 아동 행동관찰
- 상담 관계 맺기

④ 만일 당신이 이 내담자의 카운슬러가 된다면 당신의 어떤 특성이 그에게 특별히 도움을 줄 수 있고 어떤 특성이 불리하게 작용한다고 보는가?

⑤ 내담자의 상담목표는 얼마나 현실적인가?

⑥ 상담기간은 어느 정도로 잡아야 하는가?

⑦ 내담자의 개인사에서 '위험신호' 같은 것이 보이는가?

제2장

가족체계 이해와 상담자의 자세

1. 가족체계 이해하기
2. 상담자의 역할과 상담윤리
3. 초보 상담자의 어려움

1. 가족체계 이해하기

아동상담은 아동을 둘러싸고 있는 가족과 밀접히 관련되어 있다. 가족이란 혈연을 기초로 한 가장 기본적인 사회적 단위(훈육, 양육, 지원, 사회화)이다.

아동상담은 대부분의 경우 부모에 의해 상담이 의뢰되는 경우가 많고, 가족의 참여가 필수적이므로 가족의 체계를 이해할 필요가 있다. 따라서 단순한 가족관계를 조사하는 것 뿐 아니라 가족의 체계와 구조를 이해하고 접근하는 방식은 매우 유용한 정보를 제공한다. 물론, 가족상담은 상담 영역의 한 부분을 차지하고 있으며 다양한 이론적 토대와 접근방식이 있다. 본 장에서는 자세한 가족상담의 접근법을 다루지는 않으나 기초적인 수준의 가족체계 및 가족 생활주기 등을 다룰 것이다.

1) 가족체계 이해를 위한 용어

가족체계 내에서 부분끼리 상호작용하며 하부구조를 통해 기능을 수행하고 분화한다. 가족 구성원 한 사람의 변화가 다른 가족들 및 가족 전체에 영향을 미친다. 즉 가족은 역동적 관계인 것이다.

다음과 같은 가족과 관련한 다음의 용어를 이해하는 것은 가족을 대상으로 상담하는데 도움을 준다.

(1) 경계(boundaries)

가족 내 관계를 규정하는 보이지 않는 선을 경계라고 한다. 극단적으로 개방된 경계나 폐쇄된 경계체계를 가진 경우 문제가 발생한다.

(2) 밀착(혼합, enmeshment)

매우 폐쇄적이고 가족간 명확한 체계 확립이 되어 있지 않은 경우에 구성원 간 밀착된 형태를 보인다. 밀착된 가족 구성원은 가족 간 지나친 간섭을 하게 되고 외부인에 대한 민감한 반응을 보인다.

(3) 분리(disengagement)

가족 개인 간 접촉이 낮고, 서로간의 관심과 결속력이 낮다. 각기 소외감을 느끼며 상담원의 개입효과도 낮다.

(4) 하위체계

가족은 부부, 부모, 형제 등과 같은 하위체계로 구성되어 있다. 각 하위체계의 관계는 시간의 흐름에 따라 발달되어야 한다.

(5) 위계

가족은 위계조직이다. 할아버지는 아버지보다 서열이 위이며 아버지는 아들보다 서열이 높다. 이러한 위계가 혼돈될 때 가족에게 문제 증상이 생긴다.

(6) 가족구조

가족 기능의 평가를 위해 가족구조를 알아야 한다. 가족구조를 파악하기 위해서는 가족 내에서 행해지는 모든 역할을 종합해야 하므로 광범위한 관찰이 요구된다. 가족의 역할은 공식적인 역할과 비공식적인 역할이 있다. 자신이 해야 할 역할을 정확히 이해하는 경우가 좋으며 가족에서 요구하는 역할이 사회기준에 부합될 때 가족이 겪는 갈등이 적다.

2) 가족생활주기

가족도 시간의 흐름에 따라 겪게 되는 일반적인 사건들이 있다. Duvall은 이를 가족발달 주기로 나타냈다. 이는 사회가 요구하는 중요한 인생 사건의 시간표라고 간주할 수 있다.

(1) 주기별 발달과업

가족은 생활주기마다 중요한 가족발달과업이 있으며 이러한 과업이 제대로 이루어지지 않을 때 가족 구성원에게는 문제가 생긴다.

표 Ⅱ-2 가족생활주기의 중요한 가족발달과업

가족생활주기	가족원의 지위	가족발달 단계과업
1단계 신혼 부부기	남편 아내	서로 만족하는 결혼생활 성립 임신준비와 부모됨을 확인 친족체계에 적응
2단계 자녀 임신기	남편-아버지 아내-어머니 어린 아들/딸	유아를 가족일원으로 인식 유아의 발달을 위해 노력 부모와 유아를 위한 가정형성
3단계 학령전 아동기	남편-아버지 아내-어머니 아들-형/오빠-동생 딸-언니/누나-동생	학령전 아동기 자녀의 흥미와 욕구에 적절한 자극환경 제공 부모역할로 인한 에너지 고갈과 부부만의 제한된 시간 고려
4단계 자녀 아동기	남편-아버지 아내-어머니 아들-형/오빠-동생 딸-언니/누나-동생	학령기 자녀의 부모로서 건설적 방법으로 지역사회에 참여 자녀들의 학업성취 격려
5단계 자녀 청년기	남편-아버지 아내-어머니 아들-형/오빠-동생	청소년기 자녀들이 성장하면서 갖기 원하는 자유를 책임감과 균형을 이룰 수 있도록 지도

가족생활주기	가족원의 지위	가족발달 단계과업
	딸-언니/누나-동생	부모들의 취미와 직업개발
6단계 진수기	남편-아버지 아내-어머니 아들-형/오빠/동생-삼촌 딸-언니/누나/동생-고모/이모	적절한 의식과 도움을 주어 자녀들을 사회로 내보냄 자녀를 지원하는 가정을 유지
7단계 중년 부부기	남편-아버지-할아버지 아내-어머니-할머니	가족관계를 재형성 구세대와 신세대간의 친족관계를 유지
8단계 노년기	홀아비/과부 남편-아버지-할아버지 아내-어머니-할머니	배우자의 죽음을 극복 노년기에 적당한 가족형성 은퇴에 대한 적응

* 자료출처 : Stage-Critical Family Developmental Tasks through the Family Life Cycle in Marriage and Family Development, Fifth Edition by E. M. Duvall(J. B. Lippincott).

3) 가족생활주기 단계별 가족지위의 변화

가족생활주기가 달라지면 가족의 지위가 변화되며 다음 단계로 가기위한 정서적 전이과정이 필요하다.

가족생활주기의 단계별 가족지위의 변화를 살펴보면 다음과 같다.

표 Ⅱ-3 단계별 가족생활주기

가족생활주기	정서적 전이과정 : 주요원리	다음 단계를 위해 필요한 가족지위에서의 변화
1단계 결혼 전기	부모-자녀관계의 분리를 인정	원 가족과의 자아분화 친밀한 동료관계 형성 직업세계 형성
2단계 결혼 적응기	새로운 가족체계를 위해 노력함	부부체계를 형성 친척과 친구관계의 재형성
3단계 자녀 아동기	체계에 새로운 성원을 받아들임	부부체계에 자녀를 위한 공간 마련 부부역할 수행 부모와 조부모의 역할을 통한 친족관계의 재정립

가족생활주기	정서적 전이과정 : 주요원리	다음 단계를 위해 필요한 가족지위에서의 변화
4단계 자녀 청년기	가족경계선의 융통성을 증가	청년기 자녀를 위한 융통성 있는 부모-자녀관계 형성 중년기의 부부관계와 직업에 관심 노인세대를 위한 준비 시작
5단계 자녀 독립기	다양한 가족성원의 증감에 적응	부부만의 체계로 재조정 장성한 자녀와의 관계를 성숙한 성인과의 관계로 재정립 사돈과 손 자녀와의 관계형성 노부모의 죽음과 신체불구에 대비
6단계 노년기	세대교체에 따른 역할에 적응	신체적 쇠퇴에 따른 기능과 흥미 유지-새로운 가족적, 사회적 역할개발 중간세대의 중추적 역할을 위한 지원 지혜와 경험을 바탕으로 여유를 찾음 배우자, 형제, 친구와 자신의 죽음을 맞을 준비 삶을 돌아보고 재정리

* 자료출처 : The family life cycle edited by E. A. Carter and M. McGoldrick

4) 가계도 작성

가족관계를 눈에 띄게 볼 수 있도록 도시화한 것이 가계도(genogam)이다. 가족치료에서 많이 사용하는 기법으로서 복잡한 정보를 하나의 도표로 가시화함으로써 상담전략이나 가설 설정에 도움이 된다. 다음은 가계도를 예시한 것이다.

가계도의 빈칸을 이용하여 가족원들의 특별한 일(사망, 이혼, 입원 등)을 기록해두면 한눈에 가족의 상황을 파악하는데 도움이 된다.

<가계도 예시>

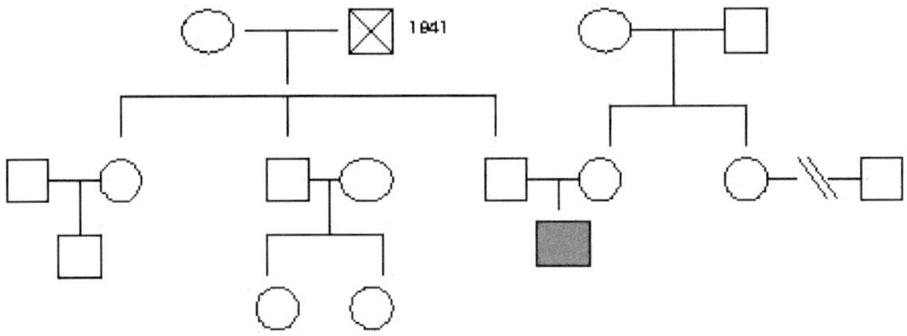

2. 상담자의 역할과 상담 윤리

1) 상담자의 역할

상담자는 인간관계에 대해 민감해야 한다. 관계에 대한 민감성은 가장 기초적인 상담자의 자질이라 할 수 있을 것이다. 특히 아동을 대상으로 하는 상담자의 경우 아동 발달에 대한 기초적인 지식과 이해가 있어야 할 것이다.

일반적인 상담자의 역할을 살펴보면 다음과 같다.

첫째, 상담자는 객관적 태도를 갖는 것이 필요하다. 객관성이란 지나치지 않은 동정심, 순수한 이해심을 가진 신중한 태도, 도덕적 판단이나 두려움, 충격 등을 그냥 넘겨 보내지 못하는 깊은 이해성 등이 포함되어 있다.

둘째, 상담자는 내담자에 대한 존경심을 가져야 한다. 유능한 상담자의 자질은 내담자에 대한 깊은 존경심을 갖는 것이다.

셋째, 상담자는 자기 자신에 대한 이해가 있어야 한다. 상담자는 특수한 정신적 패턴, 능력의 한계, 단점 등에 대해 충분한 이해를 가지고 있어야 한다.

넷째, 상담자는 인간행동과 사회 환경, 심리학적 지식에 대한 전문성이 요구된다. 상담자가 인간 행동과 그 신체적, 사회적, 심리학적 요인에 대한 철저한 기초지식이 없다면 만족한 상담에서의 성과를 기대하는 것이 어렵다. 이 자질은 매우 중요한 것이지만 상담의 본질적 자질은 풍부한 지식보다는 오히려 태도, 정서 및 통찰에 있다.

2) 상담 윤리

모든 상담자가 윤리를 준수하는가를 판단하는 것이 상담 윤리강령이다. 우리나라의 경우, 한국상담심리학회와 한국상담학회 등에서 상담 윤리강령을 제정했다. 미국은 미국 심리학회, 미국 상담학회 등에서 상담 윤리강령을 제정하였다.

(1) 비밀보장의 의미와 한계

비밀보장은 윤리적인 의미를 가진 개념으로서 상담자와 내담자의 사생활을 보장해 줄 의무를 뜻하며 상담 관계 속에서 알게 된 내담자의 정보를 내담자의 동의 없이 제3자에게 누설하지 않고 보호해 줄 것이라는 약속을 의미한다.

상담자는 상담을 시작하면서 비밀보장과 한계에 대해 내담자에게 설명하고 사전 동의를 구해야 한다. 상담과 관련된 사례들은 보관하는데 비밀을 지켜야 하며 상담사례 슈퍼비전을 통해 발표할 때 내담자의 동의를 구해야 한다.

(2) 상담 사전 동의

상담자는 자신이 제공할 상담의 일반적인 성격에 대해 명료하게 말하고 동의를 구해야 한다. 상담자는 자신이 가지고 있는 학위, 자격증, 훈련, 전문 영역 및 기술, 이론적 지향, 도움을 줄 수 없는 문제, 즉 한계에 대해 말하고 사전에 동의를 구해야 한다.

(3) 이중 관계 금지

이중 관계란 상담자와 내담자가 상담실 밖에서 또 다른 관계에 처한 것을 말한다. 이중 관계의 주된 위험성은 비전문적인 관계 형성이 상담자의 전문적 판단이나 상담효과를 훼손시킬 수 있기 때문이다. 예컨대, 대학원 2학년 남학생이 가정형편이 어려워 장학금을 받아야만 학교를 다닌다는 것을 알게 된 상담자(지도교수)는 대학원 남학생 학점을 올려 주어야 하는지에 대해 고민할 수 있다. 이중 관계는 상담자의 전문적 판단이나 상담 효과를 훼손시키게 된다.

(4) 성적 관계 금지

한국상담학회, 한국상담심리학회 등 모든 학회에서는 상담자가 내담자와의 성적 관계를 가지는 것을 엄격하게 금지하고 있다. 성적 관계는 상담효과를 반감시키고 훼손시킨다.

3. 초보 상담자의 어려움

초보 교사들이나 상담에 처음 입문하는 사람들은 경험 부족으로 인하여 다음과 같은 어려움을 겪을 수 있다.

1) 초보 상담자의 어려움

(1) 엉뚱한 사항에 초점 맞추고 경청하기

초심자들은 상담을 하면서 상담의 핵심적 사항이 아닌 엉뚱한 곳에 관심의 초점을 두고 경청하게 되는 경우가 많다. 동정심이나 편견으로 인하여 문제의 핵심을 간과하고 본인의 감정에 치우쳐서 학부모가 처한 상황에 너무 깊게 관여하여 객관적 문제파악을 할 수 없게 되는 경우가 많다. 초심자들은 꾸준한 수련을 통해 이러한 난점을 극복해야 한다.

(2) 과다하게 폐쇄적 질문하기

초보자들은 문제의 세세한 모든 것을 수집해야 한다고 느끼기 때문에 지나치게 많은 질문을 하는 경우가 있다. 또한 상담자로서 어떤 말을 해야 할지 몰라서 너무 많은 질문을 하기도 한다. 학부모들의 이야기를 먼저 듣는 것에 집중해야 한다.

폐쇄적인 질문을 과다하게 하는 것은 정보수집에는 유용할 수 있으나 상담의 기본적 요건에 맞지 않으므로 내담자가 편안하게 말을 이어나갈 수 있도록 배려하는 태도가 중요하다.

(3) 너무 많은 이야기하기

상담을 할 때는 교사는 듣는 것에 집중할 필요가 있다. 상담은 일반적인 대화와 달리 말하기보다는 듣기에 적응해야 하는데 초보자들에게는 어려운 과정이다.

일반적으로 초보자의 경우, 섣불리 내담자의 말에 충고나 해석으로 반응하거나 말의 흐름을 끊는 경우가 있다. 가급적이면 말하기보다는 듣기에 집중하는 태도를 길러야 한다.

(4) 섣부른 충고하기

초보 상담자들은 학부모들의 문제를 규정하고 해결책을 제시해야 한다는 중압감에 사로잡히는 경우가 많다. 탐색의 단계에서는 설령 부모가 해결책이나 충고를 원하더라도 섣부른 충고나 해결책을 제시하는 것을 피하는 것이 좋다. 섣부른 충고는 내담자에게 저항을 유발할 수도 있으니 가급적이면 때가 될 때까지 충분히 기다리고, 초심자의 경우 직접적인 충고나 해석은 피하는 것이 바람직하다.

(5) 내담자(학부모)와 친구되기

내담자나 아동의 학부모와 상담을 하는 과정에서 래포(Rapport)형성은 매우 중요하다. 그러나 래포형성은 친밀한 관계를 유지하면서도 최대한 상담자로서의 객관성과 거리를 유지해야 한다. 초보교사들은 종종 이러한 관계를 망각하는 경우가 많다. 내담자가 허물없이 이야기를 할 수 있는 환경을 만들어 주는 것은 좋으나 함께 상담실 밖에서 쇼핑을 하거나 사적인 일들로 친구처럼 어울리는 일은 바람직하지 않다. 이는 상담의 객관성을 흐리거나 역전이가 생길 수 있으며 상담 효과도 반감될 수 있다.

(6) 침묵 허용하기

상담을 받으러 온 사람이 침묵으로 일관한다면 상담자들은 매우 공포스러울 수밖에 없다. 상담 과정에서 어색한 침묵에 대응하는 방법을 익히고 그 침묵을 허용할 필요가 있다. 침묵을 깨기 위해 초보자들은 질문을 던지거나 문제해결책을 제시하곤 하는데 이는 좋은 방법이 아니다. 침묵은 그 나름대로의 의미가 있으며 내담자의 침묵을 충분히 허용할 수 있는 인내심이 필요할 것이다.

(7) 잘못된 자기개방

자기개방은 상담의 기술 가운데 한 가지이다. 그러나 학부모들이 가지는 어려움이나 문제를 지지해 주기 위해 성급하게 자기개방을 하면 상담에 방해가 될 수 있다. 상담자는 인식반응을 하고 경청하되 성급하게 자기를 개방하는 것은 상담에 방해가 될 수 있음을 명심해야 한다.

(8) 격한 감정 표현에 대한 반응

상담을 받으러 온 학부모가 격렬한 감정을 표현할 때 무척 당황스러울 것이다. 내담자들은 실망감이나 슬픔 또는 강렬한 분노 등이 표출될 수 있는데 특히 이러한 감정들이나 분노가 교사에게 표출되면 큰 스트레스가 될 수 있다. 교사들은 부적절감을 느끼거나 죄책감을 느끼거나 분노감을 느낄 수 있다. 그러나 이러한 격렬한 감정의 표출은 상담의 한 과정임을 이해하고 오히려 감정의 표출을 지지해 줄 필요가 있다. 감정의 표출은 감정의 찌꺼기를 토해내는 역할을 한다.

격한 감정을 저지하거나 다스리도록 요구하면 오히려 자신이 이해받지 못했다고 느끼고 감정이 더 악화되는 경우가 많다.

2) 어려움을 극복하기 위한 전략

초보 상담자들이 겪을 수 있는 이러한 어려움에 대처하기 위해 다음과 같은 몇 가지 전략을 사용할 수 있다.

(1) 깊은 숨 쉬기

깊은 숨을 쉬면서 호흡을 가다듬고 주의를 환기시킬 수 있다.

(2) 상담자 자신보다는 내담자에게 초점 맞추기

내담자가 길게 이야기를 늘어놓을 때 상담자는 자신의 관점을 생각하면 스트레스를 받거나 어려움을 겪을 수 있다. 가급적이면 내담자에게 초점을 맞추고 경청한다.

(3) 긍정적인 혼잣말(self talk)하기

대부분의 내담자들은 자신의 어려움이나 문제점을 말한다. 이러한 갈등이나 문제 상황을 지속적으로 경청하면 상담자도 내적인 갈등이 생기기 마련이다. 긍정적인 암시를 주는 혼잣말("해결할 수 있어" 등과 같은)을 되 뇌이는 것은 도움이 된다.

(4) 숙련된 상담자의 역할 모델보기

초보 상담자는 서투르고 경험이 없으므로 많은 어려움을 겪게 된다. 가장 중요한 것은 숙련된 상담자의 상담 과정과 기법을 꾸준히 관찰하는 것이다. 또한 슈퍼바이저의 도움을 받는 것은 상담에 있어서 필수적인 과정이다.

(5) 꾸준한 상담 연습하기

상담은 많은 기법을 요한다. 다양한 질문방법과 기법들은 장시간의 훈련과 연습이 필요하다.

(6) 개인 심리치료받기

노련한 상담자나 정신과 의사들도 오랜 상담을 하면 심리적으로 지치기 마련이다. 스스로 자각하지 못하는 사이 심리적인 병을 얻게 되기도 한다. 따라서 상담 전문가들이나 정신과 의사들도 다른 의사나 슈퍼바이저에게 심리치료를 받을 필요가 있으며, 개인 심리치료를 통해 더욱 건강한 상태로 상담에 임할 수 있다.

제3장

상담의 시작 : 상담 초기

1. 상담의 구조화
2. 상담의 구조화 과정
3. 심리평가

1. 상담의 구조화

상담의 구조화란 상담 과정에서 내담자에게 상담에 대해 소개하고 안내하는 일종의 과정을 말한다. 상담은 시간과 공간과 비용의 세 가지 조건이 합의됨에 따라 이루어진다. 구조화의 내용은 상담의 조건과 상담계약, 비밀보장과 관련한 내용 그리고 상담의 한계를 정하는 것 등 네 가지로 요약될 수 있다.

상담의 구조화는 내담자와 상담자 간에 상담에 대한 기본적인 기대와 요구를 맞추어 나가는 과정이라 할 수 있다. 상담의 목표를 정하고, 상담시간, 빈도, 상담횟수, 상담 장소 등과 관련한 상담의 여건을 결정하는 것이 상담의 구조화라고 볼 수 있다. 상담의 구조화는 일종의 상담의 틀을 제공하는 것인데, 지나치게 구조화되면 상담에 방해가 될 수 있으므로 약간의 융통성도 필요할 것이다.

상담의 구조화는 초기단계에서 주로 많은 부분이 이루어지지만 중기 상담 및 상담의 종결 과정에서도 상담의 목표와 시간적 조건이 변화되므로 각 단계에서 구조화가 이루어질 수 있다. 상담의 구조화 내용을 그림으로 나타내면 다음과 같다.

2. 상담의 구조화 과정

상담이 도달해야 할 지점을 상담의 목표라고 볼 때, 상담의 최우선적인 목표는 내담자가 호소하는 문제의 해결이다. 상담의 목표를 정하는 것은 상담의 방향을 결정하는 것이므로 매우 중요한 일이다.

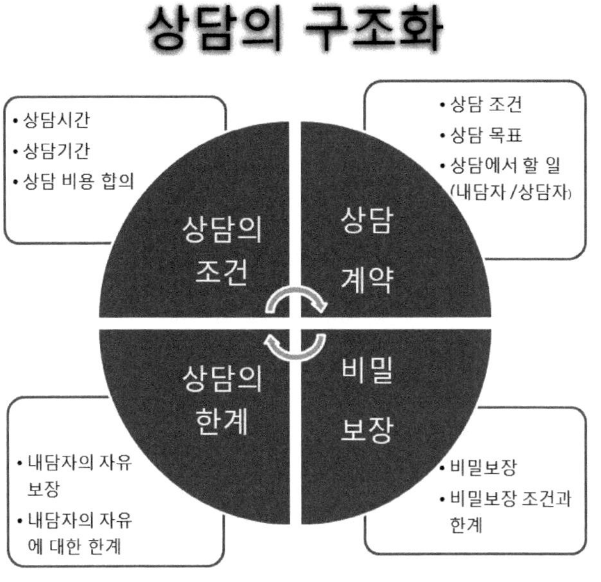

1) 상담의 목표

상담 목표는 일차적 목표와 이차적 목표로 나누어 설명할 수 있다. 일차적 목표란, 내담자가 호소하는 문제나 증상의 해결을 의미한다. 따라서 일차적 목표를 증상 또는 문제해결적 목표라고 부른다. 가령, 우울감을 호소하는 내담자의 경우 우울한 기분을 완화하거나 해결하는 것이 일차적 목표가 되는 것이다.

상담의 궁극적인 목적은 일차적 목표를 넘어 자아실현이나 내담자의 잠재적 능력을 최대화시키고 인격적인 성숙을 이루는 것을 목표로 한다. 이와 같이 일차적 목표가 완결되고 내담자가 내면적인 자유를 회복하고 자신이 가지고 있는 수많은 잠재력과 가능성을 발휘할 수 있도록 인격적 재구성을 하는 것을 이차적 목표라고 한다. 대부분 일차적 목표가 완성되면 상담이 종결되지만, 여건이 허락하면 이차적 목표를 정하고 지속적인 상담을 할 수 있다.

2) 상담 목표 설정 시 고려사항

이장호(2009) 등은 상담 목표를 설정할 때 다음 몇 가지 사항을 고려해야 한다고 설명한다.

(1) 목표의 명확성

상담의 목표는 구체적이고 명확해야 한다. 상담 목표가 모호하게 설정되면 목표 달성 여부를 평가하기 어렵다. 가령, "원만한 대인관계"를 목표로 설정했다면, 원만한 대인관계의 규준이 매우 불명확하다. 따라서 어느 정도 대인관계가 원활해야 원만한 것인지를 판가름하기 어려우며 대인관계가 원만하다는 기준을 알기도 어려울 것이다. 따라서 "친구들과 어울려 함께 놀기" 또는 "친구집에 자발적으로 놀러가기" 등과 같은 구체적인 행동목표를 설정하는 것이 필요하다.

(2) 목표의 현실성

상담 목표는 현실적으로 내담자가 처한 상황에서 달성이 가능한 것이어야 한다. 예를 들어, 학교에서 꼴지를 하는 학생에게 "일류대학 인기학과에 입학할 정도로 학습습관 향상시키기"와 같은 상담 목표는 현실성이 거의 없다.

상담에서 비현실적이고 이룰 가능성이 희박한 목표를 설정하는 것은 목표 달성도 어려울 뿐 아니라 내담자가 큰 좌절을 경험하게 되므로 유의해야 한다. 따라서 상담자는 내담자와 함께 달성할 수 있는, 현실 가능한 목표를 세우는 것이 중요하다.

(3) 문제 축약하기

문제를 축약하는 것은 내담자가 호소하는 여러 가지 증상의 공통점을 찾아내어 핵심적인 문제로 축약하는 상담 기법을 말한다. 대부분 내담자들은 매우 다양한 심리적 증상이나 문제들을 가지고 있다. 이때, 각 문제들에 대해 일일이 상담 목표를 정하는 것은 바람직하지 않다. 왜냐하면 시간과 노력도 많이 들 뿐 아니라 상담의 효율성이 떨어지기 때문이다.

문제를 축약하는 방식은 여러 가지가 있을 수 있으나, 각 문제들의 공통 요인을 찾아서 요인별로 문제를 축약하는 것이 가장 일반적이다. 또 다른 방법은 각 문제의 시간적 연쇄과정이나 인과적 연쇄과정을 분석하여 시기적으로 먼저 발생한 문제나 원인이 되는 문제를 선별하여 먼저 다루는 방법이 있다.

3) 상담 진행방식의 합의

상담은 주로 대화로 이루어지지만 비형식적인 일상적 대화와는 다르다. 상담은 일정한 방식대로 진행되는 것이 바람직하며 일정한 형식이 있어야 소기의 성과를 이룰 수 있다.

내담자가 만나고 싶은 시간에 어느 때나 상담자를 찾아오는 것이나 하던 이야기를 마저 하겠다고 정해진 상담 시간을 지나서 계속 진행을 하면 상담이 제대로 진행될 수 없다.

내담자의 시간을 고려하여 일정한 시간에 규칙적인 형태로 상담이 진행되는 것이 좋으며 상담 시간은 아동의 경우 성인에 비해 짧게 잡는 것이 일반적이다. 정해진 상담 시간은 없으나 보통 한 40분에서 한 시간 정도가 바람직하다. 상담이 진행되는 절차, 상담 비용, 상담자와 내담자의 태도, 상담의 한계 등에 대한 자세한 안내가 있어야 하는데 이를 상담의 구조화라고 한다.

(1) 상담 기간 및 시간

내담자의 문제나 증상, 내담자의 사정 등에 따라 상담 시간과 횟수가 결정되어진다. 대부분 일주일에 한 번씩 상담이 이루어지며 상담의 횟수는 내담자의 사정에 따라 다양하게 합의할 수 있다. 모든 내담자들에게 획일적인 상담횟수를 정할 수는 없으나 상담 목표에 따른 대략적인 상담횟수를 알려주고 합의하는 과정이 필요하다.

상담비용은 학교나 교육현장에서 교사에 의해 이루어지는 상담의 경우 무료일 수 있으나 전문 상담가의 경우 일정한 비용이 발생한다. 내담자와 비용에 대한 합의가 이루어져야 한다. 무료 상담의 경우 비용이 발생하는 상담에 비해 상담의 효과가 저조한 편으로 알려져 있는데 그 이유는 대부분 비용을 지불하는 상담의 경우, 내담자의 상담 동기가 많으며, 비용에 대한 효과를 보려는 자발성이 원인일 수 있다.

(2) 바람직한 내담자 역할에 대한 안내

상담은 상담자가 문제를 해결해 주는 것이 아니라 내담자 스스로 문제를 해결할 수 있도록 안내하는 것이다. 즉, 내담자가 스스로 문제를 파악하고 증상을 해결해야 하는 것이므로 내담자는 적극적인 태도로 상담에 임해야 한다.

내담자는 자신의 문제와 관련한 정보를 적극적으로 제공하고 상담에 자발적으로 참여하여 상담이 효과적으로 이루어질 수 있도록 해야 한다. 즉, 자발적 참여가 필수적임을 미리 안내하여야 한다.

내담자는 상담자와 상담 효과에 대해 비합리적 기대를 할 수 있다. 상담의 성과는 상담자가 해결해 주는 것이 아니며 상담 목표가 모두 달성되는 것도 아니다. 따라서 초기에 상담자는 내담자에게 이러한 사항에 대해 미리 안내해 줄 필요가 있다.

4) 촉진적 상담관계 형성

상담은 상담자와 내담자의 관계형성이 승패를 좌우한다. 촉진적 상담관계란, 내담자가 상담에 몰입하여 생산적인 상담 진행이 될 수 있도록 하는 것이며, 상담

자와 내담자는 협동적이 우호적인 상담관계를 형성해야 한다.

촉진적 상담관계 형성을 위해서는 상담자의 태도와 자질이 매우 중요하다. 우선, 수용적인 태도와 내담자를 존중하는 태도가 기본적인 상담자의 태도일 것이다. 상담자가 치료적 관계를 촉진하는 행동과 차단하는 행동을 살펴보면 다음 〈표 Ⅱ-4〉와 같다.

표 Ⅱ-4 촉진적 상담관계 형성

상담을 촉진하는 행동	상담을 차단하는 행동
1. 수용하는 태도	1. 지나친 관심의 표현
2. 열린 마음	2. 경직성
3. 감정의 반영	3. 도덕적 판단
4. 개방형의 질문	4. 응징적 반응
5. 물리적 근접	5. 외상적 자료에 대한 지나친 탐색
6 자기 노출	6. 비난하기
7 안쓰러움을 표현하기	7. 잘못된 약속
8 지지적 언어	8. 위협하기
9 전문성	9. 자기 확립적 노출
10. 일관성	10. 거절하기
11. 정직성	11. 인내심이 없음
12. 구조화	12. 속이는 것
13. 존중하는 태도	13. 비웃는 행동
14. 인내심	14. 내담자를 얕잡아보는 태도
15. 솔직성	15. 실패를 꾸짖는 행동
16. 내용을 알기쉽게 바꾸어 말하기	16. 관용이 없음
17. 따스함의 표현	17. 고의적인 진술
18. 긍정적 강화	18. 미성숙한 해석

* 출처: 박경애(2013). 상담심리학, p. 242 재인용.

5) 상담자 유의사항

(1) 경청하지 않는 것

내담자의 말을 경청하는 것은 상담의 가장 기본 사항이다. 주의를 기울이지 않으면 잘못된 진단을 내릴 수 있으므로 내담자의 말에 귀를 기울이고 내담자가 표현하는 말에서 신념과 정서, 동기 등을 파악해야 한다.

(2) 상담과정에서 목표설정을 생략하는 것

상담자는 상담목표를 가정하거나 추측하지 말고 내담자에게 직접 물어 보고 조율해야 한다. 초심자들은 상담목표를 생략하는 경우가 있는데, 대부분 사례 보고서를 작성하면서 목표를 설정하는 경우가 종종 있다. 상담 목표는 내담자와 함께 상담 초기에 설정되어야 한다.

(3) 정보수집의 실수

초보 상담자들은 실제 상담 개입을 계획하기 전에 정보를 수집하는 데 더 많은 시간을 할애한다. 치료적 개입을 하기 전에 내담자의 정보를 모두 찾아내는 것이 아니고, 상담을 진행하는 과정에 대부분 중요한 정보가 드러난다는 점을 명심해야 한다.

(4) 질문 사용의 실수

상담의 과정은 대화의 연속이며 질문은 중요한 상담 기법 가운데 한 가지이다. 질문은 내담자의 내면 세계를 탐색할 수 있는 중요한 도구가 된다. 그러나 다음과 같은 잘못된 질문 사용은 상담을 저해한다.

- 부적절 하거나 과잉 일반화된 질문
- 너무 지나치게 수식을 많이 사용한 질문
- "예", "아니오"로 대답 할 수밖에 없는 폐쇄형 질문

(5) 내담자에게 강의하기

상담에서 교육이 이루어지기도 하지만, 내담자에게 일방적인 강의나 설명을 하는 것은 바람직하지 못하다. 상담은 일방적 강의가 아니라 상호작용이 이루어져야 하는 것이다.

(6) 내담자의 이해정도를 파악하지 못한 경우

내담자들의 지적인 수준, 교육정도 및 생활수준은 다양하다. 상담자는 종종 내담자의 언어에 익숙하지 않을 수 있으며 내담자와 어느 정도 상호 이해를 했는지 확인하는 자세가 필요하다.

(7) 모든 해결책을 제시하기

내담자는 종종 해결책이나 문제에 대한 답을 상담자에게 구한다. 상담자는 이에 대한 답을 직접적으로 제시하지 말고 내담자 스스로 찾도록 유도해야 한다. 상담자는 마술적인 능력을 가지고 있지 않으며, 상담자의 지시에 의한 문제해결보다는 내담자의 자발적인 문제해결이 상담의 효과를 배가시킨다.

(8) 잘못된 유머 사용

치료적 기법으로 유머 사용을 사용할 수 있다. 그러나 초보자들은 유머 사용에 실수를 할 수 있으므로 유의해야 한다. 내담자를 직접적으로 공격하는 형태의 유머는 사용하지 않도록 유념해야 한다.

(9) 기타 상담자 태도의 실수

상담자의 태도는 상담의 성패를 좌우할 수 있다. 내담자의 말을 비난하거나, 비꼬는 듯한 말투 등은 내담자에게 거부감을 줄 수 있다. 내담자의 행동에 대해 "잘했다", "못했다" 등의 가치 판단이 들어간 언행을 삼가고, 내담자에게 비현실적인 희망을 제시하는 것도 지양해야 할 태도이다.

3. 심리평가

초기 면담을 통해 기초적인 상담자의 상황을 진단해 볼 수 있다. 상담에 있어서 면담과 함께 보다 심층적이고 객관적인 자료를 수집하기 위해 내담자의 문제에 따라 다양한 검사를 병행할 수 있다.

1) 심리평가 단계

Kaufman이 제시하고 있는 심리평가의 과정을 간략히 나타내면 다음과 같다.

(1) 욕구의 평가

이 단계에서는 주변 사람들이 제공한 정보를 중심으로 현재 아동의 심리상태를 확인하는 단계이다. 주로 부모 면담기록 등을 통해서 정보를 수집하고 평가하는 단계이다.

Kaufman의 심리평가 단계

욕구의 평가 ➡ 검사단계 ➡ 분석단계 ➡ 검사결과의 해석과 활용

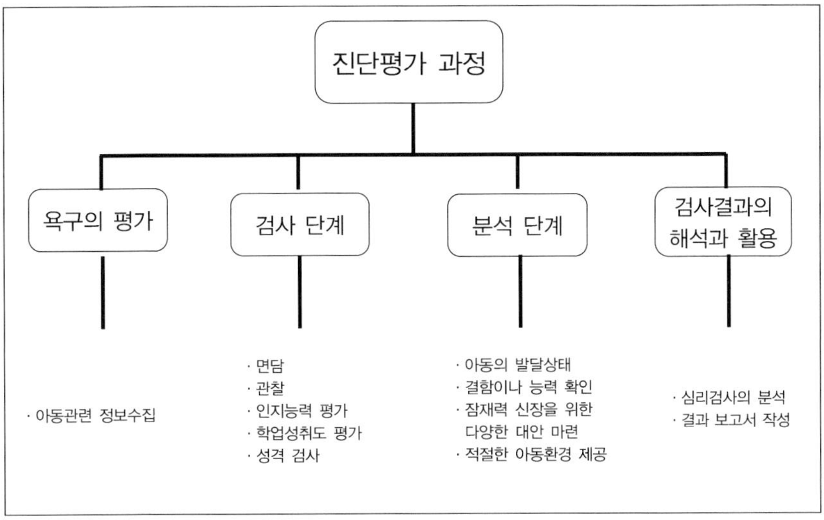

(2) 검사 단계

아동에게 면담과 관찰뿐 아니라 인지능력 검사, 학업성취도 검사, 성격 검사 등을 통해 아동의 현재 상태를 평가하는 단계이다. 필요에 따라 신체검사 등 다양한 종류의 검사가 필요하며 상담자는 숙련된 검사 기술을 가지고 있어야 한다.

(3) 분석 단계

검사 결과를 토대로 현재 아동의 발달상태 및 잠재력, 그리고 결함 등을 분석하고 아동이 가진 잠재력을 향상시키기 위한 기회들을 제안하는 단계이다. 아동에게 지지적 환경을 제공해 줄 수 있는 대안이 마련되어야 하는 단계로서 이 단계는 상담의 효과를 좌우할 수 있다.

(4) 검사 결과의 해석과 활용 단계

검사의 분석결과는 명료하고 구체적으로 작성하여 부모나 교사 등 아동 주변의 사람들이 그 결과를 쉽게 이해하고 적용할 수 있도록 전달되어야 한다.

2) 검사의 종류

아동 심리평가를 위한 도구들은 다양한 행동평정척도들과 지능검사들을 비롯하여 수많은 도구들이 개발되어 있다. 평가를 위해 어떤 측정도구를 사용할 것인가는 올바른 측정을 위해 필수적인 사항이다. 특히 아동의 연령에 적합한 도구를 사용하는 것과 검사 목적에 맞는 도구를 사용하는 것, 그리고 검사를 할 때 피험자와의 래포(rapport)형성은 검사 결과의 신뢰도와 타당도를 좌우한다.

현재 평가 영역별로 많이 활용되고 있는 아동용 표준화 검사의 종류를 유형별로 살펴보면 다음 그림과 같다.

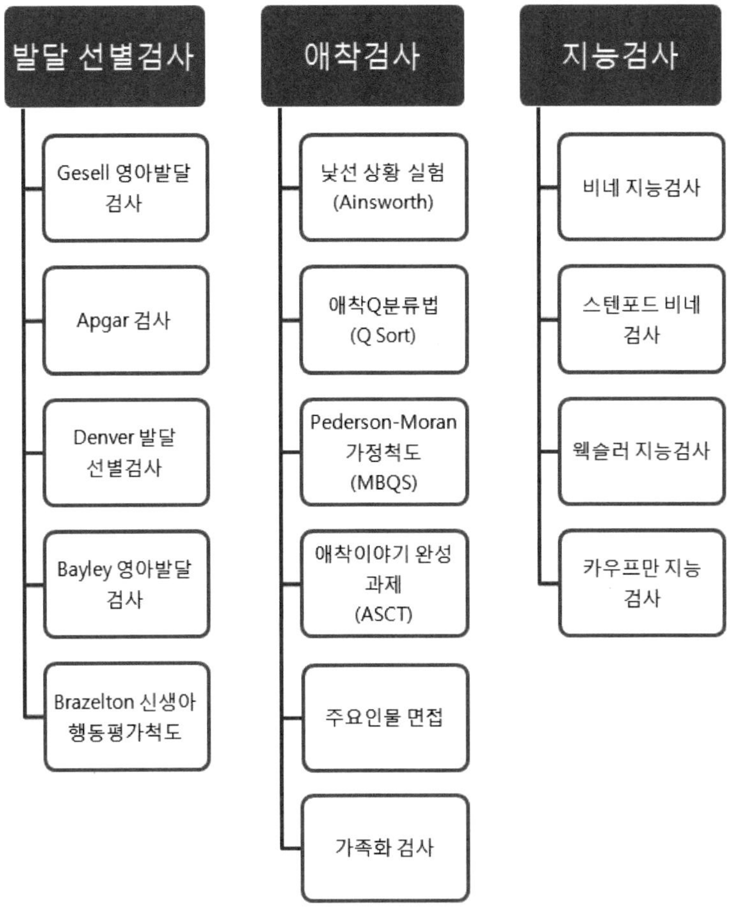

성격 검사의 경우 크게 두 가지 유형이 있다. 하나는 스스로 자신의 상태를 보고하는 형식의 자기보고식 검사(self-report)이고 다른 하나는 검사에 의해 피험자의 내면이 투사되어 나타나는 투사적 검사가 있다. 대표적인 투사 검사는 로르샤하검사와 주제통각검사(TAT), BGT, HTP와 같은 다양한 그림검사가 있다.

3) 검사 시 유의점

아동을 대상으로 검사를 할 때 다음 사항에 특히 유의하지 않으면 검사의 결과를 신뢰할 수 없게 되거나 검사를 실시하기 어려워진다.

(1) 검사실의 환경

검사가 이루어지는 환경은 편안한 느낌을 주되 지나치게 장식이 많거나 현란하여 아동의 주의를 빼앗기지 않아야 한다.

검사자는 유아와 마주 앉거나 90도 각도로 앉는 것이 좋으며 검사 자료 외(장난감, 동화책 간식 등)에는 아동의 손에 닿지 않도록 검사자가 통제해야 한다.

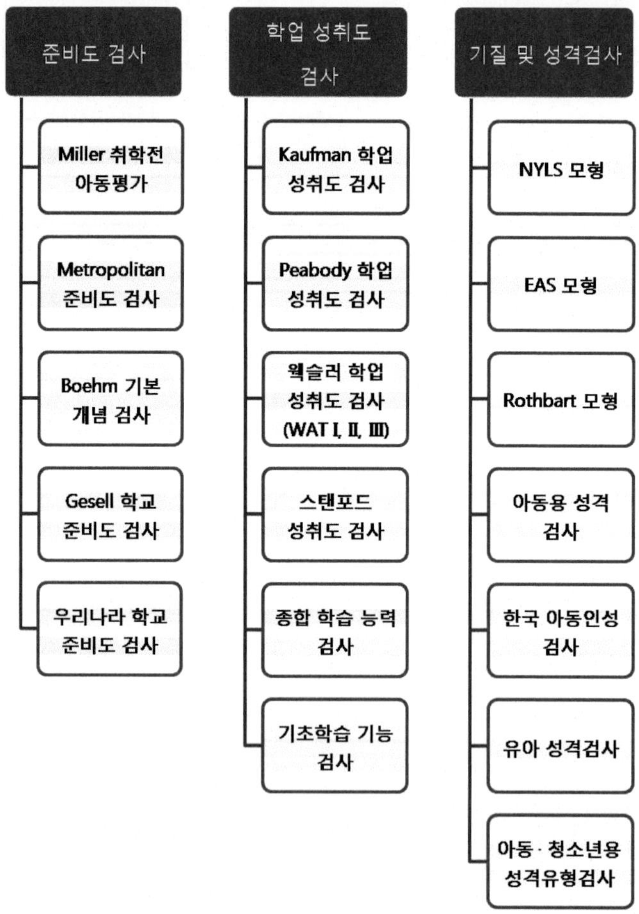

(2) 아동의 상태

검사 전 아동이 배가 고프거나 졸리거나 아프지 않은지 미리 점검하여야 한다. 식전이나 식후, 잠에서 갓 깨어난 상태에서는 검사를 하지 않는 편이 좋다.

(3) 래포(rapport)형성

낯선 검사자를 대하면 아동은 위축되기 쉽다. 검사자에 대한 불안은 아동의 평소 모습을 나타내지 못하게 하고 때로는 검사 자체를 거부하기도 한다. 따라서 검사자는 검사 이전에 아동과 친숙해지는 시간을 갖는 것이 좋으며 일상적인 대화로 아동의 긴장을 풀어 주는 것이 필요하다.

4) 검사지 작성법과 유의점

심리검사의 대상과 목적에 따라 검사의 내용은 달라질 수 있다. 앞의 그림은 현재까지 표준화되어 있는 영역별 심리검사의 종류를 나열한 것이다. 경우에 따라 상담자가 필요한 검사를 직접 만들어 사용할 수도 있다.

심리검사는 개별적 면담에 의해 이루어지기도 하지만 대부분의 표준화된 검사의 경우 다양한 형태의 문항으로 이루어져 있다. 즉, 개방형 문항처럼 자유롭게 반응을 할 수 있는 문항을 비롯하여 문장완성형 문항, 예와 아니오를 선택하는 찬부형 문항, 여러 항목 가운데 선택을 할 수 있는 선다형 문항, 순위별로 자리를 나열하게 하는 순위형 문항, 그리고 그 정도를 나타내는 평정척도 문항 등으로 이루어질 수 있다.

심리검사는 연구를 목적으로 검사자가 직접 제작하여 사용할 수도 있다.

질문지를 작성하기 전에 검사자는 기본적으로 검사의 목적에 부합하는 문항으로 질문지를 구성해야 하며 설문지를 작성하기 전에 응답자의 연령, 교육수준, 문화 등의 특성을 고려하여 작성하여야 한다. 질문지를 작성할 때 유의하여야 할 점은 다음과 같다.

첫째, 질문의 내용이 모호하지 않아야 한다. 즉 질문은 보다 직접적이고 구체적으로 하는 것이 좋다.

둘째, 한 질문에서는 한 가지 사항만 질문한다.

셋째, 한 문장에서 이중부정 표현은 가능한 한 피한다. 또한, 응답자들이 진술문에 동의하는지의 여부를 물을 때 이중부정이 생기기 쉬우므로 유의해야 한다. 예를 들면, 다음의 진술을 들 수 있다.

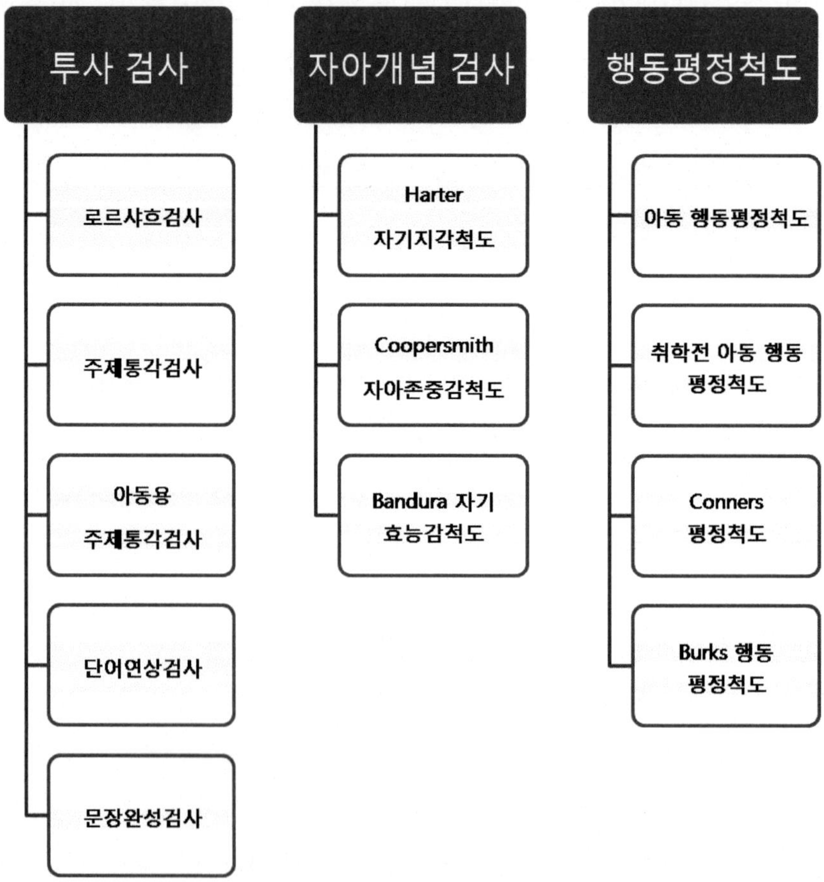

질문의 예) 다음 사항에 동의하면 ○ 동의하지 않으면 × 하세요.
* 유아교육은 0세부터 시작하면 안 된다.

위 질문에서 "안 된다"에 동의하지 않는 경우 이중부정이 되므로 응답자들은 혼란을 느끼게 되는 것이다.

넷째, 서열을 정하는 순위형 문항은 문항수가 5개를 넘지 않는 것이 좋다. 문항이 많을수록 서열 응답에 대한 신뢰도가 낮아지기 때문이다.

다섯째, 특정 응답을 유도하는 유도질문을 하지 않는다. 연구자는 자신도 의식하지 못한 채 다양한 형태로 유도질문을 할 수 있으므로 중립적인 표현을 사용하여 설문지를 만들도록 노력한다.

일곱째, 응답자가 부담을 느끼지 않고 응답할 수 있도록 문항이 너무 길지 않아야 한다. 일반적으로 성인의 경우 30~40분 정도가 적당하며 아동은 이보다 짧은 시간 내에 응답할 수 있어야 한다. 유아들의 경우 흥미도나 주의집중 시간을 고려해야 한다.

개인이 직접 제작하는 질문지는 다양한 방법으로 신뢰도와 타당도를 높일 수 있도록 고안되어져야 한다. 이를 위해 각 문항에 대한 분석이 이루어져야 하며 문항의 난이도와 변별력 등을 분석한다.

문항분석이 이루어지고 나면, 제작한 검사를 통해 알아보고자 하는 내용에 적합한 문항선택이 이루어진다. 이는 검사의 목적에 적합한 좋은 문항들을 선정하는 과정이라 할 수 있다.

제4장

내담자 이해를 위한 투사적 검사

1. 문장완성검사
2. HTP검사
3. KHTP 그림검사
4. 동작성 가족화
5. 새 둥지화

자신의 심리상태에 대한 표현이 서툰 아동들의 경우 심리평가를 위한 다양한 투사적 검사를 실시할 수 있다. 투사적 검사란 자아가 고통스럽기 때문에 의식적 인지가 허용되지 않은 충동, 소망, 동기, 생각들이 외부로 투사하도록 유도하는 검사를 말한다.

투사적 검사는 검사의 표준화가 되어 있지 않으므로 검사의 신뢰도와 타당도가 낮으며 검사당시의 상황 및 여러 요인들에 의해 강한 영향을 받는 단점이 있다. 그러나 무의식적 반응이고 응답에 대한 방어가 쉽지 않으며 응답의 왜곡이 적고 반응이 풍부하므로 내담자를 이해하는데 매우 유용한 정보를 제공한다는 장점이 있다. 본 장에서는 아동상담 현장에서 빈번하게 사용되는 문장완성검사(SCT) 및 HTP검사, KFD검사 등을 살펴본다.

1. 문장완성검사(SCT)[1]

문장완성검사는 투사적 검사 중에서도 가장 간편하면서도 매우 유용한 검사 중 하나이다. 검사의 종류에 따라 문항수가 다르지만 대개 수행시간은 20~30분 정도이며 자기보고식 검사이기 때문에 혼자서 수행할 수 있고 집단을 대상으로 할 수도 있다. 검사 시작 시 검사자는 "머릿속에 처음 떠오른 생각으로 뒤 문장을 가능하면 빨리 완성하십시오."라는 간단한 지시문만 제시하고, 피검자는 몇 개의 단어로 시작하는 불완전한 문장이 적혀 있는 용지를 받아 그 문장들의 뒷부분을 이어서 채우면 되므로 실시가 간편하다.

구체적 문장완성검사의 종류에 따라 내용은 다르지만 앞부분에 미리 제시된 불완전한 문장은 대체로 피검자 내면의 동기와 갈등, 중요한 인물들에 대한 정서적 태도, 그의 가치관 등이 투사될 수 있는 단서가 포함되어 있다. 검사의 목적이

1) Sentence Completion Test.

어떤 특정한 감정이나 태도를 이끌어 내고자 하는 것이라면 그 목적에 맞는 문항을 만들어서 사용할 수도 있다. 대부분의 문장완성검사는 성인용의 경우 4~15가지 주제를 담고 40~100 문항 정도로 구성되며 아동용의 경우 국내에서 사용되는 것은 33문항으로 구성되어 있다.

문장완성검사는 다수의 미완성 문장을 피검자가 자기 생각대로 완성하도록 하는 검사로, 단어 연상검사의 변형으로 발전된 것이다.

모든 투사적 검사는 사실상 어떤 형태이건 피검자의 주관적 경험에 의해 '완성' 시켜야 할 모호한 부분을 포함하고 있기 마련이다. 로르샤하 검사와 주제통각검사(TAT)가 모호한 형태의 시각적 자극을 제공하여 투사를 유도한다면, 문장완성검사(Sentence Completion Test)는 미완성된 언어(문장)를 제공하는 형태의 검사라고 할 수 있다.

1) 문장완성검사의 역사적 배경

문장완성검사는 Galton에 의해 자유연상법(free association test)이 연구되면서 발달되었다. W. Wundt와 J. M. Cattell은 이를 단어연상법(word association test)으로 발전시켰으며, Kraepelin과 Jung은 임상적 연구를 통해 문장완성검사의 토대를 구축하였다. 그 후 D. Rapaport와 그의 동료들의 연구에 의해 단어연상법이 투사법으로서의 성격진단의 유효한 방법으로 확립되면서 단어연상법은 문장완성법으로 더욱 발전하게 되었다.

문장완성검사를 현재와 같은 방식의 성격검사로 처음 사용한 것은 Payne(1928)이며 이후는 문장완성검사를 성격영역에서 Tendler(1930)가 활용하면서 사고반응과 정서반응의 진단을 구별하였다. 그는 정서영역을 측정하기 위한 검사는 정서반응을 직접 유발시키면서 자유로운 반응이 허용되고 피검자의 판단이나 선택을 피할 수 있어야 한다고 보았는데, 문장완성검사가 이런 조건을 충족시킬 수 있는 검사라고 제안하였다. 또한, Cameron(1938)은 언어와 사고의 형식적 측면을 탐색하기 위해 이 검사를 사용하기도 했다

또한 Rohde(1946)는 청년기 문제를 다루거나 내담자의 욕구, 내적 갈등, 환상, 감정, 태도, 야망, 적응상의 어려움 등에 대해 파악하고자 할 때 문장완성검사가 적절하게 이용될 수 있다고 하였다. 미완성 문장은 인식하거나 표현할 수 없는, 또는 표현하기 꺼려지는 잠재된 욕구, 감정, 태도, 야망 등이 보다 잘 드러날 수 있게 하기 때문이다. 그는 문장완성검사의 경우, 본질적으로 자유연상을 이용한 투사법 검사이기 때문에 자기의 대답이 갖는 의미를 예상할 수 없으므로 의식하지 않고 진짜 자기 모습을 드러내게 된다고 주장하였다.

제2차 세계대전이 시작되면서 문장완성검사는 대규모의 군인을 대상으로 하여 그 중 부적합자를 걸러내기 위한 실제적인 목적으로 사용되었다. 2차 세계대전이 끝난 이후 문장완성검사는 심리검사의 한 유형으로써 포함되었으며, 연구의 목적을 위해서 각 연구자마다 그 목적에 걸맞은 다양한 문장완성검사를 제작하여 사용하기도 했다.

2) 문장완성검사(SCT)의 특징

투사적 검사는 제시되는 검사 자극이 너무 구조화된 것이어도, 또 너무 구조화되어 있지 않아도 피검자의 의미 있는 투사적 내용을 이끌어 내기가 어렵다. 문장완성검사는 대체로 로르샤하나 TAT보다도 더 구조화되어 있고 더 직접적인 검사로 간주되며 또 투사적 검사로 보기 어렵다는 견해도 있다(Wolman, 1978). 즉, 이 검사 용지를 받아 든 피검자는 다른 투사적 검사에서보다 검사의 목적을 쉽게 추측할 수 있고, 그렇기 때문에 자신이 드러내고 싶지 않은 질문의 문장에 대해서는 의식적으로 통제를 할 수 있다는 것이다.

그러나 반드시 그렇지만은 않다. 우선, 문장완성검사의 종류마다 그 앞 문장의 모호함이 다르고, 또 동일한 검사 내에서도 각 문항이 피검자에게 주는 모호함의 정도는 다르다. 예를 들면, '나는'과 같은 문항과, '나의 평생 가장 하고 싶은 일은'이라는 문항은 그 모호함이나 앞 문장이 제시하는 방향제시의 강도가 각각 다르다. 더 중요한 것은, '투사(projection)'라는 것이 문장의 내용이나 의미 속에서만 이루어지는 것이 아니며, 투사되는 정서적 내용들이 표현되는 미묘한 방식 역시 피검자만의 어떤 독특한 면을 드러낸다는 점이다. 겉보기에는 비슷한 내용이라도 그 표현에 있어 미묘한 뉘앙스의 차이가 있을 수 있고, 다른 문항에 비해 표현된 문장의 분량에 차이가 있을 수 있으며, 그 밖에도 수사법, 표현의 정확성이나 모호함, 반응시간, 수정된 부분 등과 같은 형식적 특성들도 중요한 의미를 지닌다. 예를 들면, 동일한 문항에 대한 다음과 같은 반응 예를 살펴보자. 다음의 예는 '내 생각에 가끔 아버지는'이라는 문항에 대한 몇몇 실제 반응들이다.

① 가족에게 부담만 주고 가신 것 같다.
② 약한 분이다.
③ 너무 하다는 생각이 든다.
④ 무섭고 엄하다.
⑤ 어떤 때는 사람이 아닌 것 같다.
⑥ 무뚝뚝하다.
⑦ 좋게 말해 주관이 강하다고나 할까.

이 반응들을 살펴보면 모두 아버지에 대해 부정적인 정서적 태도가 표현되고 있다는 점에서는 공통점을 가지고 있다. 그러나 그 표현의 강도나 뉘앙스는 각각 다르다. 1, 2번의 경우, 부정적 감정이긴 하지만 아버지에 대해 존칭을 사용하고 있으며 뭔가 조심스런 태도가 보인다. 그러나 5번이나 7번을 그렇지 않다. 2, 4번의 경우 표현이 매우 단정적이지만, 1, 3번의 경우 '같다', '생각이 든다'와 같이 약간은 유보적인 태도가 엿보인다. 또한 6번은 감정적 색채를 배제한 '방관자'의 태도로 표현되어 있으며, 7번은 한발 물러서서 비꼬듯 바라보는 냉소적 태도가 엿보인다.

위의 예는 문장완성검사의 단순한 반응 속에도 많은 미묘한 특성들이 투사될 수 있음을 말해 준다. 즉 여기에는 표현된 정서의 강도와 억압의 정도, 수동적 혹은 능동적 태도, 대상에 대한 정서적 개입의 정도와 같은 많은 것들이 반영되어 있으며, 그를 통해 정서나 태도, 기제들에 관한 가설을 이끌어 낼 수가 있는 것이다. 그러므로 50~60개의 문장으로부터 얻을 수 있는 해석적 자료는 매우 풍부한 것이며, 이로써 숙련된 임상가는 문장의 전반적인 흐름 및 미묘한 뉘앙스를 통하여 피검자 성격의 복잡한 패턴을 도출할 수 있다.

3) 문장완성검사(SCT)의 실시 방법

문장완성검사는 개인과 집단 모두에게 실시될 수 있으며, 검사지에 예문을 두어서는 안 된다. 검사시간은 30개의 자극어로 약 30~40분 정도면 족하다.

검사자는 지시문을 읽어 주고 다음과 같은 점을 강조해야 한다.

피검자들이 흔히 하는 질문에는 “천천히 좋은 대답을 생각하면 안 되나요?”라는 것이 있는데, 이런 경우에는 “각 문항들을 읽고 맨 먼저 떠오르는 것을 써야 하며 논리적인 구성을 위해 지체하면 안 된다”고 강조해야 한다. 또 다른 흔한 질문으로는 “한 단어만 적어도 되나요?” 하는 것이 있는데 이에 대해서는 “한 단어이든 여러 문장이든 상관이 없고 단지 자극 문장을 읽고 떠오른 생각이면 된다”고 말해 준다. 경우에 따라서는 문장 속에 들어 있는 단어의 의미를 물어 보기도 하는데, 이 때 예를 들어 ‘드물게’ 라는 단어의 뜻을 “좀처럼 일어나지 않는 것”이라고 말해 주는 정도는 괜찮다. 그러나 피검자가 전체 문장의 뜻을 설명해 달라고 하면, “피검자에게는 어떤 뜻으로 생각되는지” 물어 보고 “그렇게 생각한대로 하면 된다”고 말해 준다.

검사자는 피검자가 검사를 시작한 시간과 끝낸 시간을 기록하고, 피검자가 검사를 완성한 후 가능하면 질문단계를 실시하도록 한다. 즉, 피검자의 반응에서 중요하거나 숨겨진 의도가 있다고 보이는 문항들에 대해서 “이것에 대해 좀 더 이야기해 주십시오”라고 지시하는 것이다. 또는 강박증, 사고의 왜곡 등 임상적 증상과 관련된 내용들에 대해서는 자세한 질문을 통해 확인한다. 이런 단계는 말하기 힘든 문제에 대해서 이야기할 수 있는 계기를 제공하기도 한다. 또한, 표준적인 실시방법은 피검자가 직접 문장을 읽고 반응을 써야 하지만, 심하게 불안한 피검자에게는 문항을 읽어 주고 피검자가 대답한 것을 검사자가 받아 적는 것이 도움이 되기도 한다. 이러한 구술 시행은 반응시간, 얼굴 붉어짐, 표정 변화, 목소리 변화, 전반적인 행동 등을 관찰함으로써 피검자가 어떤 문항들에서 막히는지를 구체적으로 알 수 있게 해 준다.

4) 문장완성검사(SCT)의 종류와 특징

(1) Rotter의 문장완성검사(RISB)[2)]

이 검사는 원래 미국 공군병원에서 진단초기에 부적합자를 걸러 내기 위해 사용되었고 총40문항으로 구성되어 있다. 즉 초기 진단과정의 일부로 사용된 것으로, '적응점수(adjustment score)'를 산출하여 피검자의 전반적인 적응정도를 알 수 있다. 이 검사에서 각 반응을 '갈등 혹은 불건강한 반응', '긍정적 혹은 건강한 반응', '중립적 반응'의 세 가지 범주로 채점된다. 갈등 반응에는 그 강도에 따라 +1～+3점이 부여되고 중립반응에는 0점이, 긍정적 반응에는 -1～-3점이 부여된다. 이 각각의 점수를 합산하여 점수가 높을수록 부적응의 정도가 큰 것으로 판단한다.

반응을 분류하고 채점하는 기준과 예를 보면 다음과 같다.

1. 누락 반응 : 반응이 없거나 의미를 추론하기 어려울 정도로 간단한 반응
2. 갈등 반응 : 적대감이나 불행한 감정을 시사하는 반응
   (예) 나는 온 세상을 미워한다.
3. 긍정적 반응 : 긍정적이고 희망적인 태도를 나타내는 반응
   (예) 가장 좋은 것은 이미 내가 가지고 있다.
4. 중립적 반응 : 긍정 혹은 부정적 정서가 담기지 않은 단순 기술 반응
   (예) 대 부분의 소녀들은 여자다.

적응점수를 사용하여 부적응 상태에 있는 사람을 선별할 수 있는가에 대한

2) Rotter Incomplete Sentence Blank.

연구 결과 청소년 중 정상 청소년의 73%, 비행청소년의 60%를 정확이 판별할 수 있었다(Fuller, Parmelee, & Carrol, 1982). 또한 심각한 약물중독자 중 80~100%를 판별할 수 있었다(Gardner, 1967). 그러나 이처럼 단일 적응점수를 사용하면 개인의 일상생활 적응의 기능을 빨리 파악할 수 있다는 장점이 있기는 하지만 개인의 성격기능의 차이를 알 수 없을 뿐 아니라 다른 자기보고식 검사들과 동일한 문제, 즉 피검자가 검사에서 자신을 드러내고 싶은 것만 반응한다는 단점이 있다.

(2) Sacks의 문장완성검사(SSCT)3)

이 검사는 Joseph M. Sacks에 의해 개발되었다. Sacks는 20명의 심리치료자에게 적응에 있어 중요한 '가족, 성, 자기개념, 대인관계'의 네 가지 영역에 관한 피검자의 중요한 태도 및 임상적 자료를 이끌어 낼 수 있는 미완성 문장 3개씩을 만들도록 하였다. 여기에는 문장완성검사에 관한 기존의 문헌들로부터 얻어진 문항들도 포함되었는데, 이러한 방식으로 280개의 문항들을 얻은 후 이것을 다시 20명의 심리학자들에게 주고 각 범주에서 가장 유의미하다고 생각되는 문항을 4개씩 선택하도록 하였다. 이 과정에서 가장 많이 선택된 60개의 문항들이 최종 검사 문항으로 결정되었고, 현재에는 이 중 내용이 반복되는 것을 제외한 50개의 문항이 많이 사용되고 있다.

Sacks는 4개 영역을 각각 세분화하여 최종적으로 총 15개의 영역으로 분류하였고, 각 영역에 대해서 피검자가 보이는 손상의 정도에 따라 3점 척도로 평가하도록 하였다. 우선 확인이 불가능하고 불충분한 응답인 경우 X로 평가하며, 의미 있는 손상이 발견되지 않으면 0점, 약간의 정서적 갈등은 있으나 치료는 필요 없는 정도이면 경미한 손상으로 보고 1점, 그리고 정서적 갈등이 지적되고 치료적 도움이 필요하면 심한 손상으로 보고 2점으로 평가하여 그 수치를 통해 피검자에 대한 최종평가를 하도록 해석 체계를 구성하였다. 이에 대한 신뢰도와 타당도를 검증하기 위하여 피검자 100명의 반응을 가지고 3명의 심리학자에게 15개 영역

---

3) Sacks Sentence Completion Test.

에 대해서 장애의 정도를 평정하도록 하였고, 그 피검자들의 정신과 주치의들에게도 역시 같은 방법으로 평정하게 하였다. 그 결과 심리학자들 간의 신뢰도는 92%의 일치율을 보였으며, 정신과 의사들과 심리학자들 간의 평정의 일치도는 .48~.57, 표준오차는 .02~.03으로 유의미한 정적 상관을 보였다. 또한 피검자 50명을 선정하여 심리학자들은 이들의 검사 반응을 기초로 15개 영역에 대한 해석적 요약을 하도록 하고, 정신과 의사들에게는 임상적 관찰에 근거하여 자신의 피검자(환자)에 대한 해석적 요약을 하도록 하였는데, 이 진술들 역시 77%의 일치도를 보였다.

각 영역별 문항을 구체적으로 보면 다음과 같다.

① 가족(12문항)

이 영역은 어머니, 아버지, 가족에 대한 태도를 담고 있는 문항으로 구성되어 있다. 어머니와 아버지, 그리고 가족 전체에 대한 태도를 나타내도록 하는 문장으로 구성되어 있으며, 피검자가 경계적이고 회피적인 경향이 있다 하더라도 네 개의 문항들 중 최소 한 개에서라도 유의미한 정보가 드러나게 된다.

- 나의 아버지는 좀처럼 ______________________
- 나는 어머니를 좋아했지만 ______________________
- 대부분의 다른 가족에 비해서 나의 가족은 ______________

② 성(8문항)

이 영역은 이성 관계에 대한 것으로 여성, 결혼, 성 관계에 관한 태도를 표현할 수 있는 문항으로 구성되어 있다. 이 문항들은 사회적인 개인으로서의 여성과 남성, 결혼, 성적 관계에 대하여 자신을 나타내도록 한다.

- 내가 생각하기에 대부분의 여자들은 ______________________
- 남녀가 함께 있는 곳을 볼 때면 ______________________

- 나의 성 생활은 ________________

③ 대인관계(16문항)

이 영역은 친구, 지인, 직장동료, 직장상사에 관한 태도를 포함한다. 이 영역의 문항들은 가족 외의 사람들에 대한 감정이나 자신에 대해 타인이 어떻게 느끼는지에 관한 피검자의 생각들을 표현하게 한다.

- 내 생각에 진정한 친구란 ________________
- 윗사람이 오는 것을 보면 ________________
- 내가 함께 일하는 사람들은 ________________

④ 자기개념(24문항)

이 영역은 자신의 두려움, 죄의식, 목표, 자신의 능력, 과거와 미래에 대한 태도가 포함되며, 이 영역에서 표현되는 태도들은 현재, 과거, 미래의 자기개념과 그가 바라는 미래의 자기상과 실제로 자기가 될 것 같다고 생각하는 모습에 대한 정보를 제공해 준다. 즉, 이런 표현을 통해서 임상가는 피검자가 자신을 어떻게 생각하고 있는지를 알 수 있는 것이다.

- 어리석게도 내가 두려워하는 것은 ________________
- 나의 가장 큰 실수는 ________________
- 행운이 나를 외면할 때는 ________________
- 내가 어렸을 때는 ________________
- 언젠가 나는 ________________
- 내 인생에서 가장 원하는 것은 ________________

(3) Rohde의 문장완성검사(RSCM)[4]

다른 문장완성검사에 비해서는 제시되는 문장이 모호하며, 개방형 질문을 포함하는 65개의 문항으로 구성되어 있다. 지시문은 '다음의 문장을 가능하면 빨리 완성시키십시오. 당신의 진정한 느낌과 견해를 표현할 수 있도록 노력해 주십시오.'와 같이 제시되는데, 이 지시문을 보면 가능한 한 빨리 응답하게 함으로써 의식적 조절이 개입되지 않게 하면서도 중요한 느낌들이 노출될 수 있도록 유도한다는 것을 알 수 있다.

- 미래는 ________________________ 이다.
- 나는 ________________________ 을 기억한다.
- 대부분의 사람들은 ________________________이다(한다).
- 나는 ________________________을 느낀다.
- 나의 가장 나쁜 ________________________이다.

(4) Loevinger의 문장완성검사(WUSC)[5]

문장완성검사는 대체로 연구의 목적보다는 실제 현장에서 유용하게 사용할 수 있는 도구로서 더 많이 사용되고 있지만, Loevinger(1979)는 이 문장완성검사를 통하여 가장 세분화되고 광범위한 연구를 수행하였다. 즉 문장완성검사를 7단계로 나누어 자아발달의 수준을 세밀하게 평가할 수 있는 체계를 만들어 내었는데 피검자의 반응을 전사회적 혹은 공생적, 충동적, 자기 방어적, 순응적, 양심적, 자율적, 통합적 수준으로 나누어 각각의 반응에 대해 점수를 부여하였다. WUSC는 성인 남성과 여성, 그리고 청소년을 위한 별개의 양식이 있다.

광범위한 경험적 자료를 토대로, 각 문항에 대한 피검자의 반응을 각 수준별로

---

4) Rohde Sentence Completion Method.
5) Washington University Sentence Completion Test.

채점할 수 있는 지침이 마련되어 있다.

(5) 아동용 문장완성검사

아동의 욕구상태와 부모 및 교사, 동성, 이성 친구에 대한 태도를 파악하기 위해 실시하며 성격 역동에 대한 심리진단 정보를 얻고 전반적인 심리적 적응을 판단하는 데 사용된다.

이 검사는 다음과 같은 4가지 영역으로 구성되어 있다.

① 가족

이 영역은 어머니, 아버지, 가족에 대한 태도를 담고 있는 문항으로 구성되며 가족에 대한 지각, 정서적 관계 등을 파악할 수 있다.

② 사회

또래와의 상호작용, 일반적인 대인관계 등에 대해 파악할 수 있다.

③ 학교

학교에 대한 지각, 성취와 욕구에 대한 지각 등을 파악할 수 있다.

④ 자기

미래 지향, 소원, 일반적인 정신건강 등의 개인내적 기능을 파악할 수 있다.

5) 문장완성검사(SCT)의 해석

문장완성검사와 같은 투사적 기법을 수행함에 있어서 임상가의 경험과 통찰, 이해가 특히 중요하다. 문장완성검사 또한 임상가의 경험과 지식에 의거하여 직관적으로 해석하는 경우가 많지만, 반응을 객관적인 범주에 따라 분류하여 그 표현

강도에 따라 점수를 부여하여 수량적으로 해석할 수도 있다.

검사결과의 해석은 일반적으로 다음과 같은 요인에 대해서 이루어지며, 이들 요인의 분석을 통해 개인의 성격이나 적응 상태 등을 이해하게 된다.

▶ Sacks의 문장완성검사(SSCT)의 해석

여러 문장완성검사 중 대표적인 SSCT의 채점 방법 및 해석을 보면 다음과 같다.

SSCT에는 각각의 영역(가족, 성, 대인관계, 자기개념)이 있는데, 이에 대한 해석을 위해 검사자는 각 영역에 대하여 피검자가 어느 정도의 혼란과 부적응을 겪고 있는지 평정하게 된다. 이는 다음과 같은 기준에 의해 각각의 반응에 대해 점수가 부여되며, 예를 들면 아래와 같은 형식으로 되어 있다.

○ 아버지에 대한 태도
- 내 생각에 가끔 아버지는 거의 일을 한 적이 없다.
- 대개 아버지들이란 좀 더 나았으면 좋겠다.
- 아버지와 나는 좋은 점이라곤 하나도 없다.

밑줄 친 문장이 피검자의 반응들이다. 이 네 개의 반응들을 통합적으로 고려하여 이 영역에서 드러나는 피검자 태도에 대한 임상적인 인상을 구체화시켜 해석적 요약이 이루어진다. 이 경우 해석적 요약은 "죽이고 싶을 정도로 심한 적대감과 분노감을 나타냄"으로 기술될 수 있다.

그 다음 단계인 평점은 아래의 척도에 따라 이루어지는데, 이를 통해서 해당 영역에서의 손상 정도를 측정하게 된다.

× : 확인이 불가능하고 불충분한 응답

○ : 해당 영역에 있어서 의미 있는 손상이 발견되지 않음

- **경미한 손상** : 약간의 정서적 갈등은 있으나 치료적 도움 없이 이를 다룰 수 있는 정도임

- **심한 손상** : 이 영역에서 보이는 정서적 갈등을 다루기 위해 치료적 도움이 필요한 것으로 보임

이런 과정을 통해서 가장 많이 손상된 태도를 보이는 영역에 대한 기술과 반응 내용에서 드러나는 태도들 간의 상호 관련성이나 모순 등에 대한 기술이 가능해진다. 전자는 피검자의 현재 상태에 대한 정보를, 후자는 역동적인 면에 대한 정보를 제공해 준다.

한편, SSCT 자체의 반응을 분석한 자료와 다른 투사적 검사에서 얻어진 자료와의 비교를 통해서 검사자는 피검자에 대한 더욱 풍부한 이해를 얻을 수 있다. 투사적 검사에서는 자극의 구조화 정도에 따라 투사되는 의식수준에 차이가 나타난다. 즉 로르샤하 검사는 성격의 기본구조와 원초적 욕구에 대하여 많은 것을 알게 해 주며, TAT는 문제의 역동적인 측면과 관련된 자료들을 이끌어 낸다. 반면 문장완성검사는 의식적, 전의식적, 또는 무의식적인 생각과 감정을 드러내 준다. 예를 들어, 한 환자가 로르샤하 반응에서 상당한 적대감을 나타내면서, 8번 카드에서는 두 마리의 동물들이 "먹이를 두고 피가 터지도록 싸우고 있다"고 하였고 10번 카드에서도 "살인", "투쟁" 등의 표현을 하였다. TAT에서도 폭력, 투쟁, 살인의 주제가 반복적으로 나타났으나, 문장완성검사에서는 과장된 이타주의와 이상주의를 반영하는 반응들을 보였다(언젠가 나는 "사회에 이익금을 환원하고 봉사할 것이다", 나의 야망은 "모든 사람들이 행복하도록 돕고 싶다"). 이러한 경우 이 피검자가 자신의 폭력적인 공격 충동을 반동형성(reaction formation)의 방어기제를 통해 통제하고 있다는 해석적 가설을 세워 볼 수 있을 것이다.

이와 같은 방식으로, 문장완성검사에서는 우선 이를 기초로 성격 구조에 대한 추론을 하고 다른 검사들로부터 얻어진 결론들과 이 추론을 종합하여 통합적인 해석을 하게 된다.

문장완성검사는 다음과 같은 사항들에 주의를 두어 해석하는 것이 도움이 될 것이다.

1. 내적인 충동에 주로 반응하는가, 외부환경 자극에 주로 반응하는가?
2. 스트레스 상황에서의 정서적 반응이 충동적인가 아니면 잘 통제되는가?
3. 자신의 책임이나 타인의 관점을 적절히 고려하는 사고가 성숙된 편인가 아니면 미성숙하고 자기중심적인가?
4. 사고가 현실적인가 아니면 자폐적이고 공상적인가?

6) 문장완성검사의 예

아동용 문장완성검사지 및 성인용 문장완성검사지의 예를 제시하면 다음과 같다.

문장완성검사(아동용)

이름 ____________ 연령 ____________ 성별 ____________ 실시일 ____________

다음에 기술된 문장은 뒷부분이 빠져 있습니다. 각 문장을 읽으면서 먼저 떠오르는 생각으로 뒷부분을 이어 문장이 완성되도록 하면 됩니다.
시간의 제한은 없으나 되도록 빨리 하십시오.

01. 내가 가장 행복한 때는
02. 내가 좀 더 어렸다면
03. 나는 친구가
04. 다른 사람들은 나를
05. 우리 엄마는
06. 나는   공상을 잘한다.
07. 나에게 가장 좋았던 일은
08. 내가 제일 걱정하는 것은
09. 대부분의 아이들은
10. 내가 좀 더 나이가 많다면

11. 내가 가장 좋아하는 사람(은)

12. 내가 가장 싫어하는 사람(은)

13. 우리 아빠는

14. 내가 가장 무서워하는 것은

15. 내가 가장 좋아하는 놀이는

16. 내가 가지고 있는 것 중에서 제일 아끼는 것은

17. 내가 가장 가지고 싶은 것은

18. 여자애들은

19. 나의 좋은 점은

20. 나는 때때로

21. 내가 꾼 꿈 중에서 제일 좋은 꿈은

22. 나의 나쁜 점은

23. 나를 가장 슬프게 하는 것은

24. 남자애들은

25. 선생님들은

26. 나를 가장 화나게 하는 것은

27. 나는 공부

28. 내가 꾼 꿈 중에서 제일 무서운 꿈은

29. 우리 엄마 아빠는

30. 나는 커서 ______ 이(가) 되고 싶다.
    왜냐하면

31. 내 소원이 마음대로 이루어진다면,
    첫째 소원은
    둘째 소원은
    셋째 소원은

32. 내가 만일 먼 외딴 곳에 혼자 살게 된다면, ______ 제일 같이 살고 싶다.

33. 내가 만일 동물로 변할 수 있다면 ______ (이)가 되고 싶다.
    왜냐하면

문장완성검사(성인용)

이름 ___________ 연령 ___________ 성별 ___________ 실시일 ___________

다음에 기술된 문장은 뒷부분이 빠져 있습니다. 각 문장을 읽으면서 먼저 떠오르는 생각으로 뒷부분을 이어 문장이 완성되도록 하면 됩니다.
시간의 제한은 없으나 되도록 빨리 하십시오.

01. 나에게 이상한 일이 생겼을 때
02. 다른 사람들과 비교해서 나는
03. 우리 윗사람들은
04. 나의 장래는
05. 어리석게도 내가 두려워하는 것은
06. 내 생각에 참다운 친구는
07. 내가 어렸을 때 부모님은 나에게
08. 남자에 대해서 무엇보다 좋지 않게 생각하는 것은
09. 내가 바라는 여성상은
10. 남녀가 같이 있는 것을 볼 때
11. 내가 늘 원하기는
12. 다른 가정과 비교해서 우리 집안은
13. 나의 어머니는
14. 무슨 일을 해서라도 잊고 싶은 것은
15. 내가 믿고 있는 내 능력은
16. 내가 정말 행복할 수 있으려면
17. 어렸을 때 잘못했다고 느끼는 것은
18. 내가 보는 나의 앞날은
19. 내가 결코 받아들일 수 없는 나의 모습은
20. 나 혼자 남겨질 때는
21. 나의 인생관은
22. 내가 싫어하는 사람은
23. 결혼생활에 대한 나의 생각은
24. 우리 가족이 나에 대해서

25. 다른 사람들은 나에 대해
26. 어머니와 나는
27. 내가 저지른 가장 큰 잘못은
28. 사실 나란 존재는
29. 나의 아버지는
30. 나의 야망은
31. 윗사람이 오는 것을 보면 나는
32. 내가 제일 좋아하는 사람은
33. 내가 다시 젊어진다면
34. 나의 가장 큰 결점은
35. 내가 아는 대부분의 집안은
36. 완전한 남성상은
37. 내 모습 중 가치 있다고 생각되는 점은
38. 내가 생각하기에 사람들은
39. 대개 어머니들이란
40. 다른 사람들을 믿는다는 것은
41. 이 세상은 나에게
42. 내가 늙으면
43. 때때로 두려운 생각에 휩싸일 때
44. 내가 없을 때 친구들은
45. 생생한 어린 시절의 기억은
46. 무엇보다도 좋지 않게 여기는 것은
47. 나의 성생활은
48. 내가 만약 어떤 일에 실패한다면
49. 나는 어머니를 좋아했지만
50. 아버지와 나는

이와 같이 단 1개의 불완전한 문장에 대한 반응으로부터도 정서나 태도, 기제들에 관한 가설을 이끌어 낼 수가 있다. 숙련되고 경험 많은 임상가라면 문장의 전반적인 흐름뿐 아니라 미묘한 뉘앙스를 통하여 피검자 성격의 복잡한 패턴을 도출하는 것이 가능할 것이다. 그러므로 임상가의 경험과 통찰, 이해가 매우 중요하다. 또한 앞서 지적하였듯이 검사의 신뢰도와 타당도가 확립되어 있지 않으므로 활용의 제한점이 따른다.

2. HTP[6]검사

아동심리 평가를 위해 현장에서 자주 사용되는 HTP 검사의 내용과 그 의미를 간략히 설명하면 다음과 같다.

1948년 Buck은 피험자에게 집, 나무, 사람을 그리게 하고 그 그림의 특징을 결정짓는 요인에 관해서 피험자에게 질문을 하는 H-T-P 검사를 개발하였다. H-T-P 검사는 피험자 자신과 환경에 대한 내면적 관점을 반영하기 때문에 아동 자신과 아동의 환경 특히 가정생활과 가족관계에 대한 정보를 제공해 준다. H-T-P 검사에서는 "집(또는 나무와 사람)을 그리시오."라는 지시 외에 상세한 설명을 하지 않기 때문에 집의 크기, 형태, 위치, 나무의 종류 혹은 그림에 세부사항을 포함시키는가의 여부는 피험자의 몫이다. 따라서 이러한 그림의 특성이 검사결과의 해석에 중요한 자료가 된다. 일반적으로 집은 개인 현실을 반영하고 나무는 개인적인 변화과정을 반영하며 사람 그림은 자아의 기능을 나타낸다고 할 수 있다. 이 밖에 진하게 혹은 흐리게 등 그림을 눌러서 그린 정도, 선의 특성, 그림의 크기, 그리고 그림의 위치도 아동의 이해를 위한 중요한 준거이며 그림의 해석에 또 하나의 중요한 지표가 된다.

1) 집그림 검사

A4용지 크기의 백지와 연필, 지우개를 아동에게 제공하고 집을 그려 보도록

6) House-Tree-Person Test. 집-나무-사람 검사.

지시한다. 종이는 가로 방향으로 제시하는데, 만약 아동이 수직으로 돌려서 그림을 그린다면 의미 있는 반응으로 해석할 수 있다. 시간 제한은 없지만 검사자는 아동이 그림을 완성하는데 걸린 시간을 기록한다. 그림을 다 그리고 난 후에는 다음과 같은 사후 질문을 하고 그에 대한 대답을 기록한다.

- 누구의 집인가?
- 이 집에는 누가 살고 있는가?
- 이 집의 분위기는 어떠한가?
- 이 집은 무엇으로 만들어졌는가?
- 나중에 이 집이 어떻게 될 것 같은가?

집그림은 피검자의 가정 상황과 가족관계에 대한 정보를 알 수 있다. 피검자가 가정이나 가족에 대해 어떻게 느끼고 있는지, 이상적인 가정에 대한 소망이 무엇인지가 투사되어 나타난다. 집그림을 구성하는 필수적인 부분은 지붕, 벽, 출입문, 창문 등인데 이를 통하여 피검자의 인간관계, 환경에 대한 즉응, 내적 공상에 대한 이해가 가능해진다. 집그림에 대한 이해는 전체적인 그림의 구성에 대한 분석 및 부분에 대한 해석이 이루어져야 할 것이다.

(1) 일반적 의미

집은 가정생활, 가족관계에 대한 연상을 일으키는 수단이 된다. 아동이 그린 집의 요소(지붕, 벽, 창문, 굴뚝, 연기, 지면선 등)들을 분석하여 아동이 현재 처해 있는 가정 상황에 대한 아동의 지각과 태도를 파악할 수 있다. 일반적으로는 개인주택을 그리는 것이 보통이지만 특수한 집(교회, 빌딩, 성, 아파트 등)을 그렸다면 사후 질문이 필요하다. 이러한 피검자는 가정에 불만을 가지고 있을 수 있고, 자신이 그린 특수한 집에 대한 특정한 관심을 가지고 있을 수도 있다.

(2) 집의 요소들에 대한 해석

① 지붕

삶의 공상, 환상의 영역

- **손상된 지붕** : 공상이 정신기능을 손상시킬 정도
- **지나치게 큰 지붕** : 환상에 지나치게 몰두해서 대인관계 접촉을 철회
- **지붕 안에 문과 창문을 그릴 때** : 공상세계에 깊이 몰두
- **굵은 선으로 지붕 강조** : 통제할 수 없는 환상의 위협에서 자신을 방어하려 함

② 벽

자아강도(self strength)와 관련

- **무너진 벽** : 자아가 붕괴된 환자
- **튼튼한 벽** : 건강한 자아
- **벽 테두리를 강조** : 자아를 유지하려는 의식적 노력의 반영
- **희미한 벽 테두리** : 성격의 와해, 약한 자아통제
- **투명한 벽**(벽을 통해 집 내부와 건물이 보임) : 현실검증력의 와해

③ 문

실제로 환경과의 접촉이 가능한 부분

- **크기가 작은 문** : 환경과의 접촉에 대한 반응, 대인관계의 위축
- **지나치게 큰 문** : 의존성
- **열어 놓은 문** : 정서적 지지를 받고자 하는 욕구
- **자물쇠가 채워진 문** : 방어적 태도

④ 창문

환경과 상호작용하는 이차적 매개물

- **자물쇠를 강조한 창문** : 외부 위험에 대한 지나친 방어
- **커튼, 덧문** : 상호작용을 철수하려는 욕구
- **작은 거실 창문** : 사회적 교류에 대한 거부
- **화장실 창문이 클 때** : 엄격한 배변훈련의 반영
- **창문의 커튼 등의 장식** : 환경에 적극적인 참여 의지를 표현

⑤ 굴뚝

정상인의 집단에서는 굴뚝을 강조하지 않음

- **굴뚝의 지나친 강조** : 가정의 갈등 상황(따듯함을 강조할 때 굴뚝을 강조하기도 함)
- **짙은 연기** : 피검자 내부의 긴장. 가정환경에서의 갈등과 정서적 혼란
- **바람에 한 쪽으로 치우친 연기** : 사회적 적응, 학교교육 성취에 대한 부모의 부당한 압력, 정서적 혼란 등의 의미
- **얇은 선의 연기** : 가정 내의 따듯함의 결여. 좌우로 동시에 흐르는 것은 현실 검증력이 결여된 병리적 경향성일 수 있음

⑥ 지면선(ground line)

지면선에 그려진 집이나 나무, 사람은 피검자의 현실과의 접촉 정도를 반영함. 지면은 실제 현실과 동일시되므로 지면과의 접촉 여부가 중요한 진단의 준거가 된다(예, 물결치는 지면, 지면 위로 뿌리가 나온 나무, 지면 위나 아래로 떠 있는 집 등).

⑦ 길

길이 균형을 이루고 출입문으로 연결되었을 경우 통제력을 갖고 타인과 접촉하고 있는 상황이나 지나치게 긴 길은 타인과의 접촉을 피하려는 경향성을 의미. 넓은 길이 문 앞으로 갈수록 좁아지는 것은 타인을 멀리 하고 싶은 욕구가 있으나 표면적으로는 은폐하는 경향을 의미한다.

⑧ 악세서리

지시하지 않은 숲, 나무, 그 밖의 다른 세부적인 것을 그리는 것은 불안과 관련된다.

사례자는 만 23세 직장인 여성으로, 직장에서의 스트레스와 압박감을 호소하며 상담을 원한다.

질문사항	답변
1) 이 집은 도심에 있는 집입니까, 교외에 있는 집입니까?	교외에 있는 집
2) 이 집 주변에 다른 집이 있습니까?	아니요.
3) 이 그림에서 날씨는 어떠합니까?	화창하다.

질문사항	답변
4) 이 집은 당신에게서 멀리 있는 집입니까, 가까이 있는 집입니까?	가까이 있는 집
5) 이 집에 살고 있는 가족은 몇 사람이며 어떤 사람들입니까?	4명 / 아빠, 엄마, 동생, 나
6) 가정의 분위기는 어떠합니까?	웃고 있으며 화목하다.
7) 이 집을 보면 무엇이 생각납니까?	자연 속에 있는 집
8) 이 집을 보면 누가 생각납니까?	나(본인 자신)
9) 당신은 어떤 집에서 살고 싶습니까?	조용한 곳에 있는 주택 집(시골)
10) 당신은 이 집의 어느 방에 살고 싶습니까?	거실
11) 당신은 누구와 이 집에 살고 싶습니까?	가족과 함께
12) 당신의 집은 이 집보다 큽니까? 작습니까?	그림의 집이 실제 집보다 작다.
13) 이 집을 그릴 때 누구의 집을 생각하고 그렸습니까?	외할머니 집
14) 이 것은 당신의 집을 그린 것입니까?	내가 살고 싶은 집을 그림
15) (특수한 집인 경우) 이 집을 그린 이유가 있습니까?	집 자체가 욕심 없어 보이고 마음이 편안해서 그렸다.
16) (그림에서 이해하기 곤란한 부분에 대하여) 이것은 무엇입니까?	
17) 이 그림에 첨가해서 더 그리고 싶은 것이 있습니까?	강아지, 새
18) 당신이 그리려고 했던 대로 잘 그려졌습니까, 어떤 부분이 그리기 어려웠고 마음에 들지 않습니까?	창문 빗금이 마음에 안 든다.

▶ 그림을 살펴보면 초가집 형태의 집을 그렸으며 문과 창문은 환경과의 접촉이 가능한 부분으로 문과 창문을 크게 그린 것은 누군가에게 의존하고 싶은 마음이 나타나 있다. 그림 속 창문에 빗금을 나타내었으며 이것은 외부세계로부터 자기를 멀리 하려는 것이 보이고 사회적 접근 가능성에 예민하고 불안한 상태임을 볼 수 있다. 또한, 지나치게 강조된 지붕으로 빗금이 많이 그어져 있고 집 아래 지면 선을 그렸으며, 그림 속 정원에 꽃을 나타낸 것으로 보아 내담자가 많은 불안감을 나타내고 있는 것으로 볼 수 있다.

2) 나무그림 검사

A4용지 크기의 백지와 연필, 지우개를 아동에게 제공하고 나무를 그려 보도록 지시한다. 종이는 세로방향으로 제시한다. 시간제한은 없지만 검사자는 아동이 그림을 완성하는데 걸린 시간을 기록한다. 그림을 다 그리고 난 후에는 다음과 같은 사후 질문을 하고 그에 대한 대답을 기록한다.

- 이 나무는 어떤 종류의 나무인가?
- 이 나무의 나이는 몇 살인가?
- 이 나무는 죽었는가, 살았는가?
- 나무의 건강은 어떠한가?
- 나무 주변에는 어떤 것들이 있는가?
- 이 나무의 소원은 무엇인가?
- 나중에 이 나무는 어떻게 될 것인가?
- 나무를 그리면서 생각나는 사람이 누구인가?

(1) 일반적 의미

나무는 아동 자신과 아동의 환경과의 관계에 대한 아동의 느낌을 전달해 준다. Beck은 나무의 몸통은 성장과 발달에서의 기본적인 힘, 즉 자아강도에 대한 아동의 느낌을 반영하고, 나뭇가지의 구조는 환경으로부터 만족을 얻는 능력에 대한 아동의 느낌을 반영한다고 하였다.

HTP검사에서 나무와 사람그림은 피검자의 신체상과 자아개념 등의 성격의 핵심적 측면을 보여 준다. 나무그림은 무의식 상태의 자신의 모습을 투사하여 보여줌으로써 보다 심층적인 자아개념과 자신의 성숙도를 말해 준다. 나무를 구성하고 있는 핵심은 줄기와 가지이다.

상록수를 그리는 경우는 활력이 넘치는 존재로 보이며 상록수와 같아지려는 소망으로 표현된 것이다. 낙엽수는 외부 환경으로부터 영향을 받고 있음을 의미하며 버드나무나 아래로 처진 나무는 내향적이며 자기주장의 부족, 우울감을 의미한다. 흔히 버드나무나 고목을 그리는 경우는 우울증이 있는 경우도 있다.

나무와 해, 달, 바람 등 자연과의 관계는 일반적으로 부성과의 관계로 유추해 볼 수 있다. 태양은 아버지를 상징하며 부성상의 권위를 의미한다. 태양이 강조되었다면 정신적으로 미성숙과 관련되어 있다. 나무가 비바람 등 외부의 힘에 흔들리는 형태의 그림은 피검자가 환경으로부터 압력을 느끼고 있다는 의미이며 바람이 나무 위로 불고 있다면 현재 피검자의 심리상태가 현실로부터 도피하고자 하는 심리를 반영한 것이다.

(2) 나무의 요소들에 대한 해석

① 나무 몸통

성격의 기본적 강도의 지표, 성장과 발달에서의 에너지를 반영한다.

- **테두리선이 강조된 몸통**(덧칠 등) : 사용가능한 심리적 자원들을 가지고 환경에 대항하여 자신의 본연의 성격을 유지하려는 욕구의 반영
- **지나치게 굵은 몸통** : 지나치게 굵은 몸통은 약한 자아에 대한 보상심리일수도 있다. 몸통을 불연속적 파선으로 그릴 경우 약하고 얇은 선을 그린 경우도 같은 의미를 가진다.

② 뿌리

현실과의 관계를 나타낸다.

- **지나치게 강조된 뿌리** : 현실에 자리 잡고 있는 자신에 대한 걱정, 미성숙함, 안정되게 자리잡지 못한 일과 관련됨
- **짐승 발톱같이 움켜 쥔 듯한 뿌리** : 현실과의 접촉을 잃게 되는 것에 대한 극도의 불안
- **땅 속에 투명하게 비치는 뿌리** : 현실 검증력의 손상의 증거

③ 나뭇가지

환경으로부터 만족을 얻고 타인과의 접촉을 이루기 위한 자원에 대해 피검자가 어떻게 느끼고 있는가를 보여주는 것으로써 인물화의 팔에 해당한다.

- **지나치게 뻗어 있는 가지** : 만족을 얻을 수 없는 깊은 무력감을 보상하려는 욕구
- **끝이 잘리고 부러진 가지** : 성공에 대한 희망이 없음을 나타냄
- **키가 크고 마른, 지나치게 위로 향한, 잔가지가 많이 뻗은 나무** : 환경으로부터 만족을 구하는 것을 두려워함과 동시에 대리만족을 위해 환상으로 나아감을 반영
- **나무의 상부가 지면 끝을 넘는 경우** : 환상으로 지나치게 나아가려는 극단적인 태도
- **뾰족한 창 같은 나뭇가지** : 공격성과 적대감의 출현
- **부러지거나 잘려진 나무** : 외상을 입은 피검사의 감정
- **작은 몸통에 지나치게 큰 가지** : 만족갈구를 지나치게 강조
- **지나치게 큰 몸통에 작은 가지** : 기본적 욕구 만족에서의 무능감, 좌절감

④ 검사지에 토대를 둔 나무(paper-based tree)

검사지 맨 아래 모서리를 지면으로 사용하는 나무는 부적절감을 겪고 있는 불안정한 피검자에게 나타난다.

⑤ 주제가 있는 그림

- **과일나무** : 임신한 여성에게 자주 나타남
- **늘어진 버드나무** : 우울증
- **열매가 떨어져 있는 나무** : 거부감, 죄책감을 반영, 강간과 같은 외상후에 나타남

⑥ 죽은 것으로 묘사되는 나무

- **죽은 원인이 내부에 있을 때** : 피검자는 스스로 자신이 유해하고 받아들일 수 없는 존재로 생각함
- **죽은 원인이 외부에 있을 때**(바람, 폭풍우 등) : 자신의 어려움과 외상의 고통의 책임이 외부환경에 있다고 생각함

⑦ 나무의 옹이

나무기둥의 옹이는 성장과정에서 경험한 상처와 관련된다. 나무에 구멍을 그리고 동물을 그리는 경우는 자아 통제력을 상실했을 때 표현될 수 있으며 아동의 경우, 자신을 동물과 동일시하여 가장 안전했었던 과거 어머니의 자궁(구멍)을 동경하고 그 속에서 보호받기를 원하는 경우다. 나무옹이의 위치는 외상 경험의 연령과 관련된다.

⑧ 나무에 있는 사람

나무에 앉아 있는 사람이나 그네를 타고 있는 사람의 경우, 생활에 대한 긴장감 또는 고립감의 의미로 해석된다.

⑨ 그루터기

나무의 그루터기는 병적 신호일 수 있으며 성적인 외상이나 심리적인 외상과 관련되어 있다. 그루터기에 싹이 나 있는 경우는 심리적 외상에 의해 자아가 손상되었음 에도 무의식중에 재출발을 하려는 의지가 담긴 것으로 해석할 수 있다.

⑩ 부속물들

꽃, 열매, 새집, 새, 다람쥐, 매미 등 곤충이나 작은 동물을 그리거나 열매를 그리는 것은 아동들에게는 자주 나타날 수 있는 현상이지만 성인들이 그렸다면 정신적으로 미성숙한 것과 관련이 있다. 꽃과 열매를 그리는 것은 사랑받고 싶은 욕망을 의미한다.

※ 사례자는 만 23세 직장인 여성으로, 직장에서의 스트레스와 압박감을 호소하며 상담을 원한다.

질문사항	답변
1) 상록수 나무는 어떤 나무입니까?(불확실한 경우 상록수 혹은 낙엽수인지 질문한다.)	상록수
2) 이 나무는 어디 있는 나무입니까?	숲에 있는 나무
3) 한 그루만 있습니까, 숲 속에 있나요?	숲 속
4) 이 그림의 날씨는 어떠합니까?	화창
5) 바람이 불고 있습니까, 바람이 분다면 어떤 바람이 어느 방향으로 불고 있습니까?	바람이 불지 않는다.
6) 이 나무는 몇 년쯤 된 나무입니까?	엄청 오래된 나무 / 60년
7) 이 나무는 살아 있나요? (말라 죽었다면 언제쯤 어떻게 말라 죽었습니까?)	살아 있음

질문사항	답변
8) 이 나무는 강한 나무입니까, 약한 나무입니까?	강한 나무
9) 해가 떠 있습니까, 떠 있다면 어느 쪽에 떠 있습니까?	해가 떠 있음 / 중간에 떠 있음
10) 이 나무는 당신에게 누구를 생각나게 합니까?	나 (본인 자신)
11) 이 나무는 남자와 여자 중 어느 쪽을 닮았다고 봅니까?	여자
12) 이 나무는 당신으로부터 멀리 있는 나무입니까, 가까이 있는 나무입니까?	매우 가까이
13) 이 나무에 필요한 것은 무엇입니까?	물
14) 이 나무는 당신보다 큽니까, 작습니까?	엄청 크다.
15) (상흔 등이 있으면) 이것은 무엇입니까, 어떻게 해서 생겼습니까?	
16) (특수한 나무인 경우) 이 나무를 그린 이유가 있습니까?	
17) 이 그림에서 더 첨가해서 그리고 싶은 것이 있습니까?	
18) (그림에서 이해하기 곤란한 부분에 대하여)이것은 무엇입니까?	

▶ 그림 속의 나무가 무척 크고 나무 상부가 종이의 끝을 넘어 표현하였는데 이것은 자신에 대한 기대치를 나타내는 것으로 자신에 대한 기대가 무척 크다는 것을 볼 수 있다. 나무기둥에 여러 개의 선들을 볼 수 있는데 이것은 자신에 대한 실망감을 나타낸다. 또한 나무를 종이 밑바닥까지 붙여 그렸으며 안정감 확보를 하기 위한 보상적인 노력으로 보여진다. 또한 나무에 나이테를 볼 수 있는데 마음의 상처, 고독, 외로움을 가지고 있는 것으로 보여진다.

3) 인물화 검사

A4용지 크기의 백지와 연필, 지우개를 아동에게 제공하고 사람을 그려보도록 지시한다. 사람을 전체를 다 그리라고 지시하는데 만일 아동이 선 하나씩만으로 막대기처럼 사람을 그리면 다시 그리도록 지시한다. 사람 그리기가 끝나면 아동에게 사람이 남자인지 여자인지 물어 본 다음, 반대의 성의 사람을 그려 보라고

지시한다. 시간제한은 없지만 검사자는 아동이 그림을 완성하는데 걸린 시간을 기록한다.

그림을 다 그리고 난 후에는 다음과 같은 사후 질문을 하고 그에 대한 대답을 기록한다.

- 이 사람은 누구인가?
- 이 사람은 몇 살인가?
- 이 사람은 무엇을 하고 있는가?
- 이 사람은 어떤 생각을 하고 있는가?
- 이 사람의 기분은 어떠한가?
- 이 사람의 소원이 있다면 무엇일까?
- 나중에 이 사람은 어떻게 될 것인가?

(1) 일반적 의미

아동의 인물화는 오래 전부터 아동의 지능을 측정할 수 있는 수단이 되어 왔으나 인물화를 성격검사로 발전시킨 사람은 Mackover(1948)이다. 아동이 그린 인물은 아동의 욕구, 불안, 갈등, 보상 등을 반영하며 그려진 인물은 바로 아동 자신이고 종이는 아동의 환경을 의미한다는 것이 그의 관점이다. 아동이 사람 그림을 완성하면 인물의 성별을 확인한 후 다른 성의 사람을 그리도록 한다. 이때 그림의 순서, 두 인물의 차이, 크기. 왜곡과 생략, 선의 특성 및 인물의 세부 묘사를 해석한다. 아동들은 일반적으로 피검자와 같은 연령이나 환경으로 인물화를 그리게 된다.

아동이나 청소년 가운데는 만화 인물이나 추상적 인물화가 자주 등장하는 것을 볼 수 있다. 이는 검사에 대한 방어일 수 있고 인간관계가 부적절함을 반영한 결과일 수도 있다. 만화를 그렸을 때는 다시 그려서 정확한 인물화 검사를 시도해야 한다. 이때, 피검자의 직업이나 상황에 따라 달리 반응할 수 있으므로 만화를 그렸다고 모두 퇴행한 경우가 아니므로 정확한 질문을 통해 구분해야 할 것이다.

인물화에서 실제에 비해 생략되거나 왜곡된 부분은 피험자의 부정적 자아상이나 갈등을 의미할 수 있다. 때로는 신체부분의 생략과 왜곡은 신체 기능상의 어려움을 암시할 수도 있다.

(2) 인물화의 해석

① 그림의 순서

일반적으로 자신과 동일한 성의 인물을 먼저 그린다.

이성을 먼저 그릴 경우는 이성 부모나 이성에 대한 강한 애착이나 성 정체감 장애를 시사할 수도 있다.

② 두 인물의 비교

남성과 여성의 그림을 비교함으로써 피검자의 정신성적 태도(성역할 태도)를 나타낸다.

피검사자의 부모의 부부관계 양식을 시사받을 수 있다(예, 지배적인 한쪽 부모의 그림을 크게 그리는 경향).

③ 크기

종이 크기에 비례한 인물의 크기는 피검자와 환경의 역동적 관계를 반영한다.

- **큰 그림** : 환경의 요구에 대해 자신감 있게 공격적으로 대응하는 경향
  열등감에 대한 보상적 시도일 수도 있음
- **작은 그림** : 열등감과 부적절감으로 환경에 대해서도 소극적으로 대응

④ 그림의 위치

- **중앙보다 조금 낮은 위치** : 안정되고 평온한 상태
- **위로 치우친 위치** : 자아에 대한 불확실감, 긴장감
- **왼편에 치우친 위치** : 강한 자의식, 내향적 경향

- **오른편에 치우친 위치** : 저항, 적개심의 가능성
- **중앙에 위치** : 자율적, 적응적, 자아 중심적 경향

⑤ 인물의 움직임
- **활동적 인물** : 강한 행동 경향성
- **위축된 인물** : 내적 갈등에 대한 강한 억압
- **누워 있는 인물** : 낮은 에너지 수준, 충동성의 결여, 정서적 고갈상태

(3) 인물의 세부사항의 해석

- **큰머리** : 공격적, 지적 기대수준이 높음
- **희미한 얼굴과 머리** : 강한 자의식, 수줍음
- **머리를 나중에 그릴 때** : 심각한 대인관계 장애 가능성
- **수염** : 남성다움에 대한 부족감의 보상, 지나친 성적 활력의 추구
- **입** : 구강적 욕구, 구강적 공격성
- **눈** : 외부 세계와 의사소통의 수단, 내면적 생활을 의미
- **눈의 생략** : 죄의식, 현실 접촉의 상실이나 거부
- **코** : 남성 성기의 상징으로 큰 코는 성적 열등감, 무력감
- **턱** : 힘과 결단력의 상징
- **손** : 타인과의 교류를 상징, 지나치게 큰 손은 과잉행동과 관련, 손가락을 그리지 않은 공 모양의 손은 대처능력의 무능력감을 나타냄
- **감추어진 손** : 손으로 조작하는 행위에 대한 죄의식(예, 자위, 도벽), 환경을 주도하는 행위에 대한 두려움
- **몸통** : 피검자의 정신적 발달과 기본적 욕구
- **어깨** : 힘과 능력, 책임, 자아성취 욕구의 상징
- **몸에 붙은 팔** : 수동적, 방어적 경향
- **다리, 발** : 정서에 대한 상징, 자율성을 의미, 치마 끝부분에서 나온 발은

미성숙과 강한 자기애를 암시, 지나치게 짧은 다리는 대처능력에 대한 부적절감, 수동적 태도를 의미

- **다리나 발의 생략** : 자신감 부족, 무력감, 우울감, 양가감정 등을 의미함
- **투명한 사람**(내부기관이 그려진) : 정신분열증이나 조증장애
- **나체**(성적 부분의 노출) : 사회에 대한 반항, 성적 갈등, 신체상에 대한 자기도취
- **화려한 의상** : 사회적 자아상에 대한 자기도취, 자기중심적, 유아적 성향
- **단추** : 유아적 의존성, 열등감, 무력감. 단추의 강조는 퇴행을 의미
- **주머니** : 의존성, 유아적인 애정박탈, 구강적 애정욕구의 시사

※ 사례자는 만 23세 직장인 여성으로, 직장에서의 스트레스와 압박감을 호소하며 상담을 원한다.

질문사항	답변
1) 이 사람의 나이는?	초등학생 / 저학년
2) 결혼했습니까? 가족은 몇 명이며, 어떤 사람들입니까?	미혼 / 가족 4명(아빠, 엄마, 나, 동생)
3) 이 사람의 직업은?	직업 없음
4) 이 사람은 지금 무엇을 하고 있습니까?	놀고 있음
5) 지금 이 사람은 무슨 생각을 하며, 어떻게 느끼고 있습니까?	아무생각 안함
6) 이 사람의 신체는 건강한 편입니까, 약한 편입니까?	건강함
7) 이 사람은 친구들이 많습니까, 어떤 친구들입니까?	주위에 친구들이 많다./활발한 친구들
8) 이 사람의 성격은 어떻습니까, 장점과 단점은 무엇입니까?	장점: 항상 웃음/ 단점: 표현을 잘 못함
9) 이 사람은 행복합니까, 불행합니까?	행복함
10) 이 사람에게는 무엇이 필요합니까?	놀 수 있는 공간
11) 당신은 이 사람이 어떻습니까, 좋습니까, 싫습니까?	약간 싫음
12) 당신은 이 사람처럼 되고 싶습니까?	네
13) 당신은 이 사람과 함께 생활하고 친구가 되고 싶습니까?	아니요.
14) 이 사람을 그릴 때 누구를 생각하고 있었습니까?	나(본인 자신)
15) 이 사람은 당신을 닮았습니까?	약간 닮음
16) (특수한 인물인 경우) 왜 이 사람을 그렸습니까?	
17) (그림에서 이해하기 곤란한 부분의 경우) 이것은 무엇인가요, 그린 이유가 있습니까?	
18) 이 그림에서 더 첨가해서 그리고 싶은 것이 있습니까?	없음
19) 당신이 그리려고 했던 대로 잘 그려졌습니까, 어떤 부분이 그리기 어려웠고 마음에 들지 않습니까?	잘 그렸음

▶ 그림 속 인물을 만화적으로 나타내어 검사에 대한 자기방어적인 태도, 경계심을 나타내는 동시에 인간관계에 불만을 갖고 있으며, 또한 자기 개념이 확립되어 있지 않고 타인에 대하여 적의를 가지며 인간관계를 피하려고 하는 모습도 보여진다. 그리고 얼굴에서 코를 그리지 않아 부끄럽고 위축된 모습을 볼 수도 있고 입을 크게 벌리고 있어 구강적 욕구, 구강적 공격성을 보이기도 한다. 구두는 진하게 칠했으며 안정감의 욕구를 나타낸 것으로 보여진다. 그림 속 인물이 풍선을 들고 옷에 꽃을 표현한 것으로 보아 밝은 성격을 가지고 있음을 알 수 있다.

질문사항	답변
1) 이 사람의 나이는?	20대 초반
2) 결혼했습니까? 가족은 몇 명이며, 어떤 사람들입니까?	미혼 / 가족 모름
3) 이 사람의 직업은?	없음
4) 이 사람은 지금 무엇을 하고 있습니까?	공부함
5) 지금 이 사람은 무슨 생각을 하며, 어떻게 느끼고 있습니까?	무슨 생각인지 모름
6) 이 사람의 신체는 건강한 편입니까, 약한 편입니까?	네
7) 이 사람은 친구들이 많습니까, 어떤 친구들입니까?	네 /활발한 친구들
8) 이 사람의 성격은 어떻습니까, 장점과 단점은 무엇입니까?	장점: 잘 웃고 쾌활함/ 단점: 잘 모르겠음
9) 이 사람은 행복합니까, 불행합니까?	행복해 보임
10) 이 사람에게는 무엇이 필요합니까?	모르겠다.
11) 당신은 이 사람이 어떻습니까, 좋습니까, 싫습니까?	좋음
12) 당신은 이 사람처럼 되고 싶습니까?	아니요.
13) 당신은 이 사람과 함께 생활하고 친구가 되고 싶습니까?	친구정도만
14) 이 사람을 그릴 때 누구를 생각하고 있었습니까?	누굴 생각하지 않음
15) 이 사람은 당신을 닮았습니까?	아니요.
16) (특수한 인물인 경우) 왜 이 사람을 그렸습니까?	
17) (그림에서 이해하기 곤란한 부분의 경우) 이것은 무엇인가요? 그린 이유가 있습니까?	
18) 이 그림에서 더 첨가해서 그리고 싶은 것이 있습니까?	없음
19) 당신이 그리려고 했던 대로 잘 그려졌습니까, 어떤 부분이 그리기 어려웠고 마음에 들지 않습니까?	잘 그리진 않았지만 나름 만족

▶ 그림 속 인물이 안경을 쓴 모습을 그렸는데 이것은 불쾌한 자극으로부터의 도피, 외부와의 세계와 접촉을 꺼리는 모습을 나타낸다. 그리고 옷에 단추를 많이 그렸으며 이것은 누군가에게 의존하고 싶은 욕구를 나타내기도 하고 무력하고 유아적인 모습을 나타내기도 한다. 팔을 보통으로 벌린 것으로 보아 융통성이 있는 사람이고 인물이 양손을 주먹 쥐고 있는 걸로 보아 숨겨진 공격성과 반항성도 볼 수 있다. 앞의 여자 그림과 마찬가지로 구두를 진하게 칠한 것으로 보아 안정감의 욕구를 가지고 있다고 보여진다.

3. KHTP[7] 그림검사

KHTP검사는 동작성 HTP검사라고 할 수 있다. KHTP검사에서는 그림간의 밀착, 거리, 순서, 크기가 아동을 이해하는 중요한 정보가 된다.

1) 검사 절차

피검자에게 A4용지를 가로로 제시하고 집, 나무, 사람이 어떤 행동을 하고 있는 모습을 그리도록 지시한다. 만약 만화 형태로 그리거나 막대모양으로 표현했다면 다시 그리도록 한다. 제한시간은 없으나 아동이 그림을 완성한데 걸리는 시간을 기록하고 그림을 그리는 순서를 기록한다.

7) Kinetic-House-Tree-Person.

2) 검사 결과의 해석

(1) 밀착

집과 나무와 사람의 그림이 서로 밀착되어 있다면 이는 피험자가 현실적으로 부딪히게 되는 실패와 장애 또는 불만족 등의 어려움을 나타낸 것이다.

(2) 순서

가장 먼저 그린 그림은 피검자에게 특별한 의미를 가진다.

나무가 가장 먼저 그려졌을 때, 성장하려는 의지를 보이는 경우다. 정반대로 삶의 의지를 잃은 사람들도 나무를 가장 먼저 그리기도 한다. 보다 정확한 해석을 위해서는 질문을 통해 정보들을 보충해야 할 것이다.

집을 먼저 그리는 경우는 생존을 위해 장소에 소속하려는 욕구로 나타날 수 있으며 신체적 욕구나 강박관념을 의미할 수도 있다. 사회에 소속하고자 하는 욕구, 보살핌을 주고받는 가정, 즐거운 장소로서의 집을 의미할 수 있다.

사람이 가장 먼저 그려진 경우는 감정의 제어에 대한 걱정을 반영할 수 있다. 신체를 숨기거나 과시하는 심리일 수 있으며 성공이나 성공에 대한 경멸과 관련되어 있을 수도 있다. 자신 이외의 사람을 그렸을 경우, 죽은 가족 구성원이나 사랑하던 사람, 미운 사람, 영웅이나 폭군에 대한 강박을 의미하는 것일 수 있다.

3) KHTP 그림에서 활동 내용

KHTP 그림검사에서 사람과 나무는 생명체이므로 활동이 존재한다. 바람에 의해 흔들린 방향이나 사람이 취한 동작을 살펴보면 피검자의 무의식을 알 수 있다. 집그림은 생명체가 아니므로 행동이 존재하지 않지만 집의 형태와 기울기를 통해 피검자의 안정성을 엿볼 수 있고 수평과 수직 표현에서 욕구를 이해할 수 있다.

(1) 나무 속의 동물

나무 속에 다람쥐, 새 등의 동물이 그려진 경우는 아동들에게 일반적으로 많이 나타나는 그림의 형태로서 불안감이 있거나 안전에 대한 욕구가 있는 피검자들에게 많이 나타난다.

(2) 둥지 속의 새

둥지 밖의 새는 자유와 관련한 욕구를 나타내지만 둥지 속의 새는 보호받고자 하는 욕구를 나타낸다. 둥지의 새는 현재 어려움에 처한 피험자의 동일시 대상을 의미한다.

(3) 집을 향한 나뭇가지

집을 향한 나뭇가지는 가정에 대한 안전의 욕구를 표현한 것이다.

(4) 아래로 처진 나뭇가지

아래로 처진 나뭇가지의 흐름, 창끝 모양의 가지, 밑둥이 잘려진 듯한 줄기 등은 피검자의 박탈경험이나 퇴행과 고착상태를 반영한다.

(5) 집을 향한 잎이 풍성한 나무

나뭇가지가 집을 향해 있고 잎이 풍성한 경우는 자신의 성장에 에너지를 쏟고 있어서 통합성이 부재된 것으로 볼 수 있다. 한 면에만 치중하여 가족에 대해서는 부정적인 태도를 보이거나 거부하는 경향이 있을 수 있다.

(6) 지붕 위의 나무

나무가 지붕 위에서 자랄 때는 강한 집착과 관련이 있다.

(7) 떨어진 과일나무

떨어진 과일은 죄의식과 좌절 경험을 반영한다. 의존 욕구 및 퇴행을 의미한다.

(8) 그네가 있는 나무

그네는 흔들림 때문에 긴장감과 관련되며 그넷줄로 신체를 담고 있다는 점에서 포위와 고립을 의미한다. 그네를 타고 있을 때는 흔들림 때문에 긴장감을 의미한다. 그네에 앉아 있을 때는 그넷줄로 포위를 하고 있으므로 집과 관련한 문제 또는 그 기대로부터 자신을 분리하고자 하는 의미이다.

4) KHTP 그림에서 표현양식

(1) 나무와 집이 밀착된 경우

나무와 집이 밀착된 경우는 삶에서 두 가지 측면으로 인해 곤란을 겪고 있을 때 나타날 수 있으며 이러한 피검자는 가족관계에서 벗어날 수 없는 어떠한 요소에 의해 성장을 방해받고 있을 수 있으므로 적절한 분리가 필요하다.

(2) 집, 나무, 사람이 밀착되어 있을 때

밀착은 자신의 삶을 적절히 분리시키지 못하고 어려움을 겪고 있을 때 주로 나타날 수 있다.

(3) 선을 그리는 경우

그림의 위쪽에 선을 그리는 경우는 극심한 불안상태에 있거나 정서적으로 불안한 심리에 대한 반응으로 볼 수 있다. 집, 나무, 사람의 아래쪽에 선이나 음영을 표현하는 경우는 그 부분에 대한 생활의 안정을 구하고자 하는 시도로서 나타날 수 있다.

(4) 검사지보다 크게 그리는 경우

주로 나무그림에서 나타나는 경우로서, 지면이 부족하여 바깥으로 확장된 그림을 말한다. 이는 정착하기 싫어하는 환상을 가진 피검자에게서 흔히 나타난다.

4. 동작성 가족화 (KFD[8])

동작성 가족화(KFD)란 아동이 자신의 가족에 대해 심리적으로 느끼고 있는 내적인 심리상태를 그림으로 표현하는 검사이다. 동작성 가족화는 가족 구성원이 무엇인가 하고 있는 모습, 즉 상호작용하는 모습을 그리게 함으로써 가족 간에 형성된 친밀감과 단절감을 살펴볼 수 있다.

1) 검사 절차

검사자는 아동에게 A4용지와 연필, 지우개를 준 후, 자신을 포함하여 가족들 모두가 무엇인가 하고 있는 그림을 그리도록 한다. 아동이 그림을 그리는데 시간 제한은 없지만 그림을 완성하는데 걸리는 시간을 용지에 기록한다, 검사자는 아동이 그림을 그리는 순서를 기록한다. 그림이 완성된 후에 가족 가운데 빠진 사람이 있는지 확인하여 기록한다.

그림을 그린 후 검사자는 다음의 질문을 한다.

8) Kinetic Family Drawing Test.

- 그림 속의 각 인물에 대한 질문(이 사람은 지금 무엇을 하고 있는가? / 이 사람의 좋은 점은? 이 사람의 나쁜 점은?)
- 이 그림을 보면서 무슨 생각을 했는가?
- 이 그림을 보면 무슨 생각이 드는가?
- 이 그림을 그린 상황 바로 전에 어떤 일이 있었는가?
- 앞으로 이 가족은 어떻게 될 것 같은가?
- 만일 이 그림에서 무엇인가를 바꿀 수 있다면 무엇을 바꾸고 싶은가?

2) 검사 결과의 해석

KFD의 해석은 인물의 활동과 그림에 나타난 활동내용, 그림 양식, 그린 사물에 대한 상징적 의미 등을 통해 이루어진다. 또한 인물화 검사의 상징적 의미와 임상적 의미를 포함하여 해석한다.

KFD 해석에서 고려해야 할 점은 가족 구성원 중 그려지지 않은 사람이 있는지 가족 외의 다른 사람이 들어왔는지, 자주 지우는지, 생략된 부분이 있는지, 적절한 모습인지 등에 대해 살펴보아야 한다.

(1) 가족 간 활동 내용

가족관계라는 울타리 내에서 흐르고 있는 에너지들은 낯선 사람과의 관계에서 일어나는 에너지의 강도에서부터 적대적 → 경쟁적 → 회피적 → 조화로운 애착관계에서 일어나는 높은 수준까지 다양한 강도의 에너지가 가족관계에서 일어난다. 그림 속 가족 구성원들의 활동은 피검자가 자각하고 있는 가족관계와 역할, 자아상, 그리고 가족 내에 잠재해 있는 여러 가지 이슈들에 대한 임상적 의미를 제공해 준다.

① 애착관계에서 나타날 수 있는 활동

강한 애착관계에서는 서로가 높은 강도의 에너지 흐름으로 표현이 되고 화기애애한 모습을 띄고 있다.

② 조화로운 일반적인 관계에서 나타날 수 있는 활동

일반적인 조화로운 가족관계에서는 긍정적이고 온정적인 상호작용이 표현된다. 가족과 가족 사이에 벽이나 기둥 등 어떠한 장애물도 놓여지지 않으며 신체적으로도 친밀한 상태를 보이며 전등이나 따듯한 빛이 표현되기도 한다.

③ 경쟁관계에서 나타날 수 있는 활동

경쟁관계에서는 에너지의 흐름이 공과 같은 물체를 통하여 상징화되어 나타난다. 일반적으로 공은 힘의 형태로 나타난다. 두 사람간의 대면되는 경쟁관계는 공이 두 사람 사이를 왔다 갔다 하는 형태로 나타나는 것을 볼 수 있다.

④ 경쟁 대상이 안 된다고 느낄 때 나타날 수 있는 활동

경쟁을 하고는 싶지만 그 경쟁대상이 장애가 있거나 너무 강해서 감히 경쟁대상이 안 된다고 느낄 때 피검자들은 에너지를 전혀 다른 곳으로 바꿔 버리거나 전달을 정지함으로써 감정을 통제하는 것으로 나타난다.

⑤ 갈등 관계에서 나타날 수 있는 활동

갈등, 혹은 금기시하는 곳에 X자 등의 직접적인 표현을 하기도 하며, 접근과 회피는 에너지의 갈등을 갖고 있는 것으로 해석할 수 있다.

⑥ 불안 상태에서 나타날 수 있는 활동

불안 상태에서는 에너지가 자신에게 나타나거나 내면화시키는 것으로 나타난다. 즉, 자신에게 음영을 주어 표현하거나 자신의 주변에 음영과 선을 그어 표현하기도 한다.

⑦ 힘든 상황이나 대상에 대해 회피하고 싶을 때 나타나는 활동

회피하고 싶은 상황에서 나타나는 활동은 흔히 피하고 싶은 대상과 자신의 사이에 선을 긋거나 구획 나누기, 포위하기 등으로 표현한다. 이는 대상이나 상황으로부터 벗어나고자 하는 표현이다.

(2) 그림의 양식

KFD에서 나타난 그림의 양식이란 피검자가 가족이나 사물의 위치를 화면 속에 어떻게 구성했느냐를 의미한다. 가령, 가족에 포함시켰는지 제외시켰는지, 서로 가까이 그리는지 멀리 그리는지, 인물을 어떠한 공간에 배치하는지, 어떠한 선들이 인물과 함께 그려지는지 등의 표현을 통해 피검자가 가족 내에서 느끼는 주관적인 느낌이나 태도를 알 수 있다.

KFD에서 나타난 그림의 양식을 해석함으로써 피검자의 가족 내 상호관계를 알 수 있다. 원만한 가정의 피검자들은 자신이 느끼고 있는 애착경험을 꾸밈없이 표현한다.

① 구획 나누기

직선이나 곡선을 이용하여 가족을 구분하는 경우는 가족 내에서의 불만족을 경험한 경우다. 선 대신 종이를 접어서 구획을 나누는 경우도 있으며, 가족관계에서 감정적으로 많이 떨어져 있거나 사회적으로 고립된 경우에 많이 나타나는 그림의 유형이다.

② 포위하기

포위의 형태는 선으로 둘러싸거나 줄넘기, 그네, 책상 등의 사물을 이용하여 자신과 갈등관계에 있는 사람을 분리하는 것을 말한다.

③ 테두리 따라 그리기

검사지의 가장자리를 따라 그리는 것은 저항적이고 방어적인 피험자에게서 나타날 수 있고, 때로는 영특하고 현학적인 경우에도 테두리를 따라 그리는 경우가 나타난다.

(3) 그림 속의 상징

KFD에서 흔히 나타나는 상징들은 조심스럽게 해석되어야 할 부분들이다. 검사자에 따라 과잉 해석되거나 단순 해석되는 오류를 범하지 않아야 하며 아동의 언어적 표현을 참고하여 통합적으로 해석되어져야 할 부분이다.

심리검사도구 가운데 투사적 도구에서 나타나는 상징은 매우 중요한 의미를 가지고 있으며 가족관계에서의 무의식적 표현이므로 매우 의미 있는 표현이다. KFD에서 나타나는 모든 상징들을 나열할 수는 없으나 일반적으로 나타나는 대표적인 상징들을 열거하면 다음과 같다.

- **공격성 · 경쟁심** : 던질 수 있는 물체, 공, 먼지털이, 빗자루 등
- **애정** : 전등, 태양, 난로 등과 같이 열과 빛을 낼 수 있는 물체. 그러나 너무 강할 경우는 파괴적인 의미를 가짐
- **분노** : 칼, 총, 방망이, 날카로운 물체, 폭발물, 진공청소기나 북 등 두드리는 물체 등은 분노와 적대감의 표출
- **힘** : 공, 마차, 자전거, 오토바이, 차, 비행기, 기차 등 탈것으로 표현
- **우울감** : 빗속을 걷는 것, 차가운 것의 상징들(예, 냉장고 등)

(4) 그림에 나타난 인물상의 특징

가족의 각 인물상에서 표현되는 특징은 HTP검사에서 소개된 인물화의 상징적 해석을 참조하면 보다 구체적인 이해가 가능하다. 그 외, KFD에서 흔히 볼 수 있는 특성을 간략히 소개하면 다음과 같다.

① 실제 크기보다 높게 그린 경우

지배적인 욕구가 강한 피험자는 받침대 위에 올려 지거나 실제 인물 크기보다 높게 그리는 경향이 있다.

② 가족 누군가를 생략한 경우

가족의 일원을 지우거나 뒷면에 그린 경우 그 인물과의 갈등이나 거부감을 의미한다.

그림을 그리는 과정에서 지우기는 가족관계의 갈등을 이해할 수 있는 중요한 단서가 되며 공간이 부족하다면 뒷면에 그리는 경우도 마찬가지의 경우에 속한다. 뒷면에조차 그리지 않고 생략한 경우는 피검자가 그 인물을 가족으로 인정하고 싶지 않은 강한 거부감을 반영한 것이다.

③ 자세가 경사지거나 매달려 있는 경우

인물이 불안하고 위험스러운 장소에 그려지거나 넘어질 듯한 자세로 표현하는 경우가 있는 이는 피험자의 불안감으로 이해할 수 있다.

④ 가족의 눈을 피카소의 그림처럼 표현한 경우

눈의 방향이 누구를 향하는가를 관찰할 필요가 있다. 이는 피검자가 눈이 향해 있는 가족원에 대해 양가감정을 가지고 있을 수 있다.

⑤ 그림을 회전해서 그린 경우

피검자가 가족에게서 소외되었다고 느끼는 경우, 또는 관심의 욕구를 표현할 때 구획을 나누고 인물을 회전해서 그린다.

질문사항	답변
1) 그림 속의 각 인물에 대한 질문 (그림 속의 사람은 지금 무엇을 하고 있는가? / 이 사람의 좋은 점? 나쁜 점은?	아빠) 밥 먹고 있음/활발함/밥을 잘 안 먹는다.
	엄마) 밥 먹고 TV 보고 있음/이야기를 잘함/없음
	나) 밥 먹으면서 이야기함/가족들을 보고 있음/없음
	동생) 밥 먹으면서 TV봄/웃으면서 이야기/TV보면서 밥 먹으면서 이야기하면서 분주함.
2) 이 그림을 보면서 무슨 생각을 하는가?	좋아보임
3) 이 그림을 보면서 무슨 생각을 했는가?	'같이 있구나'라는 생각
4) 이 그림을 그린 상황 바로 전에 어떤 일이 있었는가?	엄마가 밥 먹으라고 외침
5) 앞으로 이 가족은 어떻게 될 것 같은가?	웃으면서 그날 있었던 일 이야기함
6) 만일 이 그림에서 무엇인가를 바꿀 수 있다면 무엇을 바꾸고 싶은가?	동생이 그려진 위치를 좀 더 가까이 그리고 싶음 (오른쪽으로)

가족들이 모두 함께 식탁에 둘러 앉아 TV앞에서 식사를 하고 있다. 동생, 아빠, 엄마, 내담자 순으로 앉아 있는데 내담자와 친밀한 사람 순임을 나타내고 동생은 가장 멀리 있고 많이 떨어져 있는데 이것은 동생과 나의 거리를 나타낸다.

또한 그림의 가운데에 아빠가 있고 아빠의 그림이 다른 그림에 비해 더 큰 것으로 보아 아빠가 가정의 중심, 권력을 뜻한다. 그리고 내담자 옆에는 강아지를 볼 수 있는데 강아지와의 친밀함도 볼 수 있다. 가족 사이에는 장애물이 놓여져 있지 않고 일반적이고 조화로운 모습을 나타내는데 가족 주위를 동그랗게 선을 그은 것으로 보아 가족 외에 타인의 접근을 거부하는 모습을 나타낸다.

동작성 가족화(KFD) 분석 용지[9]

이름 :__________ 연령 :__________ 성별 :__________

1. 스타일
   1) 구획 나누기
   2) 포위하기
   3) 밑선 긋기
   4) 특정 인물 아래에만 밑선 긋기
   5) 외형만 그리거나 검사지의 테두리를 따라 그리기
   6) 검사지 윗부분에 선긋기
   7) 검사지를 접은 후 구획 나누기

2. 상징
   1) 아버지상에 사용된 상징
   2) 어머니상에 사용된 상징
   3) 자기상에 사용된 상징
   4) 기타 인물에 사용된 상징

3. 활동 내용
   1) 가족원 각자의 활동내용
      ① 자신 -
      ② 어머니 -
      ③ 아버지 -
      ④ 형, 오빠 -
      ⑤ 누나, 언니 -

9) 출처 : 신민섭 외(2003). 그림을 통한 아동의 진단과 이해 - HTP와 KFD를 중심으로. 서울: 학지사.

⑥ 남동생 –
⑦ 여동생 –
⑧ 기타 –

2) 가족원 간의 활동
① 자신 –
② 어머니 –
③ 아버지 –
④ 형, 오빠 –
⑤ 누나, 언니 –
⑥ 남동생 –
⑦ 여동생 –
⑧ 기타

4. KFD에 나타난 각 인물들의 특징
1) 팔을 더 길게 늘여서 그린 경우 (　　)
① 자신 ② 어머니 ③ 아버지 ④ 형, 오빠 ⑤ 누나, 언니 ⑥ 남동생 ⑦ 여동생 ⑧ 기타
2) 받침대 위에 올라가 있는 것으로 그린 경우 (　　)
① 자신 ② 어머니 ③ 아버지 ④ 형, 오빠 ⑤ 누나, 언니 ⑥ 남동생 ⑦ 여동생 ⑧ 기타
3) 그렸다가 지운 경우 (　　)
① 자신 ② 어머니 ③ 아버지 ④ 형, 오빠 ⑤ 누나, 언니 ⑥ 남동생 ⑦ 여동생 ⑧ 기타
4) 검사지 뒷면에 그린 경우 (　　)
① 자신 ② 어머니 ③ 아버지 ④ 형, 오빠 ⑤ 누나, 언니 ⑥ 남동생 ⑦ 여동생 ⑧ 기타
5) 매달려 있도록 그린 경우 (　　)
① 자신 ② 어머니 ③ 아버지 ④ 형, 오빠 ⑤ 누나, 언니 ⑥ 남동생 ⑦ 여동생 ⑧ 기타
6) 신체부위를 생략하고 그린 경우 (　　)
① 자신 ② 어머니 ③ 아버지 ④ 형, 오빠 ⑤ 누나, 언니 ⑥ 남동생 ⑦ 여동생 ⑧ 기타
7) 어떤 인물을 생략하고 그린 경우 (　　)
① 자신 ② 어머니 ③ 아버지 ④ 형, 오빠 ⑤ 누나, 언니 ⑥ 남동생 ⑦ 여동생 ⑧ 기타
8) 눈을 피카소처럼 다소 특이하게 그린 경우 (　　)
① 자신 ② 어머니 ③ 아버지 ④ 형, 오빠 ⑤ 누나, 언니 ⑥ 남동생 ⑦ 여동생 ⑧ 기타
9) 모습을 회전해서 그린 경우 (　　)
① 자신 ② 어머니 ③ 아버지 ④ 형, 오빠 ⑤ 누나, 언니 ⑥ 남동생 ⑦ 여동생 ⑧ 기타

5. KFD의 역동성 (모눈종이 사용)
1) 신장 (cm)
자기 ______________ 아버지 ____________ 어머니 ______________
2) 자신의 위치
자기 ______________ 아버지 ____________ 어머니 ______________

3) 가족 구성원 간의 거리 (cm)
어머니 ____________ 아버지 ____________ 그 외 ______________
4) 그림 그린 순서
5) 인물의 위치
6) 인물의 방향

HTP검사나 KFD검사를 통해 피검자가 세상을 향해 어떤 자세를 취하고 있는지 아는 것은 상담에 유용한 참고자료가 된다. 그러나 이러한 검사를 해석하고 적용하기 위해서는 숙련된 기술과 경험이 필요하며 무조건적인 그림의 해석은 삼가야 할 것이다. 그림 검사의 해석은 피검자가 이전에 다른 심리검사를 받았다면 그 검사결과와 행동관찰, 개인력, 병력, 가족력, 면담자료 등의 자료를 고려하여 총체적으로 해석하여야 한다. 그림분석의 결과는 검사자가 가지고 있는 이론적 틀, 직관력, 임상경험의 정도에 따라 다르게 해석될 수 있으므로 유의해야 한다.

상담자는 꾸준한 임상적 경험을 통해 보다 많은 기술과 경험을 축적하여 단편적인 평가나 해석의 오류를 범하지 않도록 노력해야 한다.

5. 새 둥지화 (BAD[10])

새 둥지화는 Kaiser(1996)의 연구에서 애착안정성의 유용한 임상적 진단도구로서 잠재적 가치가 있음이 검증되었다.

애착이론의 창시자인 J. Bowlby에 의하면 다른 사람과의 친밀한 애착은 개인의 전 인생에 걸쳐 중추적인 역할을 하고 사람은 단지 유아기, 아동기 뿐만 아니라 청소년기, 성인기, 노년기까지도 이러한 친밀한 애착에 의거하여 자신의 장점과

10) Birds Nest Drawing.

생의 기쁨을 끌어 내고 자신의 공헌을 통해 다른 사람에게 자신의 좋은점과 즐거움을 준다고 한다.

이러한 친밀한 애착은 유아 초기의 주양육자와의 애착형성과 밀접한 관련이 있다고 볼 수 있다. 주양육자와의 애착형성은 아동발달에 발판 노릇을 한다.

이 안정 애착을 통해 아동들은 감정을 조절하고, 스스로 위로하는 것을 학습하게 되며, 그리고 이러한 애착관계를 통해서 다른 사람과 관계하는 것을 학습한다.

준비물 : A4 용지, 4B연필

지시어 : "새둥지를 그리세요"

실시시간 : 충분한 시간

▶ Kaiesr의 애착지표와 채점 준거

(1) 둥지의 담는 기능

① 내용(contents)

- 둥지에는 내용물이 있는가?

② 나무(tree)

- 둥지는 나무에 의해 지지받고 있는가?

③ 바닥(bottom)

- 둥지에는 바닥이 있는가?

④ 담을 가능성(able to contain)

- 어떤 내용물이 들어 있든 떨어지지 않도록 둥지는 기울지 않는가?
- 정신건강/병리학 관련 요소

⑤ 공간(space) 사용

- 종이를 1/3 이상 사용하였는가?

⑥ 배치(placement)

- 둥지를 중심에 두었는가?

⑦ 색상(colors)

- 3~4개의 색상을 사용하였는가?

⑧ 선의 질(line quality)

- 선은 적절한가?

⑨ 둥지(nest)의 크기

- 여백(대상물)이 1/3 이하인가?

⑩ 아기새들(baby birds)

- 아기새들이 들어 있는가?

⑪ 부모새들(parent birds)

- 부모새들이 들어 있는가?

⑫ 아기 또는 부모 새들(either baby or parent birds)

- 아기 또는 부모새들이 들어 있는가?

⑬ 두 부모새들(two parent birds)

- 두 부모새들이 들어 있는가?

⑭ 알들(eggs)

- (새는 없고) 단지 알들만 들어 있는가?

(2) BND 애착지표 및 해석

① 아기새만 있음 : 낮은 하위안정 애착수준

부모새가 아기새를 두고 가버린 그림은 중요한 타인들에 의한 지지의 결여를 느낀 것을 무의식적으로 표현한다.

② 부모새만 있음 : 하위안정 애착수준

부모 혹은 중요한 타인들로부터 엄격한 통제의 경험에 의해서 지지적 환경의 결여를 무의식적으로 표현한다.

③ 부모새 아기새가 함께 있음 : 상위안정 애착수준

부모 혹은 중요한 타인들로부터 적절한 양육환경 속에서 자라 안정애착을 보인다.

④ 알들만 있음 : 매우 낮은 하위애착 수준

알을 따뜻하게 부화할 부모새가 없는 것은 정서적인 지지가 없는 양육자와 초기생활을 한 경험을 무의식적으로 나타낸다.

⑤ 둥지가 비워져 있음 : 매우 낮은 하위애착 수준

둥지가 비어 있는 이미지는 고립(분리)되고 주변이나 지지하는 환경이 없음을 무의식적으로 표현한다.

⑥ 둥지가 나무에 의해 지지받고 있음 (낮은 지지: 낮은 애착 / 높은 지지: 상위애착)

나뭇가지 위 둥지그림은 지지적 환경의 경험을 무의식적으로 나타낸 것임. 곧 둥지 안 내용물이 쏟아질 것 같은 이미지, 가지가 너무 약해 가지가 부서질 것 같은 이미지는 낮은 안정 애착수준이다.

⑦ 공간사용 : 공간 활용이 1/3 이상-안정애착

그렇지 못했을 때 불안정 애착 공간 활용은 현재 삶의 에너지를 측정할 수 있으며 우울과 위축되고 희망 없고 사랑받지 못한다고 느끼는 아동은 낮은 안정 애착수준이다. 이러한 아동은 여백이 많거나 내용이 단순하다.

⑧ 선의 질 : 강한선

공격성을 나타냄 / 진한선 - 불안을 나타냄 / 약한선 - 자신감 없음, 폐쇄적임

선의 질은 과거의 애착경험에 따른 현재 행동상태를 나타냄. 정서적 지지환경 박탈 경험이 많았던 아동의 선은 매우 강하게 혹은 극도로 약하게 나타난다.

- **매우 약한 선** : 부적응적임, 우유부단하고 청하고 두려움이 많음
- **불연속적인 스케치 풍** : 소심함

⑨ 둥지의 크기(작은 둥지 및 과대 둥지)

낮은 안정 애착수준 / 적절한 둥지 - 높은 안정 애착수준

엄격한 양육의 경험을 한 아동은 작은 둥지를 표현하여 환경의 압력을 무의식적으로 표현함. 너무 큰 둥지의 그림은 방임 혹은 위협적인 환경의 경험에 의해 힘을 가지고 싶어하는 무의식적 표현이다.

이상에서 살펴본 초기상담의 전체 과정을 가족상담을 중심으로 간략히 요약하여 제시하면 다음과 같다.

상담의 과정 : 초기 면담

상담의 구조화

- 상담의 조건(시간, 횟수, 기간, 비용 등) 합의 및 상담 계약하기
- 비밀보장 및 상담의 한계 안내

상담 목표

- 구체적 상담 목표 설정하기
- 상담 진행방식 합의하기
- 상담 일정 계획하기

관계 형성

- 촉진적 상담관계 형성하기
- 내담자에게 필요한 각종 심리검사 실행
- 검사 결과의 분석

제5장

상담 중기 : 개입단계

1. 상담 중기
2. 개입의 기술 : 내담자에게 관심 기울이기
3. 개입의 기술 : 내담자의 자기이해 돕기
4. 상담 중기의 평가

1. 상담 중기

상담 접수 및 초기 상담단계를 통하여 상담 대상아동과 가족에 대한 자료수집이 끝나고, 본격적으로 상담자의 개입으로 목표를 향해 상담이 진행되는 전 과정을 상담의 중기단계라고 말한다.

상담 중기에는 다양한 상담기법이 활용되며 상담자는 대상아동이나 가족에게 필요한 개입이 실시된다. 아동들을 위해서는 음악요법, 미술요법, 놀이요법 작업요법 등이 사용되기도 한다.

이 단계에서는 갈등이 해결되고 성격이 변화되는 기간으로서, 상담 초기에 설정한 목표로 진행되는 과정이다. 상담 중기에는 최종 목표를 위한 세부 목표들이 수립되는데 이를 “과정목표”라고 한다.

중기단계는 상담 과정에서 가장 긴 기간을 차지하며 아동과 가족이 이전 단계에서 결핍되고 왜곡된 부분을 수정하고 보완하는 경험을 통해 문제와 증상이 치유되고 부정적 정서가 긍정적으로 교정되게 된다.

상담 중기에 주로 이루어지는 일을 요약하여 나타내면 다음과 같다.

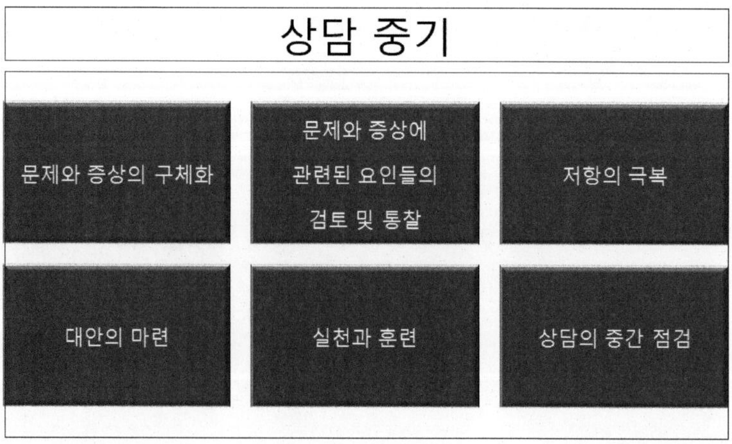

상담 중기에는 현재의 문제와 과거의 경험들에 대한 관계를 인식하고 증상과 연결된 감정과 욕구를 표현하게 된다. 이러한 과정을 통하여 문제와 증상들이 점점 구체화되어진다. 중기에는 상담자에 대한 갖가지 저항현상들이 나타나게 되는데 이러한 저항을 넘어서는 것이 치료의 과정이라 할 수 있다.

문제가 되는 특정 증상들을 제거하기 위한 치료기법을 논의하고 적용하게 되며 다양한 상담기법을 통해 피검자의 감정, 행동, 생각을 조절하고 욕구와 동기를 활성화하도록 돕는다.

또한 부정적 패턴을 버리고 새로운 적응을 위해 실천과 훈련을 하는 과정이 중기에 모두 이루어진다. 즉, 상담의 중기는 본격적인 상담과정이 이루어지는 기간이라 할 수 있다.

상담자는 상담과정에서 세부 목표를 점검하고 피검자와 상담자 자신을 평가하고 점검해야 한다.

2. 개입의 기술 : 내담자에게 관심 기울이기

상담자가 개입 단계에서 기초적으로 필요한 상담기술은 내담자에게 관심을 기우리고 경청하는 일이다. 관심을 보이는 행동은 언어적 행동뿐 아니라 시선과 자세 등 태도의 전반을 일컫는다.

1) 관심 기울이기

상담자의 경청행동은 다음 몇 가지 태도를 보이는 것에서 시작한다.

- **시선 맞추기** : 내담자의 문화적 배경에 따라 알맞게 내담자에게 시선을 맞춘다.
- **어조** : 관심을 나타내는 어조로 이야기한다. 특히 내담자가 아동일 경우 관심

어린 어조는 매우 중요하다.

- **자세** : 내담자의 얼굴 쪽으로 몸을 약간 앞으로 기울인다. 이야기의 흐름을 따라가며 경청하되 선택적인 경청을 한다. 내담자가 침묵할 때는 침묵의 성질에 따라 침묵에 동참하거나 또는 침묵과 관련된 질문을 하여 다루어 나간다.

2) 내담자를 관찰하기

- 비언어적 행동은 내담자의 얼굴표정과 신체언어를 관찰한다.
- 다음과 같은 언어적 행동에 주목한다.
  - 초점이 되는 언어적 표현(강조점)을 파악한다.
  - 아동의 감각 - 운동적, 구체적 조작기 수준과 추상적, 형식적 조작기 수준의 언어표현상의 특성을 파악하고 그 수준에 맞춘다.
  - 내담자의 지각 양식에 따른 감각적 언어 - 시각적, 청각적, 촉각적, 미각적, 후각적 지각 양식을 파악하고 그에 따른다.

3) 언어적 · 비언어적 행동의 불일치를 식별하고 직면하기

- 내담자의 언어적 · 비언어적 행동상의 모순점(혼합 메시지)을 파악한다.
- 상담자와 내담자 간의 불일치를 파악하고 이해하기 이것은 전이, 역전이 또는 상담자와 내담자 간의 관계왜곡 현상으로 풀이될 수 있다.

  관계 왜곡이란 상담 장면에 내담자, 상담자 이외의 제3의 인물이 존재하는 듯한 지각적 왜곡현상이 있음을 의미한다. 내담자가 상담자를 대할 때 (경우에 따라 치료자가 내담자를 대할 때에도) 자기가 경험한 주요 인물인 것처럼 인식하고 대하기 때문이다. 그러므로 치료자는 치료적 작업에 참여하면서 동시에 이런 왜곡현상의 여부를 인식해야 한다.

4) 생각과 의미를 반영해 주기

내담자가 느끼는 감정을 내담자의 입장에서 느끼고 생각하듯 반영해 주는 기법이다. 이는 내담자에게 공감해 주는 것이며 "촉진적 의사소통 기술"이라고 한다.

심리적으로 고통받는 내담자에는 다음 세 가지 유형이 있다.

① 감정의 바다 속에 침잠되는 감정형

② 어떤 일부터 저지르는 행동형

③ 생각에 생각이 꼬리를 무는 사고형

이러한 내담자들에게는 자신의 감정, 행동, 사고의 배후에 어떤 생각과 의미가 내재하는가를 발견하도록 상담자가 탐색적인 질문을 던진다. 그리하여 내담자가 자기 자신을 이해하도록 인도하는 일이 중요하다.

내담자가 보이는 행동과 관계없이 그의 존엄성과 가치를 존중해 주는 상담자의 태도가 중요하다. 내담자와의 약속시간을 엄수하고 필요한 경우에 전문가에게 위탁하는 행동을 통해 내담자를 존중하는 태도가 전달될 수 있다.

상담자는 진실함을 보여야 하며 자신의 자아개념과 일치하게 행동하는 상담자의 일관성 있는 태도는 의사소통을 촉진한다. 진실성은 상담자가 충동적인 행동을 하는 것이 아니라 자신의 감정을 있는 그대로 직시하고 수용하라는 의미이다. 적절한 자기노출도 진실성에 속한다.

내담자가 모호한 표현을 할 때는 구체적인 상황, 생각, 감정에 대하여 질문함으로써 의미를 명료화해야 한다.

5) 바꾸어 말하기와 감정을 반영하기

내담자의 말을 바꾸어 말하기와 내담자의 감정을 반영하기를 섞어서 사용하여 내담자의 말에서 의미구조를 밝히는 질문을 한다. 예를 들면, 다음과 같은 문구로 시작할 수 있다.

"그것이 당신에게 어떤 의미가 있습니까?"
"당신이 중요시하는 것(의도하는 것)은…"
내담자의 유형에 따라 다음의 예와 같이 기법을 사용할 수 있다.

(1) 행동형의 내담자를 다룰 때

예: "네가 ~~ 한 행동을 하면서 무슨 생각을 했니? 너에게는 OO이 매우 중요한 것(가치)인 모양이다."

(2) 감정형의 내담자를 다룰 때

예: "그렇게 눈물 흘리면서 혼자 무슨 말을 독백했습니까? 그런 감정에 빠져 있을 때 무슨 생각이 들던가요?"

(3) 골똘한 사고형의 내담자를 다룰 때

예: "각각의 생각이 자기 삶에서 중요시하는 의미나 가치와 어떻게 연결되어 있는가요?"

한국인들은 감정을 표현하는데 익숙하지 않은 경향이 있다. 상담자가 내담자의 감정을 반영하기 위해 다음의 기법들을 활용할 수 있다.

- 개방형 질문을 사용한다.
- 언어로 미처 표현하지 못한 것까지 공감해 준다.
- 현재형으로 감정을 표현하게 한다.

- 내담자가 느끼는 감정의 강도에 맞추어 반응한다.
- 내담자의 인지적 수준에 부응하여 공감한다.
- 내담자의 격렬한 감정을 다룬다. 격렬한 감정은 주로 내담자의 심리적 외상(trauma)과 관련되어 있는데 지금 느끼는 감정이 아주 정상적임을 알려주며 느리고 고른 호흡을 하게 한다.

6) 자기지도력을 길러주기

내담자의 행동변화를 도모하는 상담의 중반기 시점에서 상담자는 주도적으로 영향력을 행사하여 내담자의 자기관리능력(자기지도력)을 길러 주도록 원조한다. 이를 위해서 다음과 같이 조처가 필요하다.

① 필요한 정보와 조언을 제공한다.
② 적용할 상담이론과 기법에 대해서 알려 준다.
③ 내담자의 동의를 얻은 다음에 가르치기와 지시하기를 실행한다.
④ 내담자가 상담자의 지시를 잘 따르는지 살펴보면서, 보다 능동적인 동참자가 되도록 유도한다.
⑤ 논리적 유추의 기법을 사용하여 내담자의 논리적 사고력을 길러 준다.

내담자의 자기 지도력을 길러주기 위한 상담자의 역할은 다음 세 가지로 요약될 수 있다.

첫째, 상담의 개입전략을 구상한다. 상담의 각 단계에서 어떤 전략으로 임할 것인가를 미리 가늠하여 개입전략을 구상한다.

둘째, 상담자의 개입시기를 결정한다. 내담자가 동일한 주제를 가지고 서너 차례 호소하기를 반복한 다음에 상담자의 적극적 개입이 이루어지도록 한다.

셋째, 적용할 상담기법을 설명한 후에 내담자에게 새로운 행동을 하도록 지시하고 가르쳐 준다. 이때 내담자 쪽에서 상담자의 지시에 대하여 부정적 전이나 저항 현상이 일어나지 않도록 유념해야 한다. 면밀한 관찰을 한 다음에, 내담자와 합의를 거친 후에 지시하기와 가르치기를 실행한다.

내담자의 자기 지도력을 길러주기

상담의 개입전략을 구상
↓
상담자의 개입시기를 결정
↓
상담기법에 대한 합의
↓
상담기법 적용 (지시하기/가르치기)

3. 개입의 기술 : 내담자의 자기이해 돕기

내담자가 스스로 자신의 감정과 행동을 이해하고 나아가서는 세상과 자기 자신의 관계를 통찰하는 것을 자기이해라고 한다.

자기 이해를 돕기 위해 상담자가 사용할 수 있는 대표적인 기술을 간략히 설명하면 다음과 같다.

1) 내담자에게 피드백 주기

상담자 및 타인이 내담자를 보는 관점에 대하여 피드백을 준다. 내담자가 변화하려는 준비가 되어 있을 때, 받아들일 수 있는 만큼의 피드백을 주는 것이

요령이다.

피드백은 내담자의 강점에 중점을 두고 증거를 제시하면서 구체적이고 분명하게 주어야 한다. 이때, 피드백이 "참 잘했어요"와 같은 평가가 되어서는 안 된다. 다른 분야와는 달리 상담에서는 평가와 판단이 배제된 피드백을 사용해야 한다.

상담자의 자기노출도 피드백의 일종이 될 수 있으나 진실성의 원리 하에 전문가적 입지에서 적용되어야 한다.

2) 직면화

직면화(confrontation)란, 내담자의 사고나 행동 등에 모순점을 지적해 주어 내담자의 자각을 돕는 역할을 한다. 직면화는 가장 강력한 상담기술 가운데 하나이다. 섣부른 직면화는 내담자에게 심리적인 상처를 주거나 자기방어를 야기시키므로 내담자 개인에 초점을 두지 말고 내담자의 이야기 속에서 모순점을 지적해 주거나 다른 관점에서 해석해 주기를 시도하는 것이 좋다.

직면화 기법은 공감 단계에서 사용될 수 있고, 문제점의 규명이나 상담 목표의 설정에서도 사용된다. 그리고 행동 변화를 촉구할 경우에도 사용되는 기법이다.

내담자가 직면화를 수용하는 데는 죽음의 5 단계와 유사한 다음의 다섯 단계가 나타난다.

① 부정의 단계
② 조건부적 수용과 분노의 단계
③ 문제의 수용과 인정의 단계
④ 새로운 태도와 행동의 단계
⑤ 포괄적 변화와 초월의 단계

3) 해석하기

상담자는 내담자의 문제와 행동에 대하여 해석을 해 줄 수 있다. 상담의 초기에 내담자가 자신의 문제에 대해 곧바로 해석하기를 원하는 경우는 해석을 삼가는 것이 좋다.

해석하기는 두 가지 관점에서 접근할 수 있는데, 첫째, 심리학적 관점에서 풀이하여 해석해 줄 수 있다. 둘째, 다른 관점에서 해석하기 또는 재해석하기를 통해 내담자가 부정적 견해와 긍정적 견해의 양쪽 입장에서 문제를 조감할 수 있게 도와 준다.

해석은 내담자로 하여금 과거의 생각과는 다른 각도로 자기의 행동과 내면세계를 파악하도록 하는 것이다. 고전적 정신분석가들은 내담자의 현재와 과거의 인과성에 대한 언급만을 해석으로 간주한다. 내담자가 인식하지 못하는 관계의 의미까지 설명해 준다는 면에서 볼 때 무의식에 대한 분석적 전문성이 요구된다. 해석은 저항을 일으킬 수 있고 상담자에게 과중한 치료적 책임을 가지게 한다.

그러므로 인간중심적 치료를 하는 상담자들은 해석을 피하고 감정의 명료화나 반영을 사용한다. 감정의 반영도 온화한 형태의 해석이라고 볼 수 있다. 내담자의 감정을 반영하고 명료화하는 것은 해석과 별개가 아니며 연속적인 과정이라고 볼 수 있다.

내담자의 내면세계에 접근하는 깊이의 정도는 반영 → 명료화 → 직면 → 해석의 순이라고 할 수 있다.

(1) 해석의 대상

상담 진행에 따라 해석의 대상은 다음과 같이 달라질 수 있다.

- **상담 초기** : 내담자의 상담에 대한 잘못된 기대와 미온적인 태도
- **상담 중기** : 내담자의 방어기제, 문제에 대한 생각, 느낌, 행동양식
- **상담 말기** : 내담자 스스로 해석할 수 있도록 격려, 상담자의 해석을 줄임

(2) 해석의 시기

해석을 하는데 있어서 가장 중요한 것은 시기의 문제이다. 해석은 내담자가

받아들일 준비가 되어 있지 않을 때 하게 되면 저항을 일으키고 역효과를 나타내므로 내담자가 받아들일 준비가 되어 있는지를 파악하는 것이 중요하다.

상담의 초기 단계에서는 감정의 반영을 활용하는 것이 좋다. 상담 중기에는 그 후 내담자의 성격과 태도를 명료화하는 것이 적절하며 보다 심층적인 해석은 상담관계가 돈독해지는 중기까지 보류하는 것이 좋다. 내담자의 성격을 파악하지 못했을 경우이나 해석을 위한 실증적 증거가 없을 때는 해석을 삼가는 것이 좋다.

(3) 해석의 제시형태

① 잠정적 표현

상담자가 판단한 내용을 단정적으로 해석해 주기보다는 암시적이거나 잠정적으로 표현하는 방법이다. 내담자의 저항을 줄이기 위해서는 다음 예와 같이 암시적으로 부드러운 표현을 사용한다.

- 아마 ~ 하지 않나요? ~ 할 것 같은데요.
- ~라고 생각하세요?
- ~인지 궁금한데요.
- ~라고 생각하는 것이 적당할 것 같은데요.
- 또 다른 각도에서 생각해 본다면 ~ 이겠군요.

② 점진적 진행

상담의 해석은 내담자의 생각보다 너무 앞서 있어도 바람직하지 못하다. 따라서 내담자가 생각하거나 느낀다고 믿는 방향으로 한 걸음 정도 앞서서 점진적으로 진행해야 한다.

③ 반복적 제시

해석이 내담자의 저항을 받게 되면 상담자는 적절한 때에 경험적 증거를 제시하면서 해석을 반복할 필요가 있다. 흔히 내담자들은 처음의 해석을 이해하지 못하고 저항하다가 나중에 이해하는 경우가 많기 때문이다.

④ 질문 형태의 제시

해석은 내담자를 관찰한 결과나 가설을 바탕으로 하므로 가급적이면 사실적으로 표현하기보다는 질문 형태로 제시하여 내담자 스스로 해석할 수 있도록 하는 것이 바람직하다. 질문의 형태는 선도적 질문, 의미 탐색적 질문, 해석적 질문, 직면적 질문이 있다. 각 질문형태의 예를 들면 다음과 같다.

- 선도적 질문 : 그런 생각에 대해 조금 더 이야기해 보시겠어요?
- 의미 탐색적 질문 : 그것은 당신에게 어떤 의미를 주는가요?
- 해석적 질문 : 지금 당신이 여자들을 믿지 못하게 된 것은 어머니가 당신을 잘 돌보지 못했기 때문이라고 생각하나요?
- 직면적 질문 : 당신은 그렇게 자신을 계속 학대해도 괜찮다고 생각하나요?

(4) 해석의 제한점

해석을 할 때 가장 유의해야 할 것은 해석이 내담자에게 위협을 줄 경우다. 내담자가 새로운 지각과 이해를 수용하지 못할 경우에는 저항이 일어날 수 있고 내담자의 자기탐색을 감소시키는 결과를 초래할 수 있다. 또한 내담자가 자신의 내면의 감정이 드러나지 않도록 방어수단으로 주지화(主知化)하는 경우도 있다. 주지화란 자신의 문제에 대해 감정을 숨기고 지적인 측면을 드러내는 방어기제를 말한다. 해석의 제시 시기와 형태를 잘 고려한다면 이러한 제한점을 극복할 수 있을 것이다.

4) 다른 사람의 관점 이해하기

대부분의 내담자들은 다른 사람의 관점을 왜곡하거나 이해하지 못한다. 내담자들은 자신의 문제에 둘러싸여 세상을 보는 관점이 매우 편협해져 있을 수 있기 때문이다. 상담자는 내담자의 견해 외에, 가족이나 교사, 친구 등 타인의 관점과 견해를 이해하도록 촉구하여 사회적 관계를 맺는 훈련을 시도해야 한다.

5) 문화적 · 환경적 영향 이해하기

가족과 사회가 내담자에게 미치는 영향을 이해하기 위해 가문의 흐름과 전통을 알아보게 하고 가계도를 그려 보게 한다. 이는 한국 전통사회 속에서 내담자의 문제와 갈등을 이해하게 하는데 도움이 된다.

지역사회 관계도를 통해 지역사회 속에서 내담자에게 도움이 되는 긍정적인 자원을 찾아보도록 하는 것은 내담자의 발전에 도움이 된다.

6) 핵심감정과 가치관 파악하기

내담자가 느끼는 감정의 배후에 있는 근원적인 감정을 발견할 수 있도록 탐색적인 질문을 하여 핵심 감정을 파악한다. 가령, 불안감의 배후에는 애정상실에 대한 두려움이 핵심감정으로 숨겨져 있을 수 있다.

갈등은 가치관의 우선순위를 명확히 정할 수 없을 때 생기는 것이다. 내담자가 자신이 중요하게 생각하는 가치관을 명료화할 수 있도록 도와 주어야 한다.

7) 저항의 출현과 해결

상담이 진행됨에 따라 내담자는 새로운 변화를 경험하게 된다. 사람들은 습관적으로 가지고 있는 사고와 감정의 패턴이 있는데 이를 변화시키면 변화에 대한 저항이 일어나게 된다. 저항은 변화의 장애물이므로 반드시 극복해야 할 과제이다. 저항의 형태는 다양하며 심각한 저항의 형태로는 상담을 거부하는 경우가 있다.

상담자는 저항을 줄일 수 있는 다양한 방법을 고안해야 하며, 일방적인 지시나 통제는 내담자에게 저항을 가져오므로 유의해야 한다. 특히, 준비되지 않은 내담자에게 갑작스러운 변화를 주는 것은 강한 저항을 주는 요인이 될 수 있다. 상담자는 내담자의 저항을 최소화할 수 있는 상담방법을 적용할 필요가 있다.

용어 해설(저항과 통찰)

저항	통찰
- 문제를 해결하기 위해 전문적 도움을 구하는 환자는 다양한 방식으로 변화를 가져 오는 치료 과정을 방해하고 거부한다. - 저항은 환자의 지각, 관념, 기억, 감정, 또는 그러한 요소들의 복합체인 콤플렉스에 대한 인식을 가로막음으로써, 현재 경험과 초기 경험 사이의 연관성을 깨닫지 못하게 하고 무의식적 갈등의 성질을 통찰하지 못하게 한다. - 늦게 오기, 거부하기, 상담자에게 대들기 면담에 오지 않기, 불성실하게 상담하기 등	- 통찰은 문제의 본질을 꿰뚫어 보는 것, 즉 사물이나 현상의 특징이나 관계 등을 명백하게 파악하는 심리적인 능력을 일컫는 말이다 - 이제까지 전체적인 연관을 갖지 않던 막연한 사물이 새롭게 다른 사물과의 연관을 가지고 하나의 체계적인 맥락, 분절된 전체로서 파악되는 것을 통찰이라 한다. 즉 통찰에 의해서 사물이 존재하고 움직이는 사태의 구조가 명확해진다.

4. 상담 중기의 평가

상담과정에서 상담이 목표를 향해 잘 진행되고 있는지에 대한 평가를 하고 점검을 할 필요가 있다. 특히 단기목표 상담인 경우에 구조화된 평가를 하는 것이 필요하다.

문제해결 중심의 접근을 했을 때 사용할 수 있는 상담 중기의 평가척도를 소개하면 다음과 같다. 이 척도는 내담자가 키가 자라지 않아서 학교에 적응하지 못하고 가정과 학교에서 문제를 일으켜 상담이 의뢰된 경우다. 다음 척도는 상담 중기(4주차)에 부모와 아동에게 이루어진 평가척도의 예이다.

문제해결 중심척도 : 예시(부모)

▶ 지난번 이후 나와 K와의 대화는 어느 정도 원활히 이루어지고 있는가?

1	2	3	4	5	⑥	7	8	9	10

▶ 학교에 가는 문제에 대해 K와 어느 정도 타협이 되었는가?

1	2	③	4	5	6	7	8	9	10

▶ 나는 지난번 상담 때 비해 K의 상태나 태도는 어느 정도 나아졌는가?

1	2	3	4	⑤	6	7	8	9	10

▶ 학교를 그만 두었을 때 생길 문제에 대해 보다 어느 정도 구체적으로 생각해 보았는가?

1	2	3	4	5	6	⑦	8	9	10

▶ 이 문제가 내가 원하는 대로 해결될 가능성은 얼마라고 생각하는가?

1	2	③	4	5	6	7	8	9	10

▶ 오늘, 나는 문제가 어느 정도 해결되었다고 생각하는가?

1	2	3	④	5	6	7	8	9	10

▶ 현재 내 상태에서 1점 더 높게 변화된다면 무엇이 달라질 것 같은가?

▶ 남편이 상담에 참여한다면 이 문제가 해결될 가능성은 얼마라고 할 수 있을까?

1	2	3	4	5	6	7	8	9	10

▶ K는 이 문제를 해결하기 위해 어느 정도 노력하고 있다고 생각합니까?

1	2	3	4	5	6	7	8	9	10

▶ 목표를 향해 1점 향상하기 위해 나는 무엇이 필요한가?

문제해결 중심척도 : 예시(아동)

▶ K가 볼 때 부모님의 무엇을 보면 1점 향상되었다고 생각할까요?

▶ 10점을 스스로 생각하는 이상적인 상태이고 1은 최악이라고 생각했을 때 지금 어머니의 상태는 몇 점이라고 생각합니까?

1	2	3	4	5	6	7	8	9	10

▶ 10점을 스스로 생각하는 이상적인 상태이고 1은 최악이라고 생각했을 때 지금 아버지와 나의 상태는 몇 점이라고 생각합니까?

1	2	3	4	5	6	7	8	9	10

▶ 현재 목표로 하고 있는 대학에 가기 위한 K의 잠재력은 어느 정도라고 생각하니?

1	2	3	4	5	6	7	8	9	10

▶ 만일 K가 2학기에 학교를 그만둔다면 목표한 대학에 합격할 확률은 어느 정도라고 생각합니까?

1	2	3	4	5	6	7	8	9	10

▶ 만일 K가 2학기에 계속 학교에 다닌다면 목표한 학교에 합격할 확률은 어느 정도라고 생각합니까?

1	2	3	4	5	6	7	8	9	10

▶ K가 학교를 그만두었을 때 그 결과에 대한 책임을 어머니는 어느 정도 질 수 있을 것으로 생각하나요?

1	2	3	4	5	6	7	8	9	10

▶ K가 학교를 그대로 계속 다녔을 때 그 결과에 대한 책임을 어머니는 어느 정도 질 수 있을까요?

1	2	3	4	5	6	7	8	9	10

▶ 내가 생각할 때 어머니가 힘든 과정을 오늘까지 지탱할 수 있게 한 것은 무엇이었을까?

▶ 학교에 가지 않는 것이 구체적으로 어떤 도움이 되는가?

▶ 네가 키가 자라지 않고, 어려움 속에서도 학교에 다니면서 할 수 있었던 가장 흥미 있거나 잘하는 것들은 무엇이었니?

▶ 5년 후에 나는 어디서 무엇을 하고 있을 것 같은가?

이상 본 장에서 살펴본 상담 중기의 전체 과정을 간략히 요약하여 제시하면 다음과 같다.

상담 중기에 이루어지는 일

1. 문제와 증상의 구체화
2. 문제와 증상에 관련된 요인들의 검토 및 통찰
3. 저항의 극복 및 대안의 마련
4. 실천과 훈련
5. 상담의 중간평가

제6장

상담 종결 : 이별단계

1. 상담의 종결
2. 종결의 유형
3. 추수상담

1. 상담의 종결

상담의 종결은 상담을 완전히 끝내는 것이 아니라 상담과정의 한 부분으로 이해해야 한다. 단순히 목표를 달성했다고 그것으로 상담이 끝나는 것은 아닌 것이다.

모든 이별은 후유증을 남긴다. 정기적인 만남이 이루어졌던 상담이 종결되면, 내담자는 여러 가지 감정을 겪게 되므로 갑작스런 종결보다는 점진적으로 종결을 논의하는 것이 필요하다. 특히 종결과 함께 내담자가 겪을 수 있는 불안을 다루어 줄 필요가 있다. 불안을 다루는 방법은 그 동안 상담에서 일어났던 일을 단계별로 재음미하고 요약하는 것이다.

그 동안, 상담자에게 많은 의지를 한 내담자이므로 상담자에 대한 의존성도 극복 과제가 된다. 상담을 종결한 뒤, 내담자가 스스로 계획하고 판단하고 실행할 수 있도록 심리적 이유를 해야 하는 것이다. 상담자는 내담자에게 이러한 점을 격려해 줌으로써 홀로 서기를 할 수 있을 것이다.

상담의 종결단계는 지금까지의 상담의 치료적 성과를 다시 한 번 다짐으로써 향후의 면역력을 키워 주어야 한다. 그 동안의 난관을 타파한 성과를 진심으로 격려해 주고, 닥쳐올 어려운 상황을 미리 예견하여 어떤 방식으로 난관을 헤쳐 나갈 것인지에 대한 논의도 함께 이루어져야 할 것이다. 비록 면역력을 갖추었다 하더라도 내담자는 제반 문제 증상을 다시 겪을 수 있다. 발생할 수 있는 제 문제와 증상의 재발에 대해 미리 준비를 하는 것도 종결단계에서 이루어져야 할 일이다.

종결이 제안되면 상담자와 내담자는 합의하여 회기의 간격을 늘여가며 상담을 통해 이룩한 내담자의 변화와 목표달성의 성과를 평가하고 그 동안의 내용을 정리한다. 상담을 통해 생길 수 있는 내담자의 의존성 문제를 극복하고 독립심을 고취시키며 남은 문제들(상담자 도움 없이 스스로 해결해야 할 문제들)을 해결하는데 대처 방안을 논의한다.

종결 과정에서는 상담에 대한 평가, 의존성의 극복과 독립심 키우기, 재발 가능성에 대한 안내, 이별에 대한 감정 다루기, 그리고 종결 보고서의 작성 등의 작업이 필요하다.

2. 종결의 유형

가장 이상적인 종결의 형태는 목표가 달성되고 순차적으로 종결되는 경우다. 그러나 내담자나 상담자의 상황에 따라 목표 달성 이전에 예기치 못한 종결이 있을 수 있다.

1) 목표 달성에 의한 종결

목표 달성이 이루어진 경우 내담자와 상담자는 합의하에 종결을 하게 되며 종결 후 3~ 6개월이 지난 후 추수상담을 한다. 추수상담은 종결 후 내담자의 생활 변화를 점검하는 계기가 되며 추가적인 도움이 필요한지 점검할 수 있는 기회가 된다.

2) 목표 달성 이전의 종결

상담자와 내담자 간의 목표가 일치하지 않거나 상담 진행상의 문제로 종결을 하게 되는 경우도 있다. 내담자가 자기노출을 완전히 거부하여 상담의 효과를 전혀 기대할 수 없는 경우이거나 상담자의 역전이 문제로 인한 경우도 있다. 역전이가 생길 경우는 숙련된 상담자에게 위임을 하는 편이 낫다.

3) 환경 변화로 인한 종결

내담자의 사정(유학, 이사, 사망 등)으로 종결이 되거나 또는 드물게 상담자의 사정(건강상 문제 등)으로 피치 못한 종결이 있을 수 있다. 상담자의 사정에 의한 종결의 경우 내담자와 합의하에 적절한 상담자에게 다시 의뢰를 하는 것이 좋다.

4) 조기 종결

조기 종결이란 초기 상담 기간 중에 내담자에 의하여 상담이 종결되는 경우를 말한다. 이는 치료적 개입이 시도되기 이전에 종결이 되는 경우이므로 목표달성 이전의 종결과 다르다.

조기 종결의 경우는 상담자가 실망감, 좌절감, 배반감, 전문가로서 자존감 저하 등 여러 가지 감정을 겪게 되므로 종결의 원인을 면밀하게 분석해야 한다.

5) 때늦은 종결

상담은 끝도 없이 계속될 수 있다. 이는 일종의 상담 중독현상이라고 볼 수 있는데, 의존적인 내담자와 내담자의 의존성을 키우는 상담자의 경우가 종결의 시기를 결정하지 못하게 한다. 의존적인 내담자의 경우, 종결로 인한 분리불안과 버림받은 느낌 때문에 종결을 꺼리게 되는 것이다. 상담자 또한 의도하지 않게 내담자의 의존성을 키울 수 있다. 종결이 미루어질수록 상담의 치료적 의미가 낮아짐을 명심해야 한다.

상담의 종결 과정을 가족상담을 중심으로 간략히 요약하여 제시하면 다음과 같다.

3. 추수상담

상담의 회기가 공식적으로 끝난 후, 일정 기간이 지난 후 추후에 상담이 이루어질 수 있다. 추수상담은 다음 몇 가지의 중요한 의미를 갖는다.

첫째, 상담 종결 후, 일정 기간이 지난 후에도 내담자가 행동 변화를 잘 지속하고 있는지 검토하고 잘 하고 있는 부분은 강화해 주고 부족한 부분은 수정, 보완해 준다.

둘째, 상담자에게 자신이 사용한 기법과 상담 과정이 적합했는지 검토할 기회를 준다.

셋째, 상담의 종결은 내담자 뿐 아니라 상담자에게도 큰 상실감을 가져온다. 추수상담을 통해 상담자와 내담자 간에 남은 정서적 여운을 해소할 수 있다.

상담의 과정 : 상담 종결

종결의 과정

- 면담 횟수 8~20회 동안 가족의 특정 문제와 증상이 제거될 때
- 종결에 따른 치료사의 감정은 죽음의 단계와 유사

상실 ➡ 분노 ➡ 죄책감 ➡ 성취감

종결의 단서

1. 내담자가 달성하고자 하는 목표를 당성했을 때
2. 가족치료를 통해 새롭게 습득한 대처 방법이 수용-유지될 때
3. 가족간 의사소통이 분명하고 일관될 때
4. 가족 구조와 가족규칙이 융통성 있고 기능적
5. 개개인 증상 호전, 긍정적 상호작용
6. 가족원 각자의 역할, 기능에 합의된 만족

상담 종결

종결의 이유

- 종결의 이유에 따라 상담자와 내담자는 여러 가지 감정을 느끼게 됨
- 상담자는 자신에게 생길 감정 및 내담자의 감정의 영향을 미리 예방하고 준비

종결방법

1. 치료종결에 대한 언급은 면담 초기에 해야함
2. 종결에 대한 언급은 모든 가족이 참여할 때 언급
3. 종결에 대한 감정처리 작업
4. 미래에 대한 준비 : 실행한 작업에 대한 재검토, 나아갈 방향 제시
5. 종결 후 접촉여부 : 사후지도(보통치료 면담보다 짧게), 종결 직후 접촉은 피하는 것이 좋다.

갑작스런 종결을 원할 때

1. 종결 원인 파악 => 대충 짐작이 가도 속단 금물
2. 종결 권리가 있음을 인정해 줌
3. 전화로 종결 통지할 경우 → 다른 가족원들과 접촉 또는 통화 요망
4. 치료사의 개입이나 치료목표의 변화가 없는데도 종결을 원할 때 → 가족이 변화를 두려워하고 있는지 의심 요망
5. 치료사가 건설적으로 대응함에도 종결하려는 경우 → 치료 성과를 가족의 공으로 돌리고 성공 기원(언제든 다시 연락할 수 있도록 유도)
6. 내담자가 치료 초기에 종결을 원할 때 → 이유 타진, 새로운 전략 시도, 그래도 종결을 원할 때는 효과적 종결을 위해 3~4회까지 면담 요망

제7장

상담의 유형별 실제

1. 집단상담
2. 이혼가정 아동의 상담
3. 재혼가정 아동의 상담
4. 장애아동의 상담
5. 위기상담
6. 적응장애 아동에 대한 상담사례

1. 집단상담

1) 집단상담

집단상담은 전문적인 훈련을 받은 상담자의 지도 아래 정상인의 범주에 속하는 10명 내외의 집단 성원들이 자신의 문제와 관심사를 두고 집단의 사고와 역동을 이용하여 문제의 해결을 모색하고 스스로의 진전을 도모하게 하는 집단적이고 역동적인 접근방법이다.

집단상담의 특징을 요약하면 다음과 같다.

(1) 집단상담의 장점

① 집단상담의 대상은 일반적으로 정상인들이다.

② 상담대상의 인원은 10명 내외로 제한하는 것이 바람직하다.

③ 상담자(리더)는 상담의 분야별로 집단상담에 대해 전문적인 수련을 쌓은 전문가이어야 한다.

④ 집단상담을 위해서는 그룹 구성원들 간에 상호존경과 신뢰, 수용의 분위기가 필수적인 요소이다.

⑤ 집단상담은 집단의 역동성과 상호작용을 적용하여 상담의 효과를 볼 수 있는 것이다.

(2) 집단상담의 가치

① 짧은 시간에 많은 사람들에게 상담의 효과를 줄 수 있으므로 시간적으로

고 효율적이다.

② 동료집단에서 성원 상호간에 감정을 터놓고 대화할 수 있으므로 소속감과 동료의식을 발전시킬 수 있다.

③ 구성원 각 개인은 자신만 문제를 가지고 있는 것이 아니라 정도의 차이는 있지만 모든 사람이 유사한 문제가 있음을 인식하게 됨으로써 자신과 타인에 대해 더 잘 이해할 수 있게 된다.

④ 집단 구성원으로부터 지지와 격려를 받으면서 개인적인 성숙과 대인관계를 향상시킬 수 있다.

⑤ 집단은 그 규모의 크기와 상관없이 사회적 현실의 축소판이므로 집단상담의 장면에서 현실생활 속에서의 자신의 행동과 태도, 그리고 대인관계를 검토하고 반성하는 기회가 된다.

⑥ 개인으로 하여금 자신의 문제를 의식하는 기회가 되며 나아가서는 개인상담에 응할 수 있는 용기와 기회를 갖게 된다.

(3) 집단상담의 한계점

집단상담의 지도자는 반드시 전문적인 훈련을 받은 사람이 지도해야 하며 집단의 특성으로 인하여 생기는 한계점들이 생긴다.

① 집단상담이 시간적으로 효율적이지만 문제해결의 최선의 방안은 아니다. 개인에 따라 집단 경험 자체에 현혹되어 여러 집단을 전전하며 현실도피의 기회로 삼는 경우도 있다.

② 집단상담은 모든 사람에게 적용될 수 없다. 가령, 성격적으로 적대감이 많거나 심한 정서장애를 가진 사람, 사회 병리적 문제를 가지거나 정신병적 문제를 가진 이들에게는 적합하지 않다.

③ 집단상담에서는 도움이 필요한 개인에게 특별한 개인적 관심을 주기 어렵다.

④ 집단의 모든 구성원이 일정한 시간에 참여해야 하므로 시간이 자유롭지 못한 경우에는 정해진 시간에 참여가 어렵다.

(4) 집단상담의 절차와 내용

집단상담의 계획과 실시에 있어서 단계별 유의사항을 정리하면 다음과 같다.

표 Ⅱ-5 집단상담의 절차와 내용

절차	내용
구성원의 모집 및 선정	오리엔테이션을 통해 상담 주제에 관심 있는 사람들을 모집하고 면접을 통해 구성원을 선정한다.
상담집단의 선정	연령별, 성별, 수준별, 문제영역별 동질집단으로 구성하는 것이 이상적이다. 그러나 동질집단으로 그룹이 구성되면 다양한 인간관계의 형성이 어렵다는 단점이 있다.
구성원 인원 수	7~8명이 이상적인 그룹의 인원 지도자의 숙련도에 따라 융통성이 있으므로 최대 15명까지 가능하다.
집단상담 장소	프로그램의 성격이나 내용에 따라 장소가 달라질 수 있다. 최대 20명이 자유롭게 앉고 활동할 수 있는 크기여야 하며 방음과 채광이 좋은 곳이어야 한다.
집단상담 시간	구성원의 수준, 프로그램의 목적에 따라 달라질 수 있으므로 30분~ 120분까지 다양하게 구성될 수 있으나 일반적으로 약 90분~ 120분이 최적의 상담시간으로 간주된다.
지도자의 리더십	지도자의 리더십에 따라 집단의 운영 형식이 달라질 수 있다. 집단을 리더할 것이냐 아니면 조정자로서의 역할을 할 것이냐에 따라 집단상담의 방향은 달라진다.
게임 및 활동의 활용	집단상담은 구성원간의 거리감을 해소하고 활기 있게 진행을 하기 위해 여러 가지 게임이나 생일초대, 여행 등과 같은 활동을 계획할 수 있다.

2) 집단상담 프로그램의 실제

집단상담 프로그램의 종류는 매우 다양하다. 다음은 13회기에 걸쳐 진행된 "자기성장 프로그램"의 내용과 가족기능을 강화시키는 "건강한 가족 프로그램"의 내용을 중심으로 알아본다.

(1) 자기성장 프로그램

자기성장 프로그램은 주 1회씩 전체 13주에 걸쳐 이루어졌으며 매주 모임은 50분 ~ 100분 정도이다. 각 주제에 대하여 매주 10분 정도의 강의가 병행되었다.

표 Ⅱ-6 집단상담 : 자기성장 프로그램(예시)

주별 모임	주제	내용 및 활동	준비물
1 주	· 도입	· 오리엔테이션 (방향제시, 참여자 소개)	
2 주	· 소개	· 나는 어떤 사람일까? (발표)	자기소개 질문지
3 주	· 신뢰감 형성	· 상호간 시각적 정보교환	
4 주	· 자기각성	· 자기 이해증진	
5 주	· 경청하기	· 타인의 이야기 경청하기	
6 주	· 자기이해	· 느낌의 확인과 보고	
7 주	· 가치관의 명료화	· 중요한 가치관 확인하기	가치관 경매 유인물
8 주	· 자기노출	· 사적인 사실을 타인에게 표출하기	
9 주	· 관계형성	· 피드백 주기	
10 주	· 확인	· 유사점과 차이점 찾기	
11 주	· 수용 · 지적	· 장점과 약점을 솔직하게 지적하기	
12 주	· 사물과의 대화	· 주변 환경과의 관계 발견하기	
13 주	· 정리	· 마무리(평가)	

자료출처 : 김흥규 · 원애경(2007). 상담심리학. 경기: 양서원. p. 141.

(2) 건강한 가족 만들기 프로그램

강릉시 복지센터에서 원조한 집단상담 프로그램은 건강한 가족을 위한 프로그램을 목적으로 한부모 가족 및 조손 가족을 중심으로 1차 프로그램이 실시되었고 이와 별개로 산업 재해로 인해 장애가 생긴 가장을 대상으로 한 자기기능 강화 프로그램이 시행되었다.

건강한 가족의 1차 프로그램은 성공적인 결과를 보임으로써 구성원들의 후속 프로그램의 요구에 따라 각 12주의 프로그램이 2년에 걸쳐 시행되었다.

매주 1회 120분 간의 집단상담은 약 30분간의 강의와 90분 가량의 활동 및 토론 등으로 구성되었으며 필요에 따라 별도의 개별상담이 이루어졌다.

집단 구성원은 전원 여성이었으며 연령 분포는 30대에서 60대에 이르기까지 다양하였으며 이혼 등의 사유에 따라 자녀를 데리고 거주하는 여성들이었으며 모두 가장의 역할을 하고 있는 것이 특징이었다.

건강한 가족 프로그램의 내용은 다음과 같다.

표 Ⅱ-7 건강한 가족 만들기 프로그램 (예시)

주별모임	주제	내용 및 활동	준비물
1주	· 오리엔테이션	프로그램의 개요 및 방향제시, 자기소개	
2주	· 소개하기	자신(타인)의 특징 소개하기	A4용지
3주	· 자신의 내면 이해하기	HTP검사를 동해 자신을 이해하기	HTP검사용지, 필기구
4주	· 행복한 가족	행복한 가족에 대한 정의	PPT자료, 빔프로젝트
5주	· 자녀와의 관계	부모-자녀관계에 대한 이야기나누기	
6주	· 장점 찾기	자신과 가족 구성원, 타인에 대한 장점을 찾아 기술하기	A4용지, 필기구
7주	· 올바른 대화법(1)	경청하기와 I-Message 보내기	상황그림판

주별모임	주제	내용 및 활동	준비물
8주	· 올바른 대화법(2)	구성원의 장점과 단점 지적하기 수용하기/자기 주장하기	
9주	· 열등감과 자존감	열등감 해소하기, 자기노출	
10주	· 가치관 찾기	문장완성검사, 가치관 정립하기 가족의 순기능과 역기능	문장완성 검사지
11주	· 가족관계	새로운 가족관계(가족의 재구조화)	
12주	· 평가	프로그램 마무리 및 소감 발표	
6개월 후	· 추수평가	프로그램 효과에 대한 평가	다과회 준비

2. 이혼가정 아동의 상담

지금까지는 이혼 문제에 대해서는 비밀리하도록 강요되어 왔다. 그러나 이혼율의 급격한 증가와 이혼이 아동에게 미치는 심각한 영향을 생각할 때 이러한 불행을 겪고 있는 아동들에게 관심을 모아야 할 때이다.

1) 이혼가정 아동의 특징

이혼가정 아동의 생활과 인간관계는 심리적 · 사회적 · 경제적 · 법적 영향을 받게 된다. 아동은 이혼으로 인한 부모와의 분리 그리고 타인과 지금까지와의 다른 새로운 관계형성에 적응해 가야 한다. 가정의 경제적 지위, 가정과 학교환경에서의 변화 그리고 달라진 양육형태 또는 완전히 달라진 생활양식은 여러 가지 긍정적 혹은 부정적 감정을 유발시킨다. 많은 경우 부모의 이혼은 아동에게 스트레스와 압박을 가져다 주며 과중한 책임감을 부여한다.

많은 연구들은 아동이 이혼 후에 보이는 반응은 아동의 발달수준에 따라 다르며 이혼이 아동에게 미치는 영향도 아동의 연령에 따라 차이가 있음을 밝히고 있다(Wallerstein & Kelly, 1980).

- **아주 어린 아동**(3세 이전) : 부모들의 스트레스에 관계없이 자신의 기본욕구들을 충족시키기 위해 매우 의존적이 된다.
- **학령 전 아동**(3~5세) : 제한된 인지발달 때문에 집안 사정에 대한 인식이 부족하며, 이로 인해 더욱더 두려워하고 불안해하며 악몽을 꾸기도 하고 편안했던 과거의 유아적 행동으로 퇴행을 하기도 한다.
- **6~8세 아동** : 이혼상황이 자신의 잘못이라고 믿는다(예, "내가 아빠 말을 안 들어서 아빠가 그러시는 거야." 식으로). 또한 가족결합에 대한 비현실적 희망을 갖기도 한다.

일반적으로 이혼은 아동에게 내면의 스트레스를 야기시키고 발달상의 문제를 가져올 수 있다. 그러므로 아동이 부모의 이혼으로 인해 느끼게 되는 다음과 같은 네 가지 주요 감정이 잘 다루어져야 한다.

(1) 분노

이혼으로 인해 가정생활과 가족의 안정감이 붕괴된 것에 대해 아동은 기만당했다는 느낌으로 내면에 분노의 감정을 갖게 된다. 점차 분노의 감정이 표현되고 반항적 행동, 반사회적 행동을 보일 수도 있다. 반면에 분노가 표출되지 못하고 내면에 억압되는 경우에는 분노는 불안과 두려움의 근원이 된다.

(2) 상실감

이혼은 아동에게 실제적인 상실을 경험하게 된다. 이혼으로 떠나 버린 한쪽 부모(일반적으로 아버지가 보호를 하지 않는 경우가 많음)와의 부모-자녀 관계에서의 변화, 가족의 유대감에서의 상실은 우울로 이어지게 된다.

(3) 죄책감

죄책감은 이혼가정의 아동들이 일반적으로 경험하게 되는 감정이다. 죄책감의 근원은 다양하다. 아주 어린 아동의 경우에는 자기 중심적 환상으로 부모의 이혼이 자신 때문이라고 생각한다. 이러한 자기비난은 자존감을 상실시키며("나는 나쁜 아이야") 벌을 받아야 된다고 생각하게 된다. 부모에 대한 충성심에 대한 갈등도 죄의식을 야기시킬 수 있다. 한쪽 부모가 다른 한쪽 부모를 비난하는 것에 동조하도록 강요당하지만 내면에는 비난받는 다른 한쪽 부모에 대한 사랑이 남아 있게 된다. 이러한 갈등이 죄의식을 유발시킨다.

(4) 두려움

아동을 떠나 버린 한쪽 부모에게 버림받았다고 느끼는 동시에 함께 남은 다른 한쪽 부모에 의해서도 똑같이 버림받게 되면 어쩌나 하는 걱정을 하게 된다. 두려움은 부모에게 지나치게 매달리는 행동이나 분리불안 등의 증상으로 나타날 수 있다. 금전적 문제, 생계에 관한 두려움도 나타날 수 있다.

2) 이혼가정 아동의 상담

(1) 이혼가정의 아동이 해결해야 할 심리적 과업

Wallerstein(1989)은 부모의 이혼 후에 아동이 새 생활에 적응하는 기간은 아동기나 청소년기 전반에 걸쳐서 진행된다고 하였다. 적응과정에서 아동이 성공적으로 해결해야 할 여섯 가지 심리적 과업들이 있으며, 상담자가 이 과업을 이해하는 것은 이혼가정의 아동을 상담하기 위한 효과적인 방법을 선택하는 데 도움이 된다. 여섯 가지 심리적 과업은 다음과 같다.

- **과업 1** : 이혼의 현실을 인정해야 한다.

- **과업 2** : 부모 간의 갈등과 고통에서 벗어나 일상의 적응기능을 회복해야 한다.
- **과업 3** : 상실감을 극복해야 한다.
- **과업 4** : 분노의 감정과 자기비난을 해결해야 한다.
- **과업 5** : 이혼이 영속적임을 수용해야 한다.
- **과업 6** : 인간관계에 대한 현실적 소망을 가져야 한다.

Whitehead(1993)는 상담자들이 이혼가정의 부모에게 조언을 해 줄 수 있는 몇 가지 제안들을 제시하고 있다.

① 아동의 인지발달 수준에 따라 이혼에 대해 이야기하라.

② 이혼으로 변화가 불가피하지만 가능한 한 아동의 생활이 안정되고 일관될 수 있는 방법으로 계획하라.

③ 아동을 한쪽 부모의 소식을 전달하는 데 혹은 한쪽 부모의 생활을 파헤치는 데 이용하지 말라.

④ 양쪽 부모의 사랑을 받고 있다는 것을 확신시키기 위해 떠난 부모와 정규적으로 만남을 갖게 하라.

⑤ 아동들과 미래에 대해 함께 이야기하라.

⑥ 이혼 후 아동들에게 가정의 남자로서의 일, 동생을 보는 일, 과다한 집안일 등 그들의 능력 이상의 것을 책임지도록 해서는 안 된다.

(2) 상담전략과 기법

① 아동의 발달수준에 맞게 이혼에 대해 정직한 정보를 제공한다.
아동은 정직함과 진실에는 적응할 수 있지만 비밀이나 거짓말은 해결책이 아니다.

② 이혼가정으로 구성된 또래집단을 활용한다.

아동들은 다른 가족 혹은 다른 아동들이 자신과 같이 느낀다는 것을 이해하기 힘들며 언젠가는 다시 행복해질 것이라고 믿게 된다. 그러므로 아동과 부모의 헤어짐에 대해 함께 이야기할 기회를 제공하는 것은 자신이 처한 상황과 스스로를 돕는 방법에 대해 창조적으로 생각할 수 있게 해 준다. 치료 방법에 또래집단을 활용하는 것은 이혼과 관련된 행동문제, 정서적 문제를 경감시키는 일반적인 방법이다.

③ 안전하고 지지적 환경의 제공을 강조하는 개별상담을 활용한다.
안전하고 지지적인 개별상담 과정에서 아동이 공개적으로 슬퍼하고 분노와 두려움을 자유롭게 표현하게 된 후에야 이 상황에 대처할 수 있는 기술을 학습하기 시작한다. 독서치료는 널리 활용되는 개입 전략의 하나이다. 이혼과 관련된 감정, 문제들, 대처기술을 확인할 수 있는 아동도서가 활용될 수 있다. 책읽기는 이혼에 대해 자녀에게 설명해 주기 위해 부모가 예방적 방법으로도 활용할 수 있다.

④ 부모상담을 활용한다.
부모들은 종종 지지적 집단이 감정, 근심을 공유하고 현 상황에 대처하게 해 주는 치료적 방법이라는 것을 알게 된다. Cebollero(1986)는 이혼이라는 장기간의 부정적 영향을 경험한 부모들이 모자 집단상담을 받은 후 이 집단이 매우 지지적이며 그들에게 문제해결 기술을 제공해 주었다고 보고하였다.

⑤ 부가적 환경의 변화를 최소화한다.
친숙한 환경은 아동이 현 상황에 대처하기 위해 기존의 사회적 지지체계를 활용하도록 돕는다. 따라서 가정, 학교, 이웃, 양육자 등의 변화에 따른 부가적 스트레스를 받는 것을 피해야 한다. 가능한 하루 일과, 집안일도 정상적으로 유지되게 해 준다. 기존의 규칙을 유지하고 정서적으로 유지되게 해 준다. 기존의 규칙을 유지하고 정서적으로 지지적인 환경은 아동이 점차 유능하고 독립적이 되게 하는 발판이 된다. 아동은 부적절한 행동을 통해 근심과 걱정을 표현하는 경우가 많으므로 부모가 아동의 행동에

적정한 기대를 유지하고 부적절한 행동은 지속적으로 제한하는 것은 중요한 일이다.

3. 재혼가정 아동의 상담

1) 재혼가정의 아동

최근 가장 큰 사회적 변화 중 하나가 이혼율의 급격한 증가일 것이다. 이혼가정의 급증과 함께 재혼가정의 수도 현격히 늘고 있다. 이러한 현상들은 요사이 상담장면에서 어려움을 겪고 있는 재혼가정의 아이들을 어렵지 않게 만날 수 있는 것으로도 알 수 있다.

2) 상담방법

① 상담자의 가치관이나 상담자가 재혼에 대해 가지고 있는 편견이나 감정이 상담과정에 영향을 미치지 않도록 상담자의 태도를 우선 점검해야 한다. 상담자도 새 부모에 대한 부정적 편견이 일반적인 사회에서 살아왔기 때문에 상담자 자신도 모르는 사이 이런 편견을 가지고 새 부모를 평가하는 것은 아닌지에 항상 유의하며 상담을 진행해야 한다.

② 부모의 재혼이라는 생활의 변화에 아동이 어떠한 반응행동을 하는지, 이전 부모와의 관계와 새 부모와의 관계는 어떠하며 새로운 가족 구성원을 수용하는 정도는 어떠한지 등의 생활 전반의 측면을 주의 깊게 파악하며 상담을 한다.

③ 새 부모를 얻은 아동이 친근감을 느낄 수 있는 곳은 학교이며 교사이다.

따라서 상담자는 학교에서 교사가 아동에게 좀 더 수용적인 환경을 제공해 줄 수 있도록 학교 교사와의 협력이 필요하다.

④ 가족의 역동성을 파악하기 위해 가족이 무엇인가 하고 있는 모습을 표현하도록 하는 동작성 가족화 같은 구체적 기법을 사용할 수 있다.
예를 들어 상담에서 만난 6세 여아의 경우, 엄마의 재혼으로 새아버지와 의붓동생을 얻게 되었는데 이 여아의 가족에 대한 마음을 알아보기 위해 동작성 가족화를 그리도록 하였다. "너를 포함해서 너의 가족 모두가 함께 무엇인가 하고 있는 모습을 그려라."는 지시에도 불구하고 이 여아는 새아버지, 친엄마, 얼마 전 출생한 의붓동생을 그리지 않고 자신과 자신의 사촌들을 그렸다. 이는 아직 새 가정의 형태, 새 가족 구성원을 받아들이고 있지 못하는 마음을 잘 반영해 준다.

⑤ 아동이 새로운 가정과 새 가족에 대해 자신이 생각과 느낌을 직접 표현하지 못할 때는 치료용으로 개발된 대화용 게임 등을 활용하여 아동의 표현을 촉진할 수 있다. 외국에는 이미 부모의 이혼과 새로운 가족의 형태에 적응하는 과정에서 발생할 수 있는 아동의 문제행동을 다루는 상담과정에서 활용할 수 있는 치료매체들이 개발되어 있다. 다음은 이러한 목적으로 제작된 대화용 보드게임인 'Family Happening'에서 재혼가정 아동들이 새로운 부모에 대한 생각과 감정을 표현할 수 있도록 고안된 카드의 문항을 소개한 것이다.

1. 엄마를 가장 불행하게 만드는 것은 무엇일까요?
2. 숙제를 하는 동안 부모님의 도움이 필요하다면 당신은 엄마나 아빠 중 누구에게 먼저 부탁을 하나요?
3. 만약 네가 '마법의 지팡이'를 가지고 있다면 너의 가족을 위해서 무엇을 할 까요?

〈사진 1, 2〉 동작성 가족화의 예(재혼한 가정의 초등학교 4학년 아동의 그림)

4. 장애아동의 상담

장애를 가진 아동들은 종종 이해받지 못하고 거부당하는 경험을 하면서 긍정적인 자아개념을 발달시키기 어렵다. 따라서 장애를 극복하고 건강한 자아개념을 발달시키는 것이 장애아동 상담의 가장 큰 목표가 된다.

1) 장애아동의 심리적 특징

장애를 가진 아동들은 장애로 인하여 자아 존중감이 저하되고 이차적으로 대인관계와 학교생활의 적응에도 문제를 가지게 된다. 장애아동을 상담할 때 고려해야 할 측면은 다음과 같이 크게 세 가지를 들 수 있다.

(1) 대인관계

대부분의 장애아동들은 장애를 가지지 않은 사람들과 관계를 맺는데 있어서 어려움을 느낀다. 그 이유는 일차적으로 장애로 인한 것일 수도 있지만 스스로 열등감이나 자기 비하감에 빠져서 긍정적인 대인관계를 맺는데 실패를 하는 경우도 많다.

장애아동과 비장애아동이 포함된 집단상담은 남과 관계 맺는 방법을 배울 수 있는 좋은 기회가 된다. 집단상담을 통하여 자기 주장하기, 사회적 기술 훈련을 학습하도록 배려하는 것이 효과적이다.

(2) 부적응 행동

장애와 관련하여 부적응 행동이 나타나는 경우는 매우 많다. 가령, ADHD를 진단받은 아동은 충동성과 주의력 결핍 때문에 학교생활이나 일상생활에 적응하기 어렵다. 특별한 장애의 경우에는 장애의 치료와 더불어 현실생활에 적응할 수 있도록 도와주는 것이 상담의 목표가 될 수 있다.

(3) 부정적 정서

장애아동은 불안, 좌절, 동기부족, 우울감 등의 부정적 정서를 느끼기 쉽다. 이는 반복적인 실패의 경험에 의해 스스로 부적절감을 느끼게 되기 때문이다.

부정적 정서는 좌절 상황에서 공격성이나 폭력적 행동으로 표출되기 쉬우며 그 결과, "나쁜 아동"으로 낙인찍히기 쉽다. 이러한 현상은 아동이 좌절상황을 조절하고 대처하는 기술을 학습하지 못했기 때문이다.

2) 가족의 참여

장애아동의 상담에는 부모 및 가족의 참여가 필수적이다. 대부분의 아동기 장애는 부모-자녀 관계가 원인일 수 있으며 아동은 부모를 원망하거나 스스로 자괴감을 가지게 되며 부모 또한 죄책감 등에 시달리게 된다. 가족 가운데 장애를 가진 아동이 발생하게 되면 부모와 장애아동 당사자는 물론 가족 전체에 엄청난 영향을 미치게 된다. 장애아동의 부모는 장애의 사실을 알게 된 후부터 충격을 받게 되고 부정과 분노의 단계를 거치게 된다.

아래 그림은 부모가 겪게 되는 심리적 과정을 나타낸 것이다.

부모는 이러한 과정을 거치면서 부정, 투사, 합리화, 반동 형성의 방어기제를 나타내게 되어 장애를 지닌 자녀뿐 아니라 주변 사람들과도 관계를 맺기 어려운 경우가 많다.

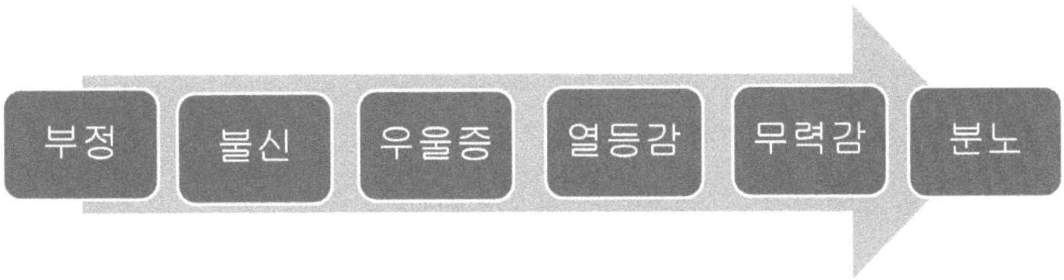

부모가 상담을 통하여 자녀의 장애를 수용하고 다양한 활동을 통해 장애를 극복하거나 장애와 함께 살아가는 방식을 알게 되면 지지그룹을 통해 힘을 얻게 되고 비슷한 처지에 놓인 사람들과 지지그룹을 형성하여 가족생활이 정상화될 수 있다. 이러한 일련의 과정은 단기간의 상담으로는 불가능할 것이다. 특히 부모가 부정과 불신의 심리 상태에 놓여 있을 때는 자녀의 장애를 부인하고 끊임없이 병원을 찾아다니는 닥터 쇼핑 단계에 있으므로 상담을 받지 않으려고 하기 때문에 상담이 늦어질 수밖에 없다.

부모뿐 아니라 형제 재매가 장애를 가진 경우도 부모의 관심이 장애를 가진 아동에게 쏠려 있으므로 남은 형제나 자매는 소외감을 느끼게 된다. 따라서 장애를 가진 가족 구성원 전체가 상담을 받으면서 가족에게 부여된 독특한 스트레스를 대처할 수 있는 기제를 학습해야 한다. 그리고 장애를 가진 아동에게 필요한 부가적 정보와 지역사회에서 받을 수 있는 자원에 대한 정보를 제공해 주는 것도 중요하다.

장애아동 부모가 겪게 되는 일련의 심리적 과정을 나타내면 다음 그림과 같다.

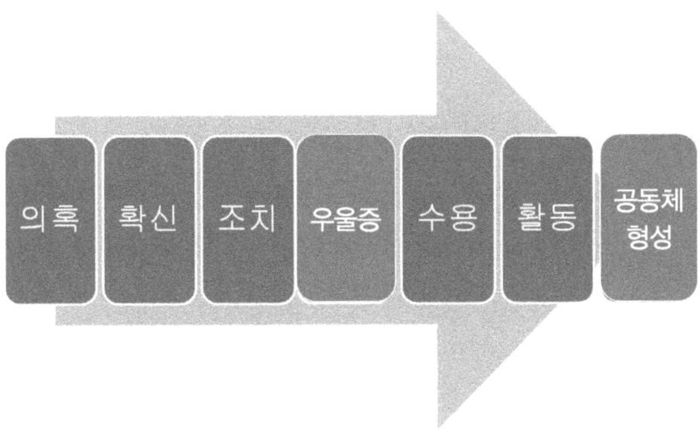

5. 위기상담

보다 주도적이고 적극적인 상담자의 개입이 필요한 경우가 있다. 다음의 경우에는 예방적 · 발달적 과제에 관련된 집단지도와 집단훈련의 프로그램을 제공한다. 상담자 쪽에서 적극적으로 대상자를 호출상담을 하여 도와주어야 한다.

① 위기상담
② 범법행위나 약물중독
③ 미성년자의 부적응의 원인이 가정환경에 있을 경우
④ 문화적 적응과 생존을 도와주어야 할 경우
⑤ 청소년의 발달과업을 다루어줄 경우

유아교육 현장에서 발견할 수 있는 학대당한 아동을 상담한 예를 제시해 보면 다음과 같다.

▶ 위기 상담의 사례 : 학대 아동

1) 대상아동의 인적 사항 및 가정환경

대상아동 김은지(가명)는 만 6세의 여자 아이로 아동학대를 당하고 있으며 도벽과 주의산만, 주의력결핍 등의 문제를 가지고 있었다. 1남 2녀 중 둘째로 부모님과 함께 살고 있다. 99년 말부터 집안의 돈을 허락 없이 가지고 나가 쓰기 시작해 간헐적으로 문제행동을 보이다가 2000년 가을부터는 그 정도가 심해졌다. 10월

8일 부모의 돈 2만 원을 들고나가 쓴 후 8일부터 10일까지 부모에게 수차례에 걸쳐 심각한 정도의 육체적인 체벌과 방임을 당한 바 있다.

아버지는 최근 직장을 그만둔 상태여서 스트레스를 많이 받고 있었고 이로 인해 조절할 수 없는 분노상태에서 아동에게 체벌을 가하였다고 한다. 실직 전까지 음식점에서 약 10여 년 동안 꾸준히 경제적인 활동을 하였는데 현재는 음식점 주방일을 하고 있다. 알코올중독에 대해 강하게 부인하고 있으나 매일 소주 1병씩을 마시고 있으며 심각한 간질환으로 인한 치료경험이 있다. 이에 비해 어머니는 갑상선 비대증으로 어릴 때부터 치료를 받아왔으며 이로 인해 정신적·육체적 활동에 어려움을 겪고 있다. 신체적인 호소와 짜증이 잦은 편이며 부적절한 생활방식과 양육태도를 지니고 있다. 아동의 오빠는 오빠로서의 역할을 못한다는 이유로 아동과 같이 체벌당하였으나 아동에 비해 정도는 경미하였다. 두 살 때부터 경기(간질)로 인한 치료를 받고 있어 정서적으로 산만하고 주의 집중력이 떨어진다. 또 3세의 여동생은 신변 관리와 영양공급이 적절하지 못한 상태로 분리불안을 앓고 있다.

2) 상담목적 및 목표

(1) 상담목적

아동의 분리를 통한 위기개입으로 학대를 중지시키며 아동에 대한 상담과 놀이치료 등을 통해 심리검사에서 드러난 충동적이고 불안정한 정서 및 정서적 위축, 공격성, 욕구불만, 대인관계에 대한 불안 등에 개입하여 심각한 정서적 문제로 발전하는 것을 방지하고 감정을 이완, 표출하도록 돕는다. 또한 가족상담을 병행하여 부모와 아동의 관계형성을 도모하며 부모의 적절한 양육태도에 대한 부모교육과 부모상담을 통해 가족의 붕괴를 막고 가족과 가족기능이 보존될 수 있도록 한다. 지역사회 자원망을 연계·구축하여 생계, 의료, 지지 등 전반적인 서비스를 지원하도록 한다.

(2) 상담목표

- 아동의 불안정한 정서와 도벽의 문제행동에 개입한다
- 부모교육으로 적절한 양육방식과 훈육방법을 교육한다.
- 부모상담을 통하여 분노 조절 및 스트레스 상황을 극복할 수 있도록 돕는다.
- 지역사회 자원을 활용하여 학대행위가 예방될 수 있도록 한다.

3) 상담진행

(1) 긴급격리보호 및 부모심리검사

응급 아동학대 사례로 판정되어 병원 응급실에서의 검사 및 응급치료 후 상담소로 보호 조치하였다. 아동의 어머니는 한참 동안 현장조사를 거부하다가 마지못해 문을 열어 주었으나 극도의 불신과 거부감을 표시하였다. 청소 및 위생상태가 불량하였으며 이틀 전 집에 놓아 둔 돈에 아이가 손을 대서 버릇을 고치기 위해 체벌을 가하였다고 한다. 아동은 머리 앞부분, 옆 부분에 상처와 붓기가 있었으며 얼굴과 왼쪽 팔, 등 종아리 부분에 멍 자국이 많았고 부어오르는 등 온몸에 심각한 타박상을 입고 있었다. 응급상황으로 판단하여 병원 응급실로 긴급격리보호조치하였고, 응급의료 조치를 받은 후 전신 X-ray, 내담자 촬영, 외과, 내과, 이비인후과, 신경외과, 정형외과 등 거의 모든 분야에 걸쳐 검사를 받았다.

가족은 모두 아동학대예방센터에 내방하여 상담하기로 하였고 아동의 응급분리보호에 대해 동의를 얻었다. 격리보호 첫날 아동은 몹시 불안해하고 울고 잠을 이루지 못했다.

이틀째 되는 날 상담소 안내를 하였다. 아동은 특히 놀이치료실에 관심을 보였다.

긴장이완과 적응을 위해 놀이상담을 하였다. 초기에는 경직된 모습이었으나 놀이가 진행되면서 이완된 모습을 보였으나 놀이실을 나올 때는 '다음에 또 오고 싶다'는 의사를 표시하였다. 아동의 부모와 오빠, 여동생이 내방하여 부모상담을 하였다. 부모는 어제 병원응급실을 거치는 과정을 통해 자신들이 한 일에 대한 인식을 갖게 되었는지 비교적 수용적이고 협조적인 자세를 보였다. 특히 아버지에 대한 고발여부에는 관심을 보였다. 아버지는 자신의 잘못을 인정하였으며 이전에는 그런 일이 없었다는데 근래 실직으로 쉬는 동안 스트레스를 받아 그렇게 됐다며 선처를 호소하였다. 아동에 대한 분리보호 및 상담을 계약하였으며 정기적인 부모교육 및 부모상담에 대해 동의를 하였다. 하루만이라도 집에서 식구들이 같이 지내고 싶다고 하여 귀가 조치하였으며 상담원이 집으로 가서 아동을 인수하기로 하였다.

(2) 장기 격리보호를 통한 개입

3일 이상 장기격리를 통한 개입이 요구되어져 이를 통해 학대를 중지시킨 후 아동들에 대한 위기개입, 아동상담, 부모교육, 부모상담 등을 실시하였다. 약속한 시간에 집에 도착하자 준비해 놓은 듯 이전보다는 정리된 모습을 볼 수 있었다. 어머니는 아동과 오빠의 옷을 가방에 챙겨 두었으며 오빠의 한 달치 약도 준비해 놓았다. 아이들은 전날 상담소에 대한 안내를 받아서인지 '빨리 가자'며 들떠 있었다. 어머니와의 분리과정에서도 불안감이나 거부감 대신 재미있는 곳에 간다는 듯 흥분된 모습을 볼 수 있었다. 낮 동안은 호기심으로 상담소 이곳저곳에 대한 탐색을 하며 관심을 보였다. 그러나 밤이 되자 엄마 생각이 난다고 울어 야간 근무자가 달래 주었다고 한다. 여동생은 계속 불안한 표정으로 오빠만 따라 다니고 오빠가 잠시만 보이지 않아도 불안해하며 찾는 모습을 보였다. 아동은 생활관 생활 초기에 자꾸 울먹이더니 몇몇의 아동이 곁에서 관심을 보이자 점차 친해졌으며 같이 놀이를 하는 등 표정이 밝아졌다. 반 생활이 낯설어서인지 눈치를 많이 보는 편이었으며 거울을 통해 교사의 얼굴 표정을 흘깃거리고 보는 일이 잦았다. 또한 잠을 잘 이루지 못했으며 신경질적인 모습이 자주 관찰되었다. 머리 빗기, 손씻기, 로션 바르기 등을 가르치자 관심을 보인다. 남자 아동들에게 관심을 끄는 것을 재미있어 하며 교실 내의 설치된 놀이방에서 노는 것을 즐거워했고, 먹을 것에 대한 욕구가 컸다. 19일 오빠의 생일 때문에 어머니가 전화하자 낭랑한 목소리로 통화를 하면서 '과자, 바나나' 등을 언급하며 먹고 싶다고 하였다. 어머니와의 통화 이후 기분이 들떠 있으며 잠을 안자고 다른 아동들과 장난을 치며 돌아다니다 늦게 잠이 들었다.

20일에는 아동의 생일 때문에 부모가 상담소로 내방을 하여 저녁 시간까지 외출하였다. 고기를 먹었다고 하였으며 장난감을 선물로 사서 들어왔다. 부모가 돌아가려하자 아이들은 울음을 터트리며 '집에 같이 가고 싶다'며 고집을 부렸다. 아이들은 부모의 귀가 후에도 한동안 울음을 멈추지 않아 안정시킨 후 생활관으로 이동하였다.

이후 아이는 나이 많은 아동들과 자연스럽게 어울리게 되었고 요구하는 방식도 자연스러워졌고 편안해 보였다. 음식에 대한 욕심은 여전히 자주 표출되며 피곤하다며 낮잠을 종종 잔다. 초기에 아동은 담임교사의 표정을 보며 눈치를 많이 보는 편이었으나 시간이지나 교사와의 관계 맺음이 이루어지자 빈도가 줄어들었다. 소리를 지르거나 짜증부리는 것도 초기에 비해 현저히 감소하였다. 시간이 지날수록 손을 닦거나 로션을 바르는 등 여성스러운 일들에 흥미를 갖기 시작하였다.

(3) 부모상담

장기 격리보호 후 부모는 아동들에 대한 생각을 정리해 볼 수 있는 기회가 되었다고 한다. 아동들이 집에서 같이 지낸다는 것 자체에 대해 기뻐하였다. 2000년 11월 8일 아동과 아동의 오빠가 2만 원을 들고 나가서 다 쓰고 들어오는 위기상황이 있었으나 부모는 약속대로 상담전화를 하였고 이를 통해 위기상황을 해결하였다. 이 위기상황이 지난 후 부모와 아동들의 관계는 긍정적으로 변하기 시작하였다. 어머니는 아동들을 가르치기 위해 학습을 도와주었고 이 학습과정을 통해 아동들과 어머니의 관계가 강화되었다고 표현하였다.

실제 생활 장면에서의 양육과 교육을 돕기 위해 실시한 가정방문 상담 초기에는 집안정리가 잘 되어 있지 않고 아동들을 방치하는 모습이 자주 관찰되었다. 아동들의 양육에 대한 실질적인 방법 및 집안환경 개선 등의 과정을 거치며 조금씩 개선되어지기 시작하였다. 이 기간 중 아버지도 취직을 하여 가족 전체가 생활의 활기를 얻었다. 최근에는 어머니가 아동들의 위생과 청결에 관심을 갖기 시작하였고 적절한 영양공급을 위해 스스로 신경을 쓰고 있으며 아버지는 아동들의 상담진행 상황에 대해 관심을 표시하는 등 호전되어 가고 있다. 아동들 또한 부모의 이러한 변화에 편안해하고 있고 앞으로 이러한 상태를 유지 · 강화할 수 있도록 개입되어야 할 것이다.

4) 사후관리

지역사회 내의 종합사회복지관, 동사무소, 학교, 사회단체 등과 연계를 통한 자원망을 이용해 의료, 생계, 지지서비스, 사후관리 등의 전반적인 지지와 도움이 제공되어져야 할 것이다. 특히 본 사례의 경우 학대가 고의적으로 계획되어진 행위라고 보다는 부모의 신체적 · 정신적 장애, 알코올중독, 사회적 · 경제적 결핍, 지지체계 및 자원부족 등의 요인에서 비롯되었기 때문에 가족전체가 변화할 수 있도록 지역사회가 환경 전체에 대한 자원도모와 활성화에 주력하여야 할 것이다.

6. 적응장애 아동에 대한 상담사례

1) 대상아동의 인적 사항 및 가정환경

초등학교 1학년의 남자 아이인 동혁이(가명)는 초등학교 3학년인 형과 부모와 함께 살고 있다. 평범한 중산층 가족으로 아버지는 원만하고 자상한 편이며 어머니는 정리정돈을 잘하며 깔끔한 편이지만 다혈질이어서 아이들의 양육에 있어 헌신적이지만 때릴 때는 심하게 때리므로 아이들은 아버지를 더 좋아한다.

동혁이는 가정 내에서 귀염둥이 역할을 하면서도 한편으로는 모범적인 행동을 하려고 노력하여 부모를 기쁘게 하고 있었다. 반면 동혁이의 형은 반항적인 행동을 함으로써 부모의 관심을 끌려고 노력하였다. 부모들은 동혁이에 대해서 긍정적인 감정을, 형에 대해서는 부정적인 감정을 가지고 있었으며 이는 아이들을 대하는 태도에서도 뚜렷이 나타났다.

초등학교 5학년인 형은 쾌활하고 덜렁거리며 인내심이 없고 산만하며 반항적이다. 그리고 공부하기를 싫어하며 여러 가지 면에서 꼼꼼한 동혁이와 비교가 되어 자주 혼난다. 동혁이는 형을 싫어하고 있었으며 형 역시 부모에게 '동혁이는 안 때리고 왜 나만 때리느냐?'고 자주 불평을 하였다. 형이 5세 때 동혁이가 태어났는데 그 때는 형이 시샘을 많이 하여 동생의 이불도 못 깔아 주게 할 정도였다. 따라서 동혁이는 거의 방치되다시피 하면서 혼자서 컸다.

2) 문제행동의 진단

동혁이는 3년 전부터 차츰 말을 하지 않더니 현재는 가족 이외에는 거의 모든 사람과 '네, 아니오' 정도의 말 이외에는 전혀 말을 않는 선택적 함묵증(selective mutism)의 증상을 보이고 있다. 어머니는 초조하고 답답한 마음에 아이를 때려 보기도 하고 여러 가지 방법으로 말을 하게끔 유도했지만 별다른 성과가 없어서 상담기관에 도움을 청하게 되었다. 동혁이가 말을 하지 않는 것은 3년 전 이사를 하면서 환경이 갑작스럽게 바뀌어 친구들을 잃어버린 것이 계기가 되었지만 형제관계가 경쟁적이어서 상실된 또래관계의 부족을 보완해 주지 못하는 것에도 기인한다고 추정된다. 형제의 경쟁관계에서 상대적으로 약한 입장에 있던 동혁이는 말을 하지 않음으로써 부모의 관심을 끌 수 있었으며 이 같은 상호작용은 동혁이의 함묵증을 더욱 강화시키는 결과를 초래하였다.

3) 상담계획

상담자는 지나친 형제의 갈등관계를 유발하는 부모의 일관되지 못한 양육태도와 관계가 있다고 가정하였다. 이에 상담자는 형제들에게 '게임가족조각기법'을 이용, 갈등을 표면화하고 스스로 해결책을 모색해 가도록 도왔다.

4) 회기별 상담진행

(1) 1차 상담

본 상담은 문제해결에 초점을 맞춘 단기상담이므로 가족에게 무엇 때문에 상담을 받으러 오게 되었는지에 관한 질문으로 면담을 시작하였다. 부모는 IP의 함묵증과 형제들이 지나치게 심하게 싸운다는 점을 해결하고자 상담을 시청하였다.

상담자는 우선 가족들에게 어떤 노력을 해 왔는지에 대한 질문을 하였다. 이와 같은 질문을 통하여 형제간의 경쟁심이 심하다는 것과 IP를 지나치게 편애해 온 부모들의 양육태도를 알 수 있었다.

함묵증 자녀를 둔 가족과 상담하기 때문에 IP(문제가 있다고 지목된 아동)가 낯선 상담자와 말을 해야 한다는 부담을 줄여주기 위해서 IP에게 익숙한 가족관계를 활용하여 가족을 이해하는 것이 바람직하다고 판단하였다. 이 사례의 경우에는 면담 과정에 아버지의 역할을 부각시켜 아버지로 하여금 가족회의를 이끌어 가는 형식으로 가족에 관한 구조와 기능을 파악하게끔 유도하였다.

상담 중 상담자가 면접실을 나오는 휴지단계에도 아버지가 중심이 되어 가족들이 어떻게 하면 싸우지 않을까를 의논하라는 과제를 주었고, 상담자는 일방경을 통하여 가족이 토의하는 모습을 관찰하였다. 가족의 의사소통은 원만히 이루어지지 못하고 의사소통의 중심은 IP에게 집중되었다. 특히 어머니는 '형이 왜 싫은데?'에 대해 집중해서 질문함으로써 IP로 하여금 형이 싫은 여러 가지 이유를 나열하게 하였고 그 결과 형은 부모로부터 일방적인 설교를 듣는 것으로 상황은 마무리 되었다.

상담팀은 부모면담 과정에서 언급한 부분을 근거로 형과 IP 둘만 있을 때는 서로가 어떻게 행동하는지를 부모가 관찰해 오도록 하는 과제를 주었다.

(2) 2차 상담

상담자는 아버지에게 지난 상담의 과제를 확인해 달라고 부탁하였는데 아버지는 IP가 위협을 느낄 만큼 가까이 다가가 말할 것을 강요하였다. 상담자는 이 상황에 개입하여 IP에게 '선생님은 동혁이에 대해 잘 모르니까 네가 좀 말해 주었으면 좋겠다. 그렇지만 네가 말하기 싫으며 안 해도 된다'고 달래고 상담을 계속 진행시켰다. 그러자 어머니가 IP를 대변하여 말하기 시작하였다. 부모들은 집에 두 아이만 있으면 IP가 믿는 구석이 없어져서 형을 의지하는 것 같다고 언급하였다. 또한 상담자는 가족이 함께 있으면서 심하게 싸운 상황을 회상하도록 하여 그 중의 한 상황인 TV채널 때문에 다투는 장면을 아이들이 직접 실행화하도록 하였다. 실행화란 어떤 특정 상황이나 가족의 구체적인 행동을 재현함으로써 면담 장면에서 고착된 가족의 양상을 변화시키기 위한 새로운 교류 양상을 체험하도록 하는 방법이다.

그 결과 두 아이가 다투게 되면 어머니가 즉시 개입하여 대부분 형이 양보하는 것으로 해결되고 있는 것을 알았다. 상담자는 형에게 요구되는 일방적인 양보와 강요, 그리고 지나치게 어른 취급을 받는 것에 대한 형의 기분에 관심을 가졌다. 상담자는 부모에게 직접 자신의 느낌을 이야기하도록 지시하면서 의도적으로 형을 지지함으로써 형이 자신의 느낌을 부모에게 알릴 수 있도록 도와 주었다. 형이 자신의 느낌을 이야기하면서 '동생이 사달라는 건 다 사주면서 나한테 필요한 컴퓨터는 왜 안 사주느냐'는 불만을 토로하였다. 상담자는 이러한 불만을 이용하여 휴지단계에 형과 IP가 협동하여 컴퓨터의 필요성을 부모에게 강조하도록 하였고 부모는 아이들에게 조금 있다가 구입해야 하는 이유를 설명하도록 과제를 주었다. 이 과제를 통하여 IP가 형의 의견에 동조하지 않아서 형은 부모로부터 일방적인 설득과 비난을 듣게 되었다.

개입단계에서 상담자는 컴퓨터나 현미경에 대한 형의 관심에 대한 긍정적인 재정의를 시도하였다. 이와 같은 시도는 부모가 형을 보는 부정적인 시각에 긍정적인 의미를 부여, 부모에게 형에 대한 새로운 견해를 갖도록 하려는 것이었다. 그러나 형에 대하여 부정적인 생각이 많은 부모는 이와 같은 상담자의 견해에 동의하지 않았다.

(3) 3차 상담

IP의 언어적 표현의 부담을 덜어 주며 가족의 상호작용을 파악하기 위하여 게임을 도입하였다. 가족 간의 갈등이 은폐되어 있는 경우 그것을 직접 표면화하는 것에 불편함을 느끼는 가족의 경우 게임을 활용하면 효과적이기 때문이다.

여기서는 아이들의 연령을 고려하여 '토막 쌓기' 게임을 실시하였다. 이러한 게임을 통하여 이전 면담에서 형은 동생에게 져 준다고 말한 것과는 달리 승부에 지나치게 집착하고 있다는 것을 알 수 있었다. 예컨대 두 아이가 한 조로 행한 게임에서는 형은 상당이 고압적인 자세로 IP를 윽박지르며 게임을 주도해 나갔다. 참다가 드디어 화가 난 IP가 토라져 구석으로 가 버리자 어머니가 즉각 개입하여 사태를 해결하려고 노력하였다. 상담자는 지금까지 했던 경쟁적인 게임을 두 아이가 협동하지 않으면 할 수 없는 게임의 형태로 바꾸어 실시하였는데 어머니의 간섭이 여전히 계속되기는 했으나 두 아이는 큰 마찰 없이 잘 수행하였다.

외부의 개입에 의해서 동혁이와 형은 협동이 가능하다는 것이 파악되어서 자녀의 하위체계를 강화하는 치료적 개입을 하기로 하였다. 과제로는 아이들이 협동해서 같이 할 수 있는 과제를 주었다. 그리고 면담 중 어머니가 보인 지나친 간섭을 배제하기 위하여 아이들이 과제를 수행할 때 간섭하지 말 것을 전화로 지시하였다. 전화로 지시한 것은 어머니로 하여금 이 같은 지시의 중대성을 강조하기 위해서였다.

(4) 4차 상담

부모들은 자리에 앉자마자 형의 학교에서 시험지를 가지고 오지 않은 일을 들먹이면서 형을 거짓말쟁이로 단정짓고 일방적인 비난을 함으로써 면담은 시작되었다.

상담자는 형의 공격적인 태도의 원인과 그 의미에 초점을 맞춘 채 면담을 이끌어 가던 중 중요한 사실을 알 수 있었다. 즉 어머니는 첫아이인 형을 5세까지 업고 다녔는데 그 후 IP가 태어나자 어머니는 더욱 힘들었다. 특히 형이 지나치게 부산하고 극성스러워서 IP에게는 거의 관심을 줄 수 없었는데 IP는 온순한 아이로 그런대로 문제없이 잘 자라 주었다. 그런데 3~4년 전부터 IP가 말을 하지 않게 되자 어머니의 태도는 완전히 달라져서 모든 생활을 IP중심으로 하고 있다는 것이다. 개입단계에서는 부모만을 대상으로 체벌이 초래하는 부정적인 부분에 대한 설명과 자녀를 다루는 방법에 대한 조언 등 부모교육을 하면서 지금까지 해 왔던 방법과는 다른 방법을 사용하도록 제안하였다.

(5) 5차 상담

상담자의 조언에 따라 시험지 사건을 처리하는 부모의 태도는 달라져 있었으며 면담의 전반부는 달라진 부모의 태도에 대한 가족의 느낌을 나누도록 하였다. 그런데 함께 의논하도록 한 가족회의의 실연장면을 통하여 부모의 태도는 여전히 일방적 설교라는 것을 확인하였다. 또 아이들이 어떤 규칙을 어겼을 때 받게 되는 처벌에 대하여 합의해 가는 과정에서도 부모들은 형의 의견을 무시한 채 IP의 의견을 형이 억지로 받아들이도록 유도하였다. 부모들이 아이를 보다 긍정적인 관점에서 보는 것이 필요하다고 판단되어 면담 과정 중 두 아이에게 블록을 쌓게 한 후 가족 모두가 서로의 잘된 점을 지적하게 하는 과제를 주었다. 이와 함께 이 같은 가족과제를 면담 장면에만 국한시킨 행동 변화가 아니라 실생활에서의 변화로 연결시키기 위하여 개입단계의 과제도 가족의 긍정적인 부분을 찾아내는 과제를 주었다. 과제를 '형은 나쁜 아이'라는 부모의 고착된 생각에 변화를 가져오게 하기 위하여 가족에게 언제, 어디에서, 누가, 무엇을, 어떻게 했나 식의 자세한 지시를 내렸다.

(6) 6차 상담

면담을 통하여 부모의 태도에는 많은 변화가 있음을 파악할 수 있었다. 면담장면에서도 형은 IP의 부당한 태도를 언급하면서 자신의 감정을 언어화할 수 있게 되었다. 그런데 요즘 부모를 힘들게 하는 것은 아이들의 싸움이 줄어든 대신 서로 트집을 잡아 부모에게 일러바치는 일이 늘고 있다는 것이다. 아버지를 중심으로 일러바치는 것에 대하여 가족이 어떻게 해결해 나갈 것인가를 함께 이야기하도록 했는데 아버지의 의사소통은 상당히 유연해졌으나 어머니의 태도는 여전히 방관자적 모습이었다. 또한 중간평가를 통해서도 부모들이 아이들의 문제에 조금은 여유가 생겼다는 것을 알 수 있었으며 형의 보고를 통하여 어머니가 형을 대하는 태도도 상당히 달라져 있다는 것을 알 수 있었다.

IP의 언어적 표현이 불가능하므로 아이들에게는 중간평가로 가족조각기법을 사용하였다. 가족조각기법을 통하여 두 아이 모두 아직 형제 간의 경쟁의식이 상당히 남아 있음을 알 수 있었고 두 아이 모두 어머니보다는 아버지에게 심리적으로 밀착되어 있다는 사실을 알 수 있었다. 그런데 여기서 특이한 점은 어머니가 아이들로부터 상당히 소외되어 있음에도 불구하고 어머니는 그런 것들을 '편하다'라고 표현하고 있다는 사실이다. 이를 통하여 상담자는 어머니가 자신의 감정을 상당히 방어적으로 처리하고 있다는 느낌을 받았다. 과제로는 부모에게 아이들이 일러바칠 때 부모가 각자 상대방의 대응방법을 관찰해 오도록 지시하였다.

(7) 7차 상담

어머니: 아이들이 쉬지 않고 일러바쳐요.
아버지: 내가 있을 때는 애들이 일러바치는 일은 한 번도 없었는데.

상담자: 그러니까 아이들이 일러바치는 건 주로 어머니가 혼자 계실 때인 모양이죠? 구체적인 예를 좀 들어 주시겠어요?

어머니: 동석이가 내게 '동혁이가 숙제를 하기 싫어한다'고 일러줘요. 또 동혁이가 '형이 학원에서 턱을 고이고 있다가 선생님께 맞았다'고 제게 말해요.

상담자: 그럴 때 어머니는 어떻게 하시죠?

어머니: 이렇게 되면 전 귀찮아서 내버려 두라고 말하고 두 아이는 서로 왜 이르냐면서 싸우지요.

형: 엄마는 언제나(어머니의 특유의 태도를 흉내내면서) '내비둬'라고만 해요. 엄마가 옆에 있을 때는 동혁이가 때리면 난 맞아줘요. 때리고 싶지만 참는 거예요.

상담자: 그럴 때는 어떤 기분이니?

형: 속이 끓어요.

상담자: 그런 기분을 엄마한테 말하니?

형: 아뇨. 그런 이야기해 봐야 소용이 없어요.

상담자: 이해가 잘 잘되는데.

형: 엄마에게 그런 말을 해도 엄마는 아무 소리안하고… 그럼 동혁이는 나를 쫓아다니면서 못살게 구니깐 차라리 아무 말 안 하는 게 나아요.

상담자: 그럼 끓는 느낌을 어떻게 표현하니?

형: …

상담자: 부모님은 그런 느낌을 아셨어요?

어머니: 전혀 몰랐어요.

상담자: 동혁이는 형이 어떤 느낌인지 알았니?

동 혁: (고개를 끄덕인다.)

상담자: 형의 마음을 안 건 동혁이 뿐이구나.

이와 같은 면담과정을 통하여 형의 감정을 부모가 알 수 있도록 돕는 것과 형의 마음을 이해하는 것을 IP뿐이었다는 사실을 부각시켜 형제관계를 강화하려고 하였다.

어머니에게 형의 이와 같은 이야기를 듣고 어떻게 느꼈느냐고 묻자 어머니는 어릴적부터 큰 소리 나는 것이 싫어서 드센 형제들 속에서 항상 참았기 때문에 아이들의 경우도 마찬가지라고 하였다. 상담자는 아이들의 싸움은 어머니의 이러한 태도가 상당히 관련이 되어 있을 것으로 추정되므로 8회 면담은 부모만의 면담을 통하여 어머니는 매사에 무관심한 듯한 태도를 다루기로 하였다. 가족의 과제는 부모에게 자신들의 태도에 영향을 미친 것은 무엇일지에 관하여 서로 이야기 나누도록 하는 것이었다.

(8) 8차 상담

IP를 혼자 두고 오는 것이 불안하여 형을 조퇴시켜서 두 아이를 함께 있게 한 후 부부가 면담에 참석하였다. 아이를 양육하는 데 있어 어머니의 귀찮아하는 방관자적 자세가 형제갈등과 관련이 있다고 생각하는 상담자의 견해를 제시하여 이런 문제에 직면하도록 도왔다.

면담 초반부에는 이와 같은 주제에 약간의 부담을 느끼던 어머니도 가계도 작성을 통하여 자신이 가족이나 남편에 대해 참아왔던 감정들이 아이들에게 부정적인 영향을 미쳤다는 것을 알지만 뜻대로 잘 되지 않는다고 답하였다. 이를 바탕으로 상담자는 그런 영향을 줄이기 위해 어떤 노력을 할 수 있는지를 생각해 오도록 하는 과제를 주었다.

(9) 9차 상담

약속장소를 서로 잘못 알아서 약속한 상담 시간에 상담이 늦었다. 이 일로 부부는 무두 상당히 화가 난 채 면담에 임하게 되었다. 상담자는 이 사건을 계기로 몸싸움을 어떻게 다루고 있는지에 대하여 알아보았다. 부부의 역동은 '남편이 화를 낸다 → 아내는 내버려 둔다 → 소리를 지르다 → 아내는 아무 표현을 안 한다 → 지친 남편이 사과한다'는 도식이 그려졌다. 형과의 관계도 이런 도식이 그려질 수 있다는 것을 이해시킨 후 그럴 때 느끼는 아버지의 감정을 표현하게 하여 형의 감정을 추론해 보도록 하였다. 이런 과정을 통하여 형의 '끓는 마음'을 조금은 이해할 수 있었던 어머니는 자진하여 형도 아이 취급해야겠다는 해결방법을 언급하였다. 그리고 조금 자랑 섞인 목소리로 오늘은 형을 조퇴시키지 않고 IP를 혼자 두고 왔다고 보고하였다. 동혁이 어머니는 자신의 어머니가 서울에 자주 가셨는데 약속한 날짜에 오지 않아서 초등학생인 자신의 형제들끼리 여러 날을 지냈던 어린 시절의 경험 때문에 아이들을 혼자 두는 것에 대한 두려움이 상당히 많으며 자신은 절대 아이들을 혼자 놔두지 않을 것을 결심하였다고 회상하였다. 그런 결심이 IP를 지나치게 과보호하게 되었다는 것을 알았다고 덧붙였다. 면담의 후반부는 부부가 아이들 발달 연령을 고려하여 각각 아이들이 해야 할 부분이 무엇인가를 같이 의논하도록 하였다. 어머니는 IP가 함묵증이라는 것 때문에 약간의 저항은 있었지만 대부분 아버지의 의견에 동의하였다. 종결을 계획하고 있으므로 2주 후에 만나기로 하였다.

(10) 10차 상담

아이들은 자신이 할 수 있다고 생각하는 일을 적게 하였다. 부모들에게 아이들이 할 수 있다고 생각하는 일을 각각 적도록 하여 4명의 가족이 각각 적은 결과를 가지고 면담을 진행하였다. 이와 같은 과정에서 부모는 아이들이 의외로 많은 일을 할 수 있다는 사실을 깨닫게 되었다. 상담자는 함묵증 IP가 혼자서 할 수 있는 것과는 연결되어 있으므로 어머니 IP 혼자서 할 수 있는 일을 늘릴 수 있도록 도와주는 것이 중요하다는 점을 강조하였다. 부모는 아이들이 할 수 있다고 적은 것을 실행할 수 있도록 돕는 것을 과제로 주었다. 과제를 실천한 후 한 달 후에 만나기로 하였다.

(11) 11차 상담

가족 모두가 무척 밝은 표정으로 상담실에 들어왔다. 상담자의 '최근에 달라진 점이 있는가'라는 질문에 형은 전에는 IP가 사달라는 것은 다 사줬는데 지금은 잘 사주지 않는다고 말문을 열었다. 부모도 말 그대로 두 아이를 평등하게 대하려고 노력하고 형의 자존심을 세워 주려고 노력한 것 같다. 아이들 관계도 이전에는 어머니가 매일 학교에 데려다 주던 것과는 달리 혼자서 학교나 학원에 가고 있었다. 아버지도 아이들을 데리고 노래방에 가는 등 나름대로 노력을 하고 있었다.

형제 상태를 수치로 말하도록 하자 가족 모두 10점 중에 8~9점의 높은 평가를 하였다. 마지막으로 가족이 함께 5년 후의 모습을 그려 보도록 하자 서로 친밀하면서도 경계가 분명한 건강한 가족의 모습을 그리고 있었다.

(12) 추수상담

1년 후 추후면담을 하였는데 그 동안 이사를 하였으며 새로 바뀐 학교나 이웃에서 동혁이는 함묵증 증세는 전혀 보이지 않고 있었다.

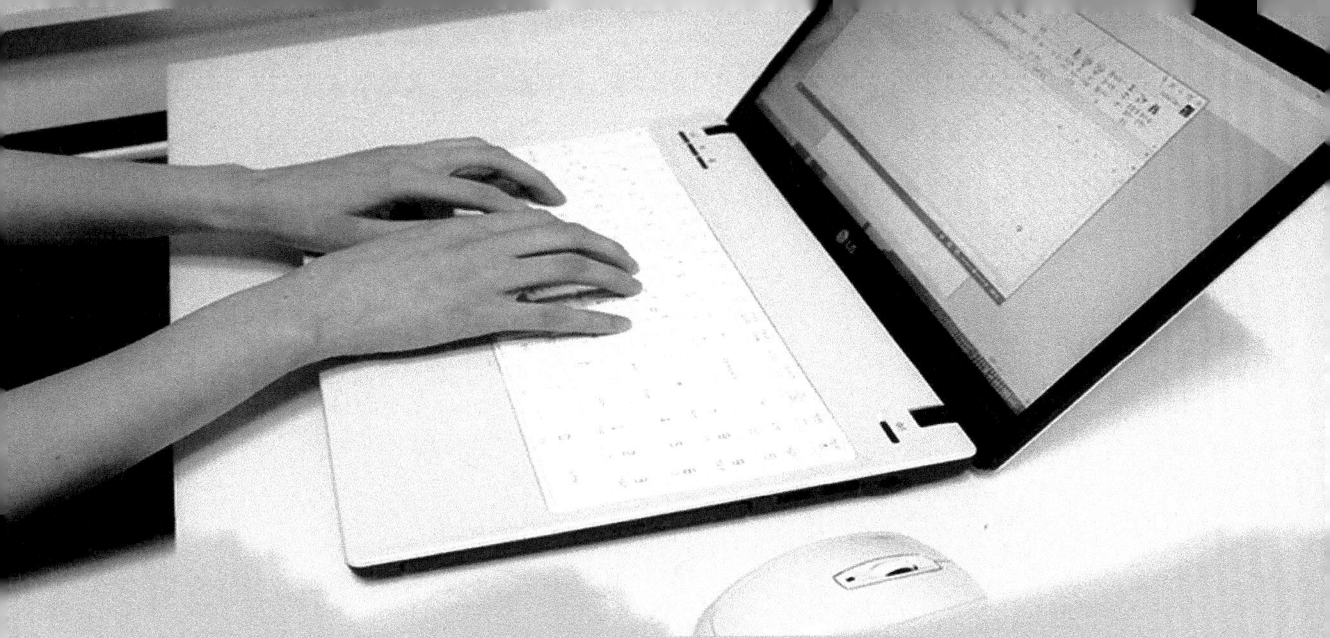

제 Ⅲ 부

치료기법 및 문제행동 상담

제Ⅲ부에서는 오늘날 사용되고 있는 다양한 상담기법들을 이론적 배경에 따라 설명하고 있으며 특히 아동상담에 많이 활용되는 놀이치료, 미술치료, 음악치료 및 독서치료 등에 대해 설명한다.

제2장에서는 가족상담을 중심으로 치료기법을 보기 쉽게 정리하여 제시하였으며, 제3장은 교육기관에서 빈번하게 나타나는 아동 문제행동의 원인과 대처방법을 간략히 제시한다.

제1장

치료기법

1. 상담 치료기법
2. 아동 상담기법

본 장에서는 각 이론적 배경에 따라 사용되는 몇 가지 치료기법과 유아교육기관에서 빈번하게 상담이 요구되는 사례들을 일반적인 원인과 대처방법별로 간략히 소개할 것이다. 이론적 배경에 따라 상담기법은 매우 차이가 나므로 우선적으로 각 치료기법에 대한 이론적 배경을 이해하여야 한다.

치료의 기술들은 전문 상담가들에 의해 사용되는 것이지만, 치료기법의 목표와 활용방법을 알아두는 것은 교사들이나 초보 상담자에게 유용한 정보가 될 것이며 전문 상담과정을 통하여 꾸준한 연습과 훈련을 하면 현장에서 적용할 수 있게 될 것이다.

1. 상담 치료기법

1) 정신분석 심리 상담기법

(1) 자유연상

자유연상기법은 정신분석기법의 핵심기법이라 할 수 있다. 자유연상이란, 자유롭게 떠오르는 생각을 가능한 한 많이 말할 수 있도록 하는 것이다. 자유로운 생각 속에 무의식적인 소망, 갈등, 환상, 동기가 내포되어 있고 상담자는 이를 분석하여 과거의 경험이나 사건이 내담자에게 어떤 영향을 주는지 해석하여야 한다.

(2) 꿈의 분석

꿈을 통해 억압된 감정들이 표면화되고 무의식은 꿈의 형태로 나타난다. 꿈은 방어기제의 역할이 낮아지므로 꿈을 분석하는 일은 내담자가 해결하지 못한 문제들을 통찰하도록 하는 중요한 기법이다. 꿈은 억압했던 것들에 대한 표출경로도 되지만 내담자의 현재 기능을 이해할 수 있도록 해 주는 역할을 한다.

(3) 해석

내담자의 꿈, 자유연상, 저항, 상담과정에서의 행동 등의 의미를 내담자에게 지적하고 설명하고 가르치는 것이 해석이다. 상담자가 유의할 사항은 내담자가 해석을 받아들일 준비가 되어 있을 때 해석을 해 주어야 한다는 점이다. 즉, 해석의 시기가 중요한데 내담자가 무의식적인 모순이나 문제점을 의식적으로 인식할 수준에 이르렀을 때 해석을 해 주어야 하며 적절하지 못한 시기에 때 이른 해석을 적용하면 저항을 겪거나 해석을 거부할 수 있으므로 유의해야 한다.

(4) 저항의 해석

저항은 여러 가지 형태로 나타날 수 있으며 상담의 진행을 방해하고 내담자의 무의식을 저지한다. 저항은 내담자의 현재 상태를 유지하고 변화를 막으려는 모든 생각, 태도, 감정, 행동들을 포함한다. 저항은 불안에 대한 방어로서 정신분석 치료에서는 무의식적 억압을 통찰하려는 것을 방해하도록 작용한다.

저항에 대한 해석은 내담자가 저항 현상을 인식하고 이해할 수 있도록 하는데 그 목적이 있다. 모든 저항을 다 극복해야 하는 것은 아니며 일상생활에서의 일반적인 방어적 표현이므로 저항은 불안을 방어하는 장치로 볼 수 있다.

2) 행동주의 심리 치료기법

(1) 강화기법

강화에 의한 기법은 행동형성법, 행동연쇄법, 용암법, 자극 통제와 자극 변별훈련 등이 있다.

① 행동형성법

행동형성법의 절차는 네 단계의 절차가 있다. 첫째, 목표행동을 분명하고 구체적인 행동으로 규정한다. 둘째, 궁극적으로 바라는 목표행동은 처음부터 일어나는 것이 아니므로 점진적 접근을 위한 시발점 행동을 찾는다. 시발점 행동은 목표행동과 유사하며 자주 일어나는 행동으로 찾아야 한다. 셋째, 시발 행동에서 목표행동에 이르는 중간 단계를 설정한다. 중간 단계 내의 각 단계의 크기는 학습자의 특징에 맞게 적절해야 한다. 넷째, 한 단계에서 다음 단계로 넘어가는 진행 속도는 너무 빠르거나 느리지 않고 적절해야 한다.

② 행동연쇄법

복잡한 행동은 여러 단순한 행동들이 연쇄적으로 이어지는 행동이다. 행동 연쇄상에 있는 작은 단위의 행동은 그 다음 행동단위의 단서가 된다.

행동연쇄법의 절차는 네 단계로 제시할 수 있다. 첫째, 가르치고자 하는 행동의 구성 요소를 세부적으로 나눈다. 둘째, 다음 단계의 훈련은 현 단계의 훈련 대상인 단위행동이 충분히 숙달된 후에 이루어지도록 한다. 셋째, 훈련하는 동안 이전 단계에 배웠던 단위 행동들을 모두 이행하도록 하여 철저히 반복한다. 넷째, 단위 행동이 길 때는 행동 연쇄의 앞부분에 해당하는 행동 단위들에 대해서 주요 강화물을 간헐적으로 제시한다.

③ 용암법

용암법은 행동을 통제하는 자극을 점점 약하게 다른 자극의 통제를 받게 하는 과정이다. 용암법의 주요 요인을 세 가지로 제시하면, 첫째, 통제할 목표 자극을 선정한다. 목표 자극은 일상생활에서도 그에 대한 반응이 쉽게 유지될 수 있도록 선정한다. 예를 들면 명칭을 묻는 질문은 일상생활에서 흔히 일어나는 일이다.

둘째, 자극 통제에 있어서 최초 자극을 선정한다.

셋째, 용암 과정이 적절한 속도로 이루어질 수 있도록 용암단계를 결정한다. 즉 바람직한 반응을 유발시키는 촉진 자극은 바람직한 반응이 확실하게 일어나는 경우 그 강도를 서서히 줄여간다.

④ 자극 통제와 자극 변별 훈련

어떤 반응들은 어떤 특정한 자극에 대해서는 일어나고 다른 자극에 대해서는 일어나지 않는다. 이것을 자극 통제라고 한다. 같은 행동이라도 적절한 상황에서 일어나는 행동은 문제가 없으나 적절하지 않은 상황에서 일어나면 문제가 되며, 이를 "자극 통제가 적절하지 않다"라고 한다. 예를 들면 노출증환자는 옷 벗는 장소가 적절하지 않기 때문에 문제가 되는 것이다. 이러한 경우는 자극 변별훈련을 통해 행동을 해야 할 상황과 하지 말아야 할 상황을 배우는 것이 필요하다.

자극 변별 훈련은 어떤 자극 상황에서 반응을 하며 일관성 있게 강화를 하고, 다른 자극 상황에서 반응을 하면 일관성 있게 강화하지 않는 법을 통해 이루어진다. 예를 들면, 어른에게 존대를 하지 않는 아동의 경우 어른에게 존대를 할 때마다 칭찬을 하며 동년배에게 존대를 할 때 칭찬을 하지 않음으로써 존대는 어른에게만 한다는 것을 학습시킬 수 있다.

(2) 혐오자극기법

혐오자극에 의한 기법은 벌, 소거, 타임아웃과 반응대가 등이 있다.

① 벌

벌에는 혐오자극을 가하는 제1유형의 벌과 유쾌한 자극을 제거하는 제2유형 벌이 있다. 여기서 벌의 의미는 제1유형의 벌을 의미한다. 벌이란 어떤 반응을 했을 때 불쾌한 자극을 가하여 그 반응의 확률을 낮추는 것이다. 벌을 잘못 사용하면 오히려 의도한 것과 반대의 결과를 초래할 수 있으므로 다음 사항을 고려해야 한다.

첫째, 벌받을 행동을 구체적으로 세분화하여 벌의 대상이 벌받는 자의 인격이 아닌 특정 행동이라는 사실을 분명히 한다.

둘째, 벌을 통해 바람직하지 못한 행동을 감소시켰으면 대신 바람직한 행동을 강화시킨다. 그렇지 않으면 벌받는 행동은 감소할지라도 다른 바람직하지 못한 행동으로 옮겨갈 수 있다.

셋째, 벌의 대상이 되는 행동에 선행하는 자극과 그 행동 후에 주어지는 강화 자극이 무엇인지 확인하여 선행 자극과 강화 자극 간의 연결을 없애는 것이 좋다.

넷째, 사용하고자 하는 벌이 때로는 벌받는 자에게 벌이 되지 않고 강화 자극이 될 수도 있다. 따라서 사용하고자 하는 벌이 벌로서 효과가 있는 것인지 확인해야 한다. 예를 들면, 혼자 있고 싶어하는 데 격리시키는 것은 벌이 되지 않는다.

다섯째, 처음에 약한 벌을 주다가 효과가 없어서 점점 강도를 높여 간다면 벌의 효과를 잃게 되므로 주의해야 한다.

여섯째, 벌을 나중에 주는 것보다 즉시 주는 것이 효과적이다.

일곱째, 벌은 바람직하지 못한 행동이 발생했을 때보다 그 전조가 보일 때 주는 것이 보다 효과적이다.

여덟째, 아동이 얻고자 하는 것을 얻기 위해서는 어떤 바람직한 행동을 해야 하는지를 미리 알려줄 필요가 있다.

② 소거

부적응 행동을 소거하는 방법은 그 행동에 대해 주어지던 강화 자극을 더 이상 주지 않는 것이다. 소거의 절차는 다음과 같다.

첫째, 모든 행동수정의 방법과 마찬가지로 약화시키고자 하는 표적 행동을 확인하는 일이 우선적인 것이다.

둘째, 확인된 표적 행동의 빈도를 관찰하여 기록한다. 이때 강화를 중단하지 않은 원 상태에서 관찰한다. 그리고 표적 행동을 강화하고 있는 자극이 무엇인지 확인한다. 표적 행동 소거 후 해야 할 바람직한 상반행동을 모색한다. 그리고 상반행동을 강화할 강화물을 찾는다.

셋째, 대상자의 행동에 영향을 미칠 만한 인물들에게 표적 행동에 대해서는 무시하고 상반행동에 대해 강화를 줄 것을 당부한다. 무시와 강화는 일관성이 있게 이루어져야 한다.

끝으로, 표적 행동이 제거되고 상반행동이 빈번해져도 간헐적으로 무시와 강화를 통해 행동수정의 결과가 지속되도록 한다.

③ 타임 아웃

타임 아웃(time out)은 잘못된 행동을 했을 때, 다른 공간에 격리시키거나 강화물이 없는 공간에 둠으로써 잘못된 행동을 약화시키는 것이다(※ 타임아웃의 올바른 적용은 다음 장을 참고하기 바람).

④ 반응대가

반응대가는 바람직하지 못한 행동을 했을 때, 대상자가 가지고 있는 정적 강화물을 박탈하는 것이다. 가령, 다이어트를 하는 아동에게 체중을 줄이지 않으면 용돈을 박탈하는 것을 예로 들 수 있다. 반응대가는 집단을 대상으로 실시할 수도 있다.

(3) 통합적 강화원리에 의한 기법

① 토큰 강화체제

토큰은 그 자체로는 중립자극이지만 그것을 모아서 자신이 좋아하는 강화물로 교환할 수 있는 것을 말하므로 토큰 경제라고도 한다. 토큰 프로그램 절차는 다음과 같다.

첫째, 목표행동을 결정한다. 행동수정을 통해 아동에게 습득시키고자 하는 목표행동은 그 사람의 일상생활에서 유용한 것이어야 한다.

둘째, 현재 목표행동을 어느 정도 하고 있는가를 확인하여 기초선을 선정한다.

셋째, 토큰과 교환 가능한 강화물을 선정한다. 지원 강화물은 프로그램 대상

아동의 연령에 따라 다양하게 선정될 수 있다.

넷째, 사용할 토큰을 선정한다. 토큰과 대상과 상황을 고려하여 선정할 필요가 있다(스티커, 별, 차트에 그래프로 기록 등).

다섯째, 어떤 반응에 대해 어느 정도 수의 토큰을 줄 것인지 결정한다.

② 자기 통제

자기통제는 바람직하지 못한 행동을 스스로 통제하여 수정하게 하는 방법이다. 이는 어떤 행동을 지나치게 많이 하는, 행동과잉과 바람직한 행동을 하지 않는 행동 결손의 문제를 다루는 데 사용될 수 있다. 과실, 지나친 흡연, 과도한 게임하기 등과 같은 행동에 적용될 수 있다. 자기 통제 방법은 다음의 세 가지 방법이 있다.

- **자기 지시방법** : 내담자가 스스로에게 하는 부정적 진술을 인식하게 하고, 그와 반대되는 보다 현실적이고 긍정인 말들로 스스로에게 지시하는 방법이다. 예를 들면, 시험 문제를 풀면서, "할 수 있다, 천천히 차근차근 풀자"라고 되뇌이는 것은 스스로에게 긍정적인 자기 지시를 하는 것이다.
- **자기 점검** : 바람직하지 못한 행동이나 바람직한 행동의 빈도를 기록하는 것으로도 그 행동을 약화시키거나 강화시킬 수 있다.
- **자기 강화** : 내담자 스스로 행동의 변화를 위한 목표를 설정하고 그 목표를 달성했을 대 스스로가 정확한 강화 자극을 주는 것을 자기 강화라고 한다. 예를 들면, 아동이 스스로 하루 공부할 양을 정해 두고 목표를 달성하지 못하면 게임을 하지 않는 것으로 스스로를 강화할 수 있다. 완전히 내담자 혼자서 할 수도 있지만 상담자와 함께 정할 수도 있다.

(4) 정서반응의 수정기법

정서반응의 수정 기법으로 고전적 조건형성 방법을 체계적으로 응용할 수 있으며, 대표적으로 체계적 탈감법이 있다. 체계적 탈감법은 불안을 극복하도록 하는 기법으로 주로 공포 반응 등을 제거하는데 매우 유용하다.

이는 점진적 이완 훈련을 적용하여 조건형성된 불안을 역조건 형성시키는 방법이라 할 수 있다.

첫째, 근육의 긴장 및 이완 훈련을 실시한다. 내담자는 상담자의 지시에 따라 온몸의 근육을 긴장시켰다가 이완시키는 연습을 한다.

둘째, 불안 위계를 작성한다. 불안 위계는 내담자가 긴장 및 이완 상태에서 상상하도록 하는 불안 유발 상황을 위계표로 작성하는 것이다.

셋째, 근육의 긴장 및 이완 훈련이 끝나고 탈감 단계가 된다. 조금이라도 불안이 느껴지면 신호를 보내도록 하고, 불안 위계 중 불안을 가장 약하게 일으키는 자극 상황을 충분히 상상하도록 한다. 가벼운 불안이 느껴지면 상상을 중단하고 계속 긴장을 풀도록 한다. 위계상 한 단계에서 탈감이 이루어지면 다음 단계로 넘어간다. 즉 불안을 유발하는 정도가 한 단계 높은 상황을 상상하도록 하는 것이다. 이렇게 하여 최상의 단계까지 극복하게 되면 치료는 완료된다.

3) 인간중심 상담기법

인간중심 상담기법은 칼 로저스(Carl Rogers)에 의해 창시된 상담 및 심리치료의 접근 방법이다. 인간중심 상담은 기법보다 상담자의 철학이나 태도, 그리고 상담 관계를 중요시하므로 구체적인 상담기법을 제시하는 데 어려움이 있다. 상담자는 단순히 상담기법을 익히고 적용하는 것보다는 상담에 대한 기본 철학과 내담자를 대하는 태도가 중요하다.

(1) 공감적 이해

공감적 이해란 상담자가 내담자의 감정에 빠져들지 않으면서 내담자의 생각, 감정, 경험에 대해 공감하고 마치 상담자 자신의 감정인 듯이 듣고 반응하는 것을 말한다. 상담자는 내담자의 경험 속에서 미처 인식하지 못한 감정까지도 인지하며, 내담자가 부분적으로 인식한 감정을 자각할 수 있도록 도와 준다.

(2) 무조건적 긍정적 존중

상담자는 내담자를 하나의 인격체로서 무조건적으로 존중하고, 있는 그대로의 모습을 수용해야 한다. 우리는 사람들의 행동을 외적인 준거를 중심으로 평가하는 경향이 있는데, 이는 인간 성장을 방해하는 요소가 된다. 로저스는 무조건적 긍정적 존중을 통하여 인간을 자기 실현 경향을 가진 존재로 간주하고 자기 성장을 할 수 있도록 지지해야 한다고 강조한다.

(3) 진실성

진실성 또는 일치성이란 상담자와 내담자의 관계에서 나타나는 진솔한 감정을 의미한다. 상담자와 내담자는 모두 적정수준의 진실한 자기표현이 이루어져야 하며 진실성을 갖추기 위해서는 자기 스스로를 이해하고 수용하며 솔직하게 개방하려는 노력이 필요하다.

이때 자기를 개방하는 것은 상담기법상의 "자기 개방"과는 다른 의미이다. 상담기법으로서의 자기개방은 자신에 대한 정보, 생각, 느낌과 경험을 개방하는 것이지만 진실성의 의미에서 말하는 자기의 개방은 내담자의 경험에 대해 상담자가 느끼고 생각하는 것을 솔직하게 드러내는 것을 말한다.

상담자는 자신이 가지는 내적 경험과 외적 표현이 일치하여 내담자와의 관계에서 일어나는 감정과 태도를 솔직히 표현할 수 있을 때 상호간의 믿음의 관계가 형성되며 상담의 효과를 볼 수 있는 것이다.

4) 아들러(Adler)학파의 개인주의 상담기법

(1) 즉시성

즉시성이란 현재 지금 이 순간에 무엇이 일어나고 있는지를 다루는 기법이다.

이것은 내담자에게 상담 시간에 일어나는 것이 그의 일상생활에서 일어나는 것의 표본이라는 것을 깨닫도록 도와주는 기법이다.

(2) 역설적 의도

이 기법은 체계적 처방기법 또는 반 암시기법이라고도 한다. 역설적 의도란 상담자가 의도적으로 내담자의 허약한 사고나 행동을 과장하게 하는 것이다. 과장을 통하여 현실 상황에서 뚜렷하게 자신의 증상을 보게 하는 것이다. 가령, 시간의 대부분을 근심, 걱정으로 보내는 내담자에게 하루를 온통 걱정하는 데 소비하는 과제를 준다. 이 의도를 통해 내담자는 자신의 행동을 극적으로 자각하게 되고 그 행동에 더 이상 매력을 느끼지 않게 된다.

(3) 마치~ 인 것처럼 행동하기

내담자가 마치 ~ 인 것처럼 역할 연기를 하는 기법이다. 내담자의 소망에 따라 상담자는 최소한 일주일 정도 내담자의 소망에 따라 그 환상을 역할놀이를 통해 표현해 보도록 하는 기법이다.

(4) 격려

격려하기는 내담자의 기를 살려 주는 방법으로, 내담자의 신념을 바꿀 수 있는 가장 강력한 기법이다. 상담자의 격려를 통해 내담자는 자기 신뢰와 변화의 용기를 가질 수 있다.

(5) 자기 모습의 파악

내담자가 자신의 목표를 설정하고 변화하려고 노력함에 따라 자신들이 열망하는 변화된 행동을 하기 위해서는 자신의 모습을 있는 그대로 파악해 보는 것이 필요하다. 내담자는 자신을 파악해 보는 과정에서 자기를 경멸하지 않고 자신의 비합리적 논리나 자기 파괴적 행동을 파악하게 된다.

(6) 내담자의 스프에 침 뱉기

이 기법은 기숙학교 아이들이 다른 사람들의 음식에 침을 뱉어 음식을 얻어먹기 위한 수법을 썼던 것에서 착안한 것이다. 상담자는 내담자의 자기 패배적 행동의 동기를 밝혀 냄으로써 접근-회피 상황을 설정하게 된다. 상담자는 내담자의 스프에 침을 뱉음으로써 극히 거슬리는 존재가 된다. 내담자가 여전히 그 행동을 하려하지만 예전과 같지 않게 된다. 즉, 상담자가 내담자의 행동방식을 못하도록 하는 것이다. 예를 들면, 어떤 내담자가 계속해서 죄책감의 문제를 호소해 온다면 이는 내담자가 착한 사람이 되기 위한 방법으로 그런 느낌을 선택한 것임을 말해 줌으로써 내담자가 죄책감을 느낄 때마다 이 말이 생각나고 결국은 죄책감을 느끼는 것이 어리석다는 것을 깨닫게 된다.

(7) 악동을 피하기

내담자는 낡은 행동양식인 자기 패배적인 행동을 고수하는 경향이 있다. 내담자는 자기 패배적인 자각을 유지시키기 위해 상담자도 다른 사람이 행동하는 것처럼 행동한다고 생각하려 한다. 상담자는 이런 함정에 빠지지 않도록 해야 하며 이런 악동의 접촉을 막아야 한다.

(8) 단추 누르기

단추 누르기기법은 내담자 자신이 양립할 수 없는 정서의 희생자라고 느낄 때 효과적인 방법이다. 내담자에게 눈을 감고 자신의 경험 중에서 즐거웠던 사건을 회상하게 하고 이에 수반되는 감정에 주목한다. 그 다음, 상처가 되었거나 창피를 느꼈던 불쾌한 경험을 회상하여 거기에 수반되는 감정에 주목한다. 그 다음 내담자에게 다시 첫 장면을 재생하도록 요구한다. 이 과정을 통하여 내담자가 자신이 원하는 감정을 끌어낼 수 있다는 것을 깨닫게 해 주려고 하는 것이다. 단추 누르기 기법을 통해 내담자는 감정을 선택할 수 있고 이것은 그의 생각의 산물임을 가르칠 수 있다.

(9) 마이더스기법

이 기법은 황금에 대한 욕망과 그가 원하는 모든 것을 가질 수 있는 능력이 축복이 아니라 곧 저주가 된다는 것을 발견했던 마이더스 왕의 이야기에서 비롯한 것이다. 상담자는 내담자를 과잉동정하고 내담자의 행동을 웃음거리로 만들면서 내담자 자신의 깨달음을 유도하는 기법이다.

(10) 과제의 설정과 이행

문제를 해결하기 위해서 내담자는 관계를 설정하고 이에 적합한 과제를 이행해야 한다. 한정된 시간 내에 성취할 수 있는 과제를 설정하여 성공감을 맛보도록 해야 한다. 이 성공감은 자신감을 개발시킨다. 만일 계획이 잘 수행되지 않으면 이유를 살펴보고 그것을 개선하도록 노력한다.

5) 인지행동 치료기법(REBT)

인지행동치료는 행동치료와 인지치료가 발전하면서 1960년대에 등장하였다. 인지행동 치료는 외현적 행동과 더불어 행동의 내적 요소인 불안이나 동기 등과 같은 변인들도 포함하고 있다. 대표적 기법은 인지 · 정서 · 행동치료(REBT)[1]와 벡(Beck)의 인지치료, 마이켄바움(Meichenbaum)의 인지행동수정 등이 있다.

---

1) 인지 · 정서 행동치료 : Rational Emotive Behavior Therapy(REBT).

(1) 불안 감소법

① 이완훈련

수의근의 긴장과 이완을 반복하는 훈련을 말한다.

② 바이오 피드백

인체의 생리적 변화를 감지하기 위한 전자장치를 사용하는 것으로, 바이오피드백에 연결된 작은 전극을 내담자의 신체에 부착하고 모니터링하는 것을 말한다.

③ 체계적 둔감법

불안이나 공포를 야기하는 자극에 직면하도록 긍정적 강화를 지속하며, 점진적으로 불안이나 공포를 소멸시키는 방법이다.

④ 홍수요법

가장 불안을 많이 느끼는 자극에 대해 내담자를 즉각적으로 자극에 노출시키는 방법이다. 불안 상황을 회피하는 것은 오히려 불안을 강화하므로 회피하지 않고 불안요소에 노출되도록 하는 것을 말한다.

(2) 인지 재구성법

인지 재구성법이란 내담자가 가지고 있는 자동적 사고를 파악하여 이에 따른 왜곡된 논리와 역기능을 분석하고 확인하기 위해 언어적 기법을 사용한다. 인지적 왜곡을 확인하고 검토하는 것만으로도 내담자 자신이 인지적 오류를 인식하므로 도움이 될 수 있다.

① 사고와 감정의 감시법

5가지 기록 형식인 ㉠ 상황, ㉡ 감정, ㉢ 상황에 대해 반응하는 자동적 사고,

㉣ 보다 합리적 반응, ㉤ 결과를 이용하여 내담자의 자기 인식을 증신시키고 자신의 생각과 감정을 감시하는 것을 돕는 방법이다.

② 증거 탐문

내담자가 특정 믿음을 가지고 있을 때, "그 생각에 대한 어떤 증거를 가지고 있는가?"를 검토해 보는 것이다.

③ 대안 검토

대안을 검토하는 것은 내담자가 자신의 강점과 대처 자원에 대한 선택을 가능하게 한다.

④ 탈 파국화

내담자는 종종 비극적 상황을 과대평가한다. 이러한 점을 깨닫게 하기 위한 질문을 사용할 수 있다. 가령, "그것이 정말 일어날 수 있을 것인가?" "일어난다면 그렇게 끔찍할 것인가?", "그런 사태가 일어난다면 어떻게 대처할 것인가?" 등을 질문할 수 있다.

⑤ 재구성

문제 상황이나 문제행동의 다른 측면에 초점을 둠으로써 내담자가 다른 시각으로 문제를 볼 수 있도록 하는 기법이다.

⑥ 사고 중지

내담자가 역기능적인 사고를 계속하는 것을 막기 위해, "중지!"라고 말하는 방법이다.

(3) 새로운 행동의 학습법

인지행동치료는 자동적 사고나 신념을 수정하기 위해 행동적 기술을 사용하는

데, 특정한 부적응적 신념을 수정하거나 새로운 학습을 증진시키도록 한다.

① 모델링

모델이 될 수 있는 사람을 선정하여 모방하게 함으로써 새로운 행동을 형성시키고 부정적 행동을 감소시키는 방법이다.

② 행동 형성

바람직한 행동을 하면 이를 강화함으로써 긍정적인 행동을 유도하는 방법이다.

③ 토큰 경제

내담자에게 토큰을 이용하여 보상을 주는 체계이다.

④ 역할극

내담자로 하여금 문제가 되는 행동을 연기하게 하고, 그 행동에 대해 피드백을 얻을 수 있도록 하는 방법이다.

⑤ 사회기술 훈련

사회기술은 훈련이나 학습에 의해 습득될 수 있는 것이므로 내담자에게 부족한 사회기술을 훈련시키는 방법을 말한다.

⑥ 혐오치료

부적응적인 행동이 일어났을 때 혐오자극을 줌으로써 부적응 행동을 감소시키는 것을 말한다(예, 밤에 오줌을 쌌을 때 전기 자극이 오는 것).

⑦ 임시 계약

어떤 행동이 변화되어야 하며, 그 행동에 어떤 결과가 따르게 되는지에 대해 내담자와 상담자 간에 이루어지는 형식적 계약을 말한다.

6) 현실치료기법

현실요법에서 가장 중요한 상담기법은 질문기법이다. 상담의 전체 과정에서 질문을 통해 상담자가 리드해 나가며, 질문은 다양한 형태로 이루어진다.

(1) 욕구, 바램, 지각 탐색하기

상담자는 내담자와 함께 내담자의 욕구, 바램, 지각을 탐색하여 그것을 중심으로 상담에 임할 수 있도록 하는 것이다. 이러한 탐색을 위한 질문은 다음과 같다.

- 무엇을 원하시나요?
- 당신이 진정으로 원하는 것은 무엇인가요?
- 사람들이 당신에게 원하는 것은 무엇이라고 생각하십니까?
- 당신은 어떤 시각으로 사물을 바라보나요?
- 당신이 상담자에게 원하는 것은 무엇인가요?
- 문제를 해결하기 위해 기꺼이 노력하겠습니까?

(2) 전행동(whole behavior) 탐색하기

이것은 전체행동(전행동)을 탐색하는 과정을 말한다. 전체행동(전행동)은 활동하기, 생각하기, 느끼기, 신체 반응하기의 네 가지 요소로 구성되어 있으며 이 네 가지 가운데 단 한 가지 요소도 배제되지 않는다. 즉, 인간행동은 전행동으로 이루어진다.

전행동 탐색하기는 지금 현재 내담자가 어디로 가고 있는지 탐색하도록 도와주는 절차이다. 내담자가 우울이나 격분, 외로움 등의 느낌을 가지고 있다면 "활동하기"를 바꿈으로써 그러한 느낌이나 감정을 변화시킬 수 있을 것이다.

전행동 탐색하기를 위해 현실치료 상담가들이 자주 던지는 질문은, "당신은 무엇을 하고 있습니까?"이다. 이러한 질문을 통해 내담자는 삶의 방향을 알 수 있을 것이다.

(3) 행동과 계획에 대한 자기 평가하기

자기 평가란, 개인의 행동과 욕구의 관계를 점검해 보는 것이다. 내담자의 행동 변화를 위한 현실치료의 핵심은 그들 스스로 자기 평가를 하는 단계라고 할 수 있다. 이 단계에서 상담자들이 던지는 질문은 다음과 같다.

- 당신의 지금 행동이 당신에게 도움이 됩니까?
- 당신이 지금 하고 있는 것은 당신이 진정으로 원하는 것을 얻는 데 도움이 됩니까?
- 당신이 행동하는 것이 규칙에 어긋납니까?
- 당신이 원하는 것은 현실적이거나 실현 가능한 것입니까?
- 그런 식으로 보는 것이 당신에게 도움이 됩니까?
- 상담의 진행과 당신 인생의 변화에 대해 어떻게 약속을 하시겠습니까?
- 도움이 되는 계획입니까?

(4) 계획하기

대부분의 내담자들은 이전에 계획하기에서 실패한 경험이 있으므로 새로운 계획을 세우고 실천하는 데 두려움을 느낄 수 있다. 상담가는 내담자에게 용기를 북돋워 주고, 긍정적인 행동 계획과 그 계획에 대한 약속, 그리고 실천을 하는 과정이 포함된다.

(5) 계획에 대한 약속하기

내담자가 계획에 대한 약속을 하는 단계로써, 상담자는 여러 가지 질문을 통해 계획의 실천에 대한 약속을 재확인한다.

(6) 역설적 방법

역설적 방법은 내담자가 전혀 예상치 못한 행동이나 말을 상담 과정에서 사용하는 것을 말한다. 가령, 내담자가 자신의 신체적 고통을 계속 호소한다면, " 당신은 안 아픈 곳이 하나도 없는 대단한 병자군요"라고 말하는 경우를 들 수 있다. 역설적인 방법은 내담자가 자신의 문제를 전혀 새로운 인식에서 바라볼 수 있게 해 주므로 유용하지만 자주 사용하는 것은 좋지 않다.

7) 게슈탈트 상담기법

게슈탈트 상담자의 주된 자세는 내담자로 하여금 자신의 욕구와 감정을 분명히 알아차리고 이를 환경과 접촉을 통해 잘 해소할 수 있도록 도와주는 일이다. 이를 위해 다음과 같은 다양한 기법을 사용한다.

(1) 욕구와 감정 알기

상담자는 내담자의 말이나 질문 배후에 일어나는 감정을 알아차리도록 주의를 환기시킨다. 특히 지금-여기에(here and now) 일어나는 감정을 알아차리는 것이 중요하다. "지금 어떤 느낌이지요?", "지금 왜 그 말씀을 하시는지 알아차려 보세요"와 같은 질문을 통해 내담자의 욕구와 감정을 알아차리게 한다.

(2) 신체 자각

정신과 신체는 불가분의 관계이다. 따라서 내담자로 하여금 자신의 신체를 자각하게 함으로써 자신의 감정과 욕구 및 무의식적인 생각을 알아차리게 해 준다. 에너지가 한 부분에 집중되는 것은 흔히 근육의 긴장으로 나타나거나 통증으로 나타나는데 이는 억압된 감정들과 관련이 있다. 내담자는 이를 자각함으로써 소외된 자신의 신체 부분들을 접촉하고 통합할 수 있다.

(3) 환경 자각

내담자로 하여금 환경을 자각하게 해 줌으로써 환경과의 접촉을 증진시킬 수 있다. 내담자는 해결되지 못한 과제로 인해 자기 자신에 몰입해 있으므로 주위에서 일어나는 사건들과 상황들을 자각하지 못하는 경우가 많다. 내담자에게 환경에 접촉하도록 새로운 관심과 흥미를 유발시킨다.

(4) 언어표현 바꾸기

내담자가 사용하는 언어표현에서 그 책임소재가 불명확한 경우, 상담자는 내담자의 감정과 동기에 대한 책임을 지는 형식으로 문장을 바꾸어 말하게 한다. 이는 내담자의 책임의식을 높여 준다. 가령, “나는 ~ 할 수 없다.”를 “나는 ~ 하지 않겠다.”로 바꾸어 줄 수 있다.

(5) 과장하기

내담자가 자신의 감정을 명확히 자각하지 못하고 있을 때 상담자는 내담자의 행동이나 언어를 과장하여 표현함으로써 내담자가 자신의 감정을 자각할 수 있도록 도와줄 수 있다.

이 기법은 움직임이나 제스처를 반복적으로 과장함으로써 내담자의 행동과 관련된 감정을 보다 강렬하게 경험하고 그것의 내적 의미를 보다 잘 알아차리게 하는 것이다. 과장하기와 관련하여 내담자의 시연이나 빈 의자기법 등을 사용하기도 한다.

(6) 반대로 하기

내담자가 보이는 행동은 흔히 억압된 충동의 반대적 표현일 수 있다. 따라서 평소 행동과 반대되는 행동을 해 보도록 요구함으로써 내담자가 억압하고 있는 자신의 다른 측면을 접촉하고 통합할 수 있도록 도와줄 수 있다.

이 기법은 내담자가 회피하고 있는 행동과 감정을 만나게 해 줌으로써 그 부분을 활성화시킬 수 있으며 스스로 차단하고 있는 자신의 성장 에너지를 접촉하게 해 주는 방법이다.

(7) 머물러 있기

사람들은 감당하기 힘든 감정에 당면하면 이를 덮어 버리거나 회피하려고 한다. 이는 고통스런 감정을 일시적으로 중단시킬 수는 있으나 종결시킬 수는 없다. 미해결 과제가 나타날 때마다 이를 회피하려는 행동도 습관화된다.

상담자는 이런 패턴을 보이는 내담자에게 자신의 감정을 피하지 않고 계속 직면하여 그 상태에 머물러 있도록 요구함으로써 미해결 과제를 완결시키도록 도와줄 수 있다. 자신의 감정에 충분히 머물러 있음으로써 지금-여기(here and now)의 실존적이 삶으로 돌아올 수 있으며 현재의 존재체험을 할 수 있는 것이다.

(8) 빈 의자기법

빈 의자기법은 게슈탈트 상담에서 가장 많이 활용되는 기법 가운데 하나이다. 현재 상담 장면에 없는 사람과 내담자가 상호작용을 할 필요가 있을 때, 빈 의자에 그 대상자가 앉아 있다고 상상하며 대화하는 기법이다. 이 기법을 통하여 내담자는 대상자와의 감정을 명료화할 수 있으며 역할을 바꾸어 대화를 해 봄으로써 상대방의 감정과 입장을 이해하고 공감할 수 있다(※ 뒷장 빈 의자기법의 절차 참조).

(9) 실험

실험이란, 내담자가 창의적인 아이디어를 구상하여 하나의 상황을 연출함으로써 문제해결을 돕는 것을 말한다. 이는 내담자의 문제를 밝히고 이해하며 해결하는데 도움을 준다.

미래의 위협적인 상상하기, 중요한 타인과의 대화 장면 설정하기, 고통스러웠던 일을 극화하기, 초기의 중요한 기억을 재결정하기, 역할놀이를 통해 부모 역할 재연하기, 자신의 내부에서 갈등하고 있는 두 측면 사이의 대화하기 등 다양한 실험을 해 볼 수 있다. 실험은 안전한 상담 시간에 생생한 갈등을 체험해 보는 것으로, 내담자는 연관된 감정을 직접 경험할 수 있다.

(10) 직면하기

내담자는 고통스런 기억이나 해결되지 않는 문제를 회피하려고 한다. 감정과 욕구를 회피하면 미해결 과제는 더욱 쌓여 갈 것이다. 상담자는 내담자의 회피행동을 지적하고 진정한 동기를 직면시켜 줌으로써 내담자를 성장시킬 수 있다. 진실을 외면하지 않고, 고통을 피하거나 방어하지 않고 있는 그대로 받아들이는 자세는 인간을 성장시키는 것이다.

내담자가 말로는 두렵지 않다고 말하면서 목소리는 떨린다든지 표정이 굳어 있다면 상담자는 이러한 모순을 지적해 줄 수 있다. 또한, 남들이 자기에게 신경 쓰지 말았으면 좋겠다고 말하면서도 정작 관심을 끄는 행동을 한다면 이러한 모순을 지적해 주는 것도 직면의 방법이다.

2. 아동 상담기법

아동들은 언어적 제한을 가지고 있으므로 대화를 중심으로 한 상담기법 이외에 미술, 독서, 음악, 놀이 등 다양한 매체를 활용한 상담이 시행될 수 있다. 이러한 상담기법은 상담자의 이론적 배경이나 의도에 따라 다양하게 접근될 수 있으며 때로는 두 가지 이상의 방법이 병행되어 접근될 수도 있다. 아동상담의 기법들을 간략히 설명하면 다음과 같다.

1) 행동수정기법

행동수정은 부적응행동을 제거하고 바람직한 새로운 행동을 강화시켜 이를 습득하게 하는 것이 목적이다. 상담 목표는 정확하고 구체적으로 명시해야 하며 내담자가 자신이 성취하고자 하는 것을 명확히 진술할 수 있어야 한다. 목표를 설정함에 있어서 내담자의 적극적인 참여가 있어야 하며 일반적이고 광범위한 목적보다는 구체적이고 명확한 행동변화를 목표로 설정한다.

(1) 상담 초기

첫째, 변화해야 할 행동을 밝혀 내고 행동 용어로 서술한다.
둘째, 원하는 목표행동의 기초선을 정한다.

(2) 상담 중기 : 개입단계

첫째, 목표행동이 일어날 수 있도록 상황을 배열한다.
둘째, 내담자에게 강화될 수 있는 자극을 밝혀 내고 내담자에게 적절한 강화계획을 계획한다.
셋째, 목표행동에 대한 강화 계획을 실행한다.

(3) 종결단계

목표행동으로 변화하는 과정을 기록하고 치료 효과를 평가한다.

(※ 행동수정과 관련한 상세한 기법들은 제1장의 행동주의 심리치료기법을 참고하시오.)

2) 놀이치료(놀이 상담)

놀이치료란, 언어적 표현이 제한된 아동들에게 “놀이”라는 매개를 통하여 아동들의 심리적 발산과 내적 성장을 도와주고 문제행동을 해결하도록 도와주는 심리치료기법이다. 놀이치료는 특히 언어에 의한 자기표현이 미숙한 유아나 치료에 대한 동기가 약한 아동들에게 효과적이다.

놀이치료의 역사는 프로이드를 비롯한 정신분석학자로부터 비롯되었으며 렌비(Lenvy), 엑슬린(Axlin), 로웬펠드(Lowenfeld) 등의 임상가들에 의해 다양한 이론과 기법으로 발전하였다.

놀이치료 이론을 독창적인 가치로 인정한 사람은 멜라니 클라인(Melanie Kiein)으로, 그녀는 놀이를 아동의 자연적인 표현 매체로 간주하고 언어가 발달되지 않은 아동의 경험이나 정서, 복합적인 사고를 표현하는 수단으로 중요시하였다.

(1) 물리적 공간과 치료 시간

놀이 치료실은 놀이 활동이 최대한 보장되는 공간이어야 하며 아늑하고 친밀감을 느낄 수 있는 분위기가 조성되어야 한다.

개인 놀이치료의 경우 3~5평이 적당하며 집단 놀이치료의 경우 8~10평 정도가 적당하다.

놀이시간은 45분~1시간 정도의 시간이 적당하다. 아동들에 따라 놀이시간을 연장하는 경우가 종종 있는데, 상담자는 이러한 아동의 마음은 수용하지만 더 이상 시간을 연장할 수 없음을 아동이 알게 해야 한다.

(2) 놀잇감의 요건

놀이치료에서 놀잇감은 매우 중요한 핵심적인 요소이다. 놀이치료에서 놀잇감과 놀이도구가 갖추어야 할 필수 요건은 다음과 같다.

① 아동과 긍정적인 관계를 맺는 놀잇감

② 폭넓은 감정 표현이 가능한 것

③ 실생활 경험을 탐색할 수 있는 놀잇감

④ 제한점에 대한 현실 검증이 가능한 놀잇감

⑤ 긍정적인 자아상의 발달을 돕는 놀잇감

⑥ 자기 이해를 발달시킬 수 있는 놀잇감

⑦ 자기 통제력 발달을 돕는 놀잇감

좋은 놀잇감을 갖춘 놀이치료실이란 실생활을 표현할 수 있는 놀잇감, 공격성을 표출할 수 있는 놀잇감, 창조적인 표현이 가능한 놀잇감, 정서적 해소를 할 수 있는 놀잇감들이 구비되어야 한다. 그러나 구체적인 놀잇감의 내용은 이론적인 관점과 아동의 발달 정도에 따라 달리 구비되어야 한다.

▶ 놀이치료실의 놀이도구 목록

▸ 탈것 – 자동차, 자전거, 비행기, 배 등
▸ 역할놀이 도구 – 인형(입는 인형, 옷을 벗긴 인형, 옷 입히기가 가능한 인형 등), 인형집, 가구, 우유병, 병원세트
▸ 미술놀이 – 크레용, 연필, 도화지, 물감, 지점토, 찰흙
▸ 모래놀이 상자
▸ 악기류 – 큰북, 탬버린, 캐스트네츠, 하모니카, 피리 등
▸ 동물 인형 – 포유류, 조류, 파충류
▸ 무기류–권총, 기관총(소리와 불빛이 나는 것)

(3) 놀이치료의 기법

놀이치료의 일반적 기법은 다음과 같다.

① 묻지 않아도 아는 질문은 하지 않는다.

② 아동이 묻지 않는 것에 응답하지 않는다.

③ 아동의 질문에 숨겨진 의도를 읽고 이해한다.

④ 아동의 감정을 순응하고 반응해 준다.

⑤ 아동의 생각을 함부로 단정짓지 않는다.

⑥ 아동의 능력을 인정하고 반영해 준다.

⑦ 평가적인 말을 함부로 하지 않는다.

⑧ 불필요한 질문을 하지 않는다.

(4) 놀이치료의 제한 설정

▸ 놀이치료에서 아동의 행동을 제한해야 하는 이유는 다음과 같다.

① 아동-교사 그리고 놀이치료 자료를 보호하기 위함이다.

② 아동에게 안정된 편안함을 갖게 하기 위해서이다. 일관성 있게 아동의 행동을 제한함으로써 아동 스스로 제한을 예견할 수 있고 또 안전함을 느끼게 할 수 있다.

③ 교사가 아동에게 해를 입으면 아동을 순응하고 싶은 마음이 사라지기 때문에 아동행동을 제한할 필요가 있다.

④ 하지 말아야 할 행동을 아동 스스로 결정하고, 자기 스스로 조절능력을 기르고 자기 책임감을 갖게 하기 위해 제한 설정이 필요하다.

⑤ 아동의 실수로 교사에게 신체적 해를 입히거나 기물이 파손되면 아동은 죄책감을 갖게 되므로 제한 설정이 요구된다.

▸ 제한 설정의 대상은 다음과 같다.

① 아동이 자신이나 교사에게 가하는 위험한 행동

② 놀이의 과정을 불필요하게 하는 행동. 예를 들면 화장실을 가거나 물을 마시는 행동도 놀이 세션 과정에서 한 번 정도의 기회를 준다. 불안이 지나치지 않다면 부모를 면담하는 것도 허용하지 않는다.

③ 놀잇감이나 치료실을 파괴하는 행동

④ 놀잇감을 집으로 가져가는 행위. 이런 경우에는 "다음 시간에 다시 오면 이 장난감들은 여기에 그대로 있어. 다음에 다시 와 놀자", "여기 있는 장난감은 모두 이 방에 놓아 둘거야."라고 말한다.

⑤ 옷을 막 벗는 행동 등 사회적으로 용납되지 않는 행동

▸ 제한 설정의 단계는 다음과 같다.

① 아이의 감정을 인정하고 그것을 말로 표현해 주기

② 제한에 대해 설명하기

③ 다른 대안이나 목표물 설정하기

④ 다른 대안이 효과가 없을 때 직접적 제안을 함

3) 미술치료(그림이용 상담)

미술치료란 아동의 욕구나 감정을 그림이라는 비언어적인 매개체를 통하여 표현하도록 하고 이에 대한 치료자의 적절한 이해와 대응을 통해 아동의 심리적 안정을 유도해 나가는 심리치료기법을 말한다. 이 기법은 놀이치료나 상담 장면 등에서도 필요에 따라 도입될 수 있으며 자신의 내면을 언어적으로 충분히 표현할 수 없는 어린 유아나 아동들의 심리치료에 유용하다. 미술치료의 또 다른 한 가지 기능은 카타르시스의 효과이다. 분노나 공격성과 같이 사회적으로 수용하기 힘든 감정이나 욕구를 그림으로 표현함으로써 감정을 해소하고 승화시킬 수 있다.

그림은 아동의 불안이나 욕구, 불만이나 갈등 등 내적 세계를 투사적으로 알 수 있으므로 아동의 성격이나 심리진단의 방법으로 활용하기도 한다.

(1) 미술치료실의 환경구성 및 시간

미술치료실은 집단치료가 가능한 시설이어야 하며 미술작품 보관장, 미술치료 준비시설 및 관찰실이 구성되어 있어야 한다. 미술치료 시간의 구성은 주 1~2회로 구성하는 것이 바람직하다.

미술치료에 사용되는 매체(도구)는 파스텔이나 크레용, 연필, 물감과 붓 등 비교적 간단한 매체를 사용한다. 내담자의 자발적인 통제를 촉진하기 위해서는 충분한 작업공간이 필요하며 다양한 색상의 종이, 충분히 큰 크기의 종이, 점토 등이 제공되어야 한다.

(2) 실시방법

미술치료는 일대일 관계에서 실시하는 방법과 집단적으로 실시하는 방법이 있으며 각 경우에 따라 치료과정도 달라진다.

개인심리 치료의 일환으로 아동과 일대일로 미술치료를 실시할 때, 아동이 그림을 그리는 것을 지켜보는 방법과 한 장의 종이에 상담자와 아동이 번갈아 가며 함께 그리는 방법이 있다. 아동과 번갈아 가며 함께 그리는 방법은 상담자와 아동 간의 역동적인 관계가 생긴다.

집단으로 미술치료를 실시하는 경우, 집단의 크기와 구성원에 대한 신중한 고려가 필요하다. 예를 들면, 지나치게 적극적인 아동과 소심한 아동이 함께 참여할 경우, 소심한 아동은 위축될 수밖에 없을 것이다. 또한, 상담자의 역량에 비해 집단의 크기가 너무 크면 적절한 치료효과를 기대하기 어려울 것이다.

미술치료도 심리치료의 일환이므로 상담자와 아동의 관계가 매우 중요하며, 그림 활동을 유도하는 방법이나 아동과의 상담관계를 유지하는 적절한 태도가 중요하다.

(3) 미술치료기법

미술을 매개로 한 상담방법은 매우 다양한 기법이 존재한다. 미술치료기법을 간략히 소개하면 다음과 같다.

① 테두리법

내담자에게 도화지를 제시하면서 용지에 테두리를 그어서 건네 주는 방법이다. 조형 활동을 자극하고 공포를 줄일 수 있어서 자아가 허약한 내담자에게 많이 활용한다. 테두리를 그릴 때는 자를 사용하지 않는다. 도화지에 원을 그려 주고 원 안에 그림을 그리거나 채색하게 하여 과잉행동, 주의 산만 등을 통제할 수 있으며 심리적 지지도 해 줄 수 있다.

② 출발 그림

처음 작업을 시작할 때 사용하는 기법으로써, 그림 그리는데 저항이 있거나 공포, 수줍음증을 줄여서 그림 그리기를 자극하고 촉진하는 데 사용한다. 장애유아나 정신 질환자에게 모두 사용할 수 있다. 종이에 치료사가 직접 잡지에서 얼굴 사진을 오려붙여 주거나, 그려 주거나, 눈을 오려붙여 주어 그림을 완성하는 방법이다.

③ 난화 상호 이야기 만들기

난화법과 이야기법을 종합하여 응용한 것이다. 난화에서 이끌어 낸 심상의 형성이 중요하며 치료자와 내담자가 서로 교환하여 이야기를 만들어 가게 한다. 최근에는 표현이 부족한 환자들에게 난화와 꼴라쥬를 합친 기법도 사용되고 있다. 이 기법은 중증장애자보다는 경증장애자에게 좋다.

④ 꼴라쥬기법

최근에 가장 많이 사용되는 미술치료기법이다. 거부감의 감소, 분노의 노출, 희망에 대한 상징 등 다양하게 활용할 수 있다. 표현이 쉽고 그리기보다 정확한 감정 전달이 가능하나 선택할 수 있는 사진 매체가 많아야 한다. 자기감정을 나타내기, 가족이나 친구에게 말하고 싶은 것, 주거나 받고 싶은 선물, 타인에 대한 느낌 표현, 문제의 예방 및 대처방법 등을 쉽게 표현할 수 있다.

⑤ 역할 교환법

채색이나 꼴라쥬, 난화, 그림 그리기 등에서 내담자와 치료자가 서로 번갈아가며 작품을 제작한다. 화면 분할법(한 장의 종이에 적당한 선을 그어서 나눔)과 같이 사용하기도 한다. 래포의 형성이나 거부감 감소, 흥미 유발, 촉진 등에 효과적이다.

⑥ 색채 선택법

내담자가 좋아하는 색을 선택하여 그것을 사용하여 그림을 그리는 방법이다. 가족체계 진단법에서도 사용하는데, 좋아하는 크레용을 골라 사용하는데 내담자에게 선택의 자유를 부여한다. 자유를 부여하면 책임의식도 많아진다.

⑦ 갈겨 그리기기법

내담자에게 사인펜을 주어 직접 갈겨 그려서 선을 따라가게 한 후 "어떻게 보이는가?" "어디가 어떻게 되어 있는가?"를 질문한 후 채색하게 한다. 내담자와 치료자가 함께 갈겨 그리기를 하면 내담자와 치료자간의 관계가 더욱 돈독해진다.

⑧ 그림 완성법

여덟 개의 정방형 기호가 그려져 있는 용지를 제시하고, 그 기호를 사용해서 그림을 완성하게 하는 방법이다. 아동이나 성인, 정상인, 정신질환자 등 모두에게 적용가능하다.

그림의 순서를 적고 무엇을 그렸는지를 해석하게 한다. 이 방법은 미술치료

과정의 초기나 미술치료 과정에서 사용할 수 있으며 내담자의 거부감이나 저항, 공포를 제거할 수 있다.

동그라미를 그리고 그 안에 임의의 점을 찍어 내담자에게 제시함으로써 내담자를 지지해 줄 수도 있다.

⑨ 이미지 묘화법

내담자와 상담자 사이에 그림을 두고, 그것이 산출한 이미지를 매개로 내담자와 치료자 사이의 사고수준(인식과정)과 각각의 지각 수준에서 언어적 교류를 도모하는 방법이다. 즉, 이미지 묘화법은 언어적 커뮤니케이션을 통한 심리치료기법이다. 이 기법은 구체적인 이미지, 심리적 이미지, 가족 이미지 등의 과제를 함께 사용할 수 있다. HTP, 색의 연상, 추억, 꿈, 신앙, 선과 악, 애정, 음악 등에서도 이미지를 연상할 수 있고 이상적인 아버지, 생각나는 사람 등을 통해서도 이미지를 떠올릴 수 있다. 자유화 또는 과제화를 모두 사용할 수 있다.

⑩ 감정 차트 만들기

도화지에 몇 개의 칸을 구분하고 최근의 감정을 그리거나 색종이로 나타내게 한다. 모든 인간은 감정을 표현한 후에 불편한 감정을 가지고 있음을 확인시킨다. 또한, 칸 없이 한 장의 종이에 표현하게 할 수도 있으며 스펙트럼 형태의 띠로도 나타내게 할 수 있다.

⑪ 생활선 그리기

생활선 그리기란, 유아시절부터 현재까지를 그림으로 그리게 하고, 미래에 대하여 생활선으로 표시하게 하는 것이다. 연령단계별로 높낮이, 선의 굵고 가는 정도 등으로 자신의 생의 주기를 나타내게 한다. 그리고 내담자가 그림에 대하여 설명하면서 자신을 발견하고 느끼게 할 수 있다.

⑫ 가계도 그리기

가족치료에서 많이 활용하는 방법이며 색종이를 사용하여 세대별로 가족의 가계를 그림으로 나타내는 것이다. 가계도를 통하여 가족의 세대 간 갈등과 가풍의 계승, 순환 등을 이해할 수 있다.

⑬ 자기 집 평면도 그리기

어린 시절(가능하면 유아시절) 자기가 살았던 집의 평면도를 그려서 가장 무서웠던 곳, 비밀 장소, 누구와 함께 살았는가 등을 설명하며 자신의 과거를 이해하게 된다. 평면도 설명 과정에서 자기에게 영향을 미친 사람, 성격의 형성과정 등을 발견하고 부적응 행동에 대해 재확인할 수 있다.

⑭ 만다라 그리기

개별적인 직업 생활 만다라를 그리게 하는 것이다. 크레파스 등을 이용하거나 색종이를 이용할 수 있다. 자유연상을 그려도 좋다. 만다라를 그리고 나서 심상을 써서 나타 내기도 한다. 색채를 사용할 수 있으며 만다라 그리기는 내담자의 기억과 감정을 통합하는데 유용하다.

⑮ 핑거 페인팅

핑거 페인팅이란, 손가락을 이용하여 그린 그림을 말한다. 미술치료의 초기나 말기에 주로 사용한다. 정서의 안정, 거부, 저항의 감소 및 이완의 효과를 가져온다. 또한 작업의 촉진, 스트레스 해소에도 큰 도움이 된다. 핑거 페인팅은 작품으로 제시해도 좋고 카드 등으로 제작할 수 있다.

⑯ 조소 활동법

조소 활동법이란 점토로 인물상을 만들거나 자기의 느낌을 표현하게 하고 그 결과를 해석하게 하는 것이다. 묽은 점토는 수체물감과 같이 액체 도구의 역할을 하며 언어화가 결핍된 내담자에게 유용하다.

과도한 언어화를 나타내는 사람들에게는 감각적 요소를 강조할 때 조소 활동법을 사용하며 특히 대상관계가 부족한 내담자의 치료에 유용하다.

4) 음악치료(음악이용 상담)

음악을 매개로 한 상담 방법을 음악치료라고 한다. 음악은 그 성격상 개인상담보다는 집단 상황에서 보다 더 효과적이다. 왜냐하면 음악은 집단의 상호작용을 향상시킬 수 있으므로 3~15명의 집단을 대상으로 한 상담이 효과적이다.

음악을 매개로 한 상담을 할 때, 상담자는 함께 노래하고 연주하고 감상함으로써, 아동들과 친밀하게 상호작용을 하게 되고 집단적인 응집력이 생기는 것을 경험한다. 아동들은 노래하고 연주하는 경험을 통해 학교나 교육기관에서 생기는 긴장을 해소할 수 있으며 음악을 통해 심미적 경험을 하게 된다.

(1) 음악치료실의 환경 구성

음악상담은 외부 소음의 영향을 받지 않으며, 음악 치료실의 소리가 외부에 나가지 않도록 방음이 잘 되어 있어야 한다. 음악치료실은 매력적으로 꾸며져야 하며 음악활동과 소리에 집중할 수 있도록 꼭 필요한 가구 및 비품만 배치하는 것이 좋다.

치료실의 크기는 유아들의 집단에 따라 달라질 수 있으나 방의 크기가 너무 크면 소리가 분산되고 아동들과 상담가와 관계를 형성하기 어렵다. 반대로 방이 너무 작으면 활동에 지장이 있으므로 아동의 활동에 지장이 없을 정도의 적절한 크기의 방이 추천된다.

(2) 음악치료 활동 유형

① 음악 감상

치료의 목적과 상담받는 아동의 성격, 문제의 특성에 따라 감상할 음악의 종류가 달라진다. 생음악으로 듣거나 녹음된 음악을 들을 수도 있다. 음악 감상은 특히 내담자의 심리적 갈등을 치료하는데 효과적인 방법이다.

② 노래 부르기

노래 부르기는 아동이 노래의 속성(높낮이, 음의 크기, 표현 등)에 주의를 기울이면서 동시에 다른 유아들과 상호작용할 수 있게 만든다. 집단으로 노래를 부르는 것은 공동의 목표와 심미적 경험을 나누므로 집단 구성원에게 연대감을 주고 동료애를 증진시킨다.

③ 악기연주

상담자가 전문적으로 악기연주를 할 수 없다면 비교적 배우기 쉬운 비형식적 악기를 사용하는 것이 효과적이다. 음악치료에서의 악기연주는 주로 간단한 리듬 막대나 멜로디언, 트라이앵글, 실로폰, 하모니카, 멜로디 벨 등 음악적 기술을 크게 요하지 않는 악기를 이용한다. 가장 쉬운 악기연주 방법은 녹음기를 이용해 음악을 틀고 아동들이 리듬 악기로 함께 연주하는 방법이다. 상담자가 악기연주를 할 수 있다면, 기타나 피아노를 치고 아동이 리듬악기를 이용하는 방법을 사용할 수 있다. 이러한 방법은 음악치료 초기에 아동과 상담자 간의 유대관계를 형성하는 데 도움이 된다.

④ 창작활동

아동들은 상담자의 지도 없이도 자연스럽게 음악활동을 수정하거나 독특한 음악활동을 개발하기도 한다. 창작활동은 새로운 악기 만들기, 음악으로 다른 사람과 의사소통하기, 독특한 소리 만들기 등을 해 볼 수 있다. 아동의 창작활동에 대해 상담자는 격려와 촉진을 해 주며, 다른 대안이나 변화를 제시할 수도 있다.

아동들과 할 수 있는 기타 음악 활동들은, 작곡활동, 작사하기, 즉흥 악기 만들기 등을 할 수 있다.

(3) 음악치료의 과정

음악치료의 과정은 일반 아동상담의 과정과 거의 유사하다. 이를 간략히 살펴보면 다음과 같다.

① 치료 목표의 규정
② 아동과 상담자 간 래포형성 및 아동관찰
③ 아동의 문제행동에 대하여 음악적 행동을 사정하기
(이는 상담자의 치료 시작을 도움)
④ 음악치료 계획의 수립
⑤ 음악치료 전략과 개입기술을 결정하기
⑥ 유아의 진전단계를 측정하기
⑦ 음악치료의 평가

5) 독서치료(동화활용 상담)

책을 매개로한 상담기법을 독서치료라고 하며 내담자가 아동인 경우 주로 동화를 이용하여 상담의 효과를 얻는 것을 독서치료, 또는 동화활용 상담이라고 한다. 동화는 사회, 종교, 관습, 미신, 역사 등의 요소들을 포함하고 있으며 인간의 기본적인 정서적 요구를 충족시켜 주는 기능을 담당하고 있다.

동화는 아동 문학의 여러 장르 중에서도 아동과 가장 밀접한 관계를 가지고 있으며 아동의 언어생활, 인지발달, 사회 · 정서적 측면 및 창의성 등 전반적인 영역에 긍정적 영향을 주고 있다. 동화를 통해 아동들은 불안, 근심, 걱정 등의 심리적 문제를 해소하며 주인공의 지혜를 배운다. 특히 주인공을 심리를 내면화함으로써 주인공의 용기, 인내심, 지혜로움과 도덕성을 자연스럽게 배울 수 있다.

동화의 전형적인 내용 전개는 아동에게 불안, 갈등, 좌절 등의 감정을 유발하게 하고 극적인 전환을 통해 그것을 해소시켜 줌으로써 카타르시스의 작용을 한다. 이와 같이 내적 갈등이나 불안 요소들을 표현하고 그 해결책을 제시해 준다는 점에서 동화는 심리 치료적 기능을 가지고 있다.

동화를 상담에 이용하는 방법은 정형화되어 있지 않다. 일반적으로 미술이나 음악이 상담 과정에서 진단적 용도 및 치료적 개입기법으로 사용되듯이 동화도 진단적 용도와 치료적 용도로 활용될 수 있다.

김은진(2014)은 동화치료에 대한 연구결과를 다음과 같이 제시하고 있다.

첫째, 동화치료는 동화작품을 통해 정서를 인식하고 대상자의 내부에서 일어나는 정서의 조절과 활용까지 접근할 수 있다. 동화 선정에 있어서 발달 단계에 따른 고려보다 대상자에 따른 고려가 더욱 중요한 기준이다.

둘째, 동화치료 대상자의 문제행동을 파악하기 위해서는 대상자의 인식이 중요한데, 이런 인식의 구체화가 가능하도록 상담 대상자의 유사한 정서를 드러낼 수 있는 작품을 선정하는 것이 방법이다.

셋째, 상담 대상자의 억압된 정서를 표출할 수 있는 적절한 대화와 활동이 필요하다. 대상자가 동화작품을 감상하면서 표현하는 것은 현재의 정서적 상태, 주변 인물에 대한 생각, 억압된 욕구 등의 표현 가능성을 염두에 두고, 대상자가 무의식적으로 보내는 메시지에도 귀를 기울일 필요가 있다.

상담 대상자의 학습능력이나 이해의 정도와 상관없이 쉽게 이해할 수 있는 동화는 등장인물과 사건을 통해 현재, 과거의 나를 볼 수 있으며, 타인에 대해서도 새로운 시각에서 발견할 수 있다. 이러한 동화치료 상담법의 구체적인 사례연구를 통해 문학치료의 새로운 분야인 동화치료를 구체화시킬 필요가 있다.

제2장

치료기법의 유형과 절차

1. 빈 의자기법
2. 가족 조각기법
3. 가족 미술치료
4. 가족 미술치료
5. 찰흙 스퀴글
6. 초기회상 그림 그리기
7. 걱정 목록

1. 빈 의자기법

- 펄스(Perls)의 형태치료에서 비롯됨
- 상대방에게 투사하는 자신의 왜곡된 감정들을 드러내고, 인정하고, 자아 속에 통합시키는 것
- 투사작업에 유용한 기법으로 내담자인 부모로 하여금 자기 내면에서 거부하고 있는 부분들을 인정하고 자기 안에 통합할 수 있도록 돕는다

빈 의자 기법 : 절차

1. 부모 앞에 빈 의자를 놓고 자녀가 앉았다고 생각하고 빈 의자와 대화하게 함
2. 자녀가 앉았다고 생각한 그 빈 의자로 옮겨 앉아서 자녀가 부모에게 무슨 말을 했을지 말하게 한다.
3. 부모가 자녀의 역할을 하고 있을 때 <u>중요한 말이 나오면</u> 다시 부모의 입장을 이야기하게 한다.
4. 어느 정도 자아 속의 감정의 통합이 일어날 때까지 이런 방식으로 역할을 바꾼다.
5. 자녀의 입장이 되어 이야기하면 부모는 자녀에게 투사하고 있는 자신의 왜곡된 부분들을 자기의 것으로 받아 들이게 된다.
6. 초점은 부모-자녀의 대화에서 점차 빈 의자에 앉은 자신의 원 가족과의 경험으로 옮아가게 된다.

빈 의자기법 : 적용 유의점

- **유의점**

1. 부모-자녀간의 관계성에 문제가 있을 때 자녀들은 가급적 이 장면을 보지 않는 것이 바람직하다.

   그 과정 중에 감정의 강도나 친밀도가 세대간의 경계를 약화시킬 수 있다.

2. 배우자-원 가족의 문제인 경우 배우자가 빈 의자기법을 진행하는 것을 관찰하는 것은 도움이 될 수 있다.

   관찰함으로써 배우자와 심리적인 분별화를 촉진시킬 수 있고 배우자를 이해할 수 있는 계기가 된다.

2. 가족 조각기법

- 가족조각은 가족 구성원들과 물건 등을 사용하여 가족이 생각하고 느끼는 대로 가족간의 정서적 관계를 몸으로 표현하는 기법이다
- 살아있는 가족의 초상화를 그리는 것이다
- 기법을 진행하는 동안 가족을 결속시켜 주는 효과가 있다.
- 이 기법은 말 대신 몸으로 무의식적이고 자연적 의사소통을 하기 때문에 언어적 대화에서 나타날 수 있는 주지화, 방어 및 비난적 투사를 줄일 수 있다.
- 이 기법은 가족의 결속력을 강화시켜 주는 효과를 가지고 있다.
- 가족 속에서 자신만의 경험을 분리시켜 보는 경험을 하게 된다.

가족 조각기법 : 절차

- 이 기법은 진단이나 상담과정 어느 시점에서도 사용 가능하다.

1. 기법의 사용목적을 설명한다.
2. 각 구성원은 차례로 나머지 구성원을 한 사람씩 자기가 이해하는 모습으로 배치시킨다.
3. 찰흙으로 조각을 하듯이 신체를 움직여서 공간배열, 생동감, 가족 구성원의 정서적 원근감을 나타내도록 한다.

가족 조각기법 : 평가

- 가족구성원들 각자가 묘사한 가족의 현재모습들이 불일치하다면 가족 내에 문제가 존재한다고 볼 수 있다.
- 이 때 가족의 문제에 접근하는 방법은 언어보다는 조각기법을 활용하는 것이 더 좋다.
- 상담자에 따라 조각을 여러 가지 관점에서 탐색하고 조각의 의미, 영향, 함축 결과 등을 가족과 토론한다.

가족 조각기법 : 토론

1. (각자에게)가족 내 자신의 위치를 처한 느낌이 어떠한가?
2. (가족에게)조각가가 가족을 그렇게 지각한다는 것을 알고 있었는가?
3. (각자에게)조각가가 당신을 그렇게 지각하는 것을 알고 있었는가?
4. (가족에게)가족이 이 조각처럼 기능한다는 것에 동의하는가?
5. (조각가에게)가족체계에서 어떤 것이 바뀌었으면 좋겠는가?
6. (조각가에게) 이 장면에 제목을 붙여 보세요.

가족 조각기법 : 유의점

- **이 기법은 다음과 같이 다양하게 활용될 수 있다.**

1. 가족 구성원들에게 전형적인 행동을 나타내는 단어나 문장을 빠르게 소리 내어 말하게 할 수도 있다.
   (=> 청각적 효과를 볼 수 있음)
2. 개인상담에도 사용할 수 있다.
3. 가족 대신 사물을 사용하는 것도 나름대로 효과를 볼 수 있다.(가족 내 위치)
4. 가족조각은 조각한 사람이 단지 그의 주관적인 내면의 실제를 표현한 것이므로 실제 가족상황을 묘사한 것으로 확대 해석하지 않도록 유의해야 한다.

3. 역설적 편지쓰기

- 이 기법은 상담에 참여하기를 거부하는 가족 구성원을 이중구속의 상황에 처하게 하여 상담으로 끌어들이게 하는 방법이다.
- 편지쓰기 – 말로 할 때보다 글로 의사소통을 할 때 내담자가 훨씬 빠르게 호전되었다.
- 내담자가 상담에 참여하지 않으려는 것이 저항으로 진단 내려질 경우 역설적 개입이 상담을 훨씬 더 효과적으로 이끌 수 있다.

역설적 편지쓰기 : 절차

1. 이 기법을 사용하기 위해서는 상담에 참여하지 않으려는 이유를 분명히 파악하고 있어야 한다.
2. 상담자는 비협조자가 상담에 오지 않음으로써 두려워하는 효과가 실제로 일어나고 있는 것 같은 편지를 보낸다.
3. 비협조자는 상담에 참여하지 않는 것이 자신의 목표 달성에 효과적인 방법인지 확신할 수 없게 된다.
4. 상담에 참여하지 않도록 결정한 것이 상담에 매우 도움을 준다는 것으로 재구조화한다.
5. 상담자의 의견에 따르자니 자신의 행동이 상담과정에 도움이 된다는 것을 인정하는 것이고, 반대로 상담자의 지시를 거절하려면 상담에 참석하여 상담에 도움을 주지 않을 것이라는 입장을 밝혀 비협조자를 딜레마에 빠지게 한다.
6. 편지는 한 페이지를 넘기지 않도록 한 두 개의 주요 목표를 중심으로 작성한다.

4. 가족 미술치료

주요 목적	도구
• 미술을 통해 감정을 안전하게 노출시키고(투사) 자신의 감정이나 충동을 자연스럽게 표현함으로써 감정과 사고의 통합을 이룸.	• 이젤 • 18 * 24인치의 종이 • 펠트로 된 펜 • 파스텔 및 물감

가족 미술치료 : 과정 및 종류

- 과정 및 순서
- 총 6회 과정
- 회당 1시간~1시간 30분 소요

=> 30~40분 그림 + 토론

<u>미술치료 종류</u>

1. 자유화
2. 가족화
3. 추상적 가족화
4. 난화에서 시작한 그림
5. 가족 합동화
6. 자유화

가족 미술치료 : 적용 절차 1

- **과제1(자유화)**

  떠오르는 것을 자유롭게 그리기. 정교한 그림을 기대하지 않음을 알려줌

- **과제2(동적 가족화)**

  자신을 포함한 가족 성원 모두가 무엇인가를 하는 그림을 그리게 지시 함. 그림이 끝나면 제목과 날짜를 적게 함

- **과제3(추상적인 가족화)**

  가족을 추상적인 상징으로 그리게 하기. 과제를 제시한 후 구성원들의 질문을 기다려서 설명하게 함. 그림의 상징을 자발적으로 설명하게 함

가족 미술치료 : 적용 절차 2

- **과제4(난화에서 시작하는 그림)**

  손에 파스텔을 쥐고 상담자가 이끄는 대로 팔 운동을 하게 함.(긴장 이완) 팔 운동 후 눈을 감고 자유롭게 난화 그리기. 완성된 난화에서 주제 찾기 =>발견한 주제를 난화를 바탕으로 그리기

- **과제5(합동 가족 난화)**

  개인적으로 난화를 그린 후 각각 난화에 대해 첫 순간 떠 올랐던 이미지에 대해 이야기나누기 =>합동 난화에 대해 공통된 주제를 선택해서 모두 함께 그리기

  가족들이 환자에 대해 의식하는 바는 가족 난화에서 더욱 명백하게 나타난다.

- **과제6(자유화)**

  마지막 과제는 처음 과제처럼 자유화를 그린다.

  여기서는 주제와의 관련성 때문에 제목이 중요하다.

5. 찰흙 스퀴글

• 찰흙 스퀴글

찰흙을 이용한 작업을 통한 치료방법

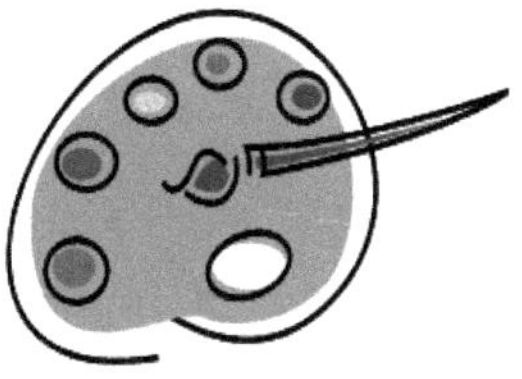

∗ 적용 절차

1. 상담자와 아동은 물기가 묻지 않은 찰흙 한 덩이씩을 나누어 가진다.(물기가 없어야 템페라 물감을 칠하기가 쉽기 때문)
2. 찰흙을 가지고 4~5개의 서로 다른 모양을 만들도록 지시한다(어떤 모양도 상관없고 규칙도 없음). 기본 틀이 있으면 제공하면 좋다.
3. 상담자도 함께 만들기 시작한다.

찰흙 스퀴글 : 적용 절차

4. 만들어진 모양을 서로 바꾸어 갖는다.

=> "지금부터 네가 떠 오르는 대로 선생님의 작품을 바꾸어 보는 거야. 선생님도 너처럼 바꾸어 볼 거고… 필요하면 찰흙을 더 사용해도 된단다."

5. 상담자와 아동은 이미 만들어진 모형에서 심상을 만들어 가는 작업을 한다.

✱ 만들어진 모형을 가지고 작업하게 함으로써 아동이 처음부터 시작하게 하는 것보다 자신감을 가지게 한다.

6. 상담자와 아동이 작업을 다 끝내면 완성된 작품을 같이 보고 무엇이 만들어졌는지 이야기 나눈다.
7. 작품이 마른 후 색칠함으로써 표현하고자 했던 것을 더 정교화할 수 있다.

찰흙 스퀴글 : 확장 적용

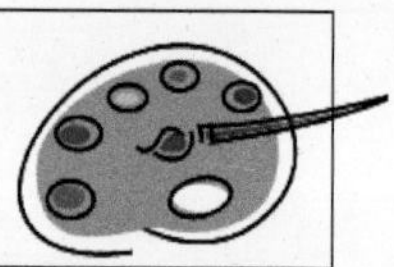

- 찰흙 스퀴글은 가족상담 및 집단 놀이치료에서도 적용될 수 있다.

1. 집단 및 가족 구성원에게 찰흙을 나누어 준다.
2. 함께 쓸 수 있는 도구들과 여분의 찰흙을 탁자 중앙에 준비해 둔다.
3. 각각 마음 속에 떠 오르는 모양을 만들어 본다(추상적 모양, 얼굴, 동물 등).
4. 다 만든 후 작품의 아래에 이름을 새긴다.
5. 옆 사람에게 건네 준다.
6. 다른 사람의 작품에 찰흙을 추가하거나 마음 속에 떠 오르는 대로 문자나 모양을 새길 수 있다.
7. 자신의 작품을 돌려받을 때까지 작업을 계속한다.
8. 자신의 처음 작품을 다른 사람에게 주어 첨가하여 만들어 가는 과정을 통해 집단(가족)간의 공유적 감정을 가질 수 있다. => 신뢰감, 친밀감 형성

6. 초기회상 그림 그리기

- 이론적 배경

1. 초기기억은 상담자가 내담자의 중요한 생활방식을 알 수 있는 중요한 정보가 내포되어 있다.
2. 개인의 기억은 사건의 의미와 자신의 한계를 내포하고 있다.
3. 초기기억에 대한 그림은 부가적인 자기 발견의 가치 있는 수단이다.
4. 무의식 속에 침몰되어 있는 것들을 종이에 상징적으로 표현할 수 있다.

초기회상 그림 그리기 : 절차 및 적용

1. Rapport형성 후 내담자에게 종이와 색연필을 주고 “당신이 아주 어릴 때 있었던 기억나는 일 중 첫 번째 일을 하나 그림으로 그려 보세요.”라고 지시
2. 그림이 완성되면 내담자에게 그림에 대한 이야기를 해 달라고 한다.
3. **내담자의 그림 설명 후 다음 세 가지 질문을 한다.**

- **세 가지 질문**

1. 이 기억에서 회상할 수 있는 다른 어떤 것들이 있습니까?
2. 기억 중에서 가장 잘 기억나는 게 어떤 것입니까?
3. 기억하면서 어떤 느낌이 듭니까?

초기회상 그림 그리기 - 해석 -

- **그림과 환상에 대한 해석**

1. 주제
2. 세부사항
3. 삼단논법

- 사건에 대한 내담자의 감정
- 내담자가 적극적인가 수동적인가?
- 양육을 주는 사람인가 받는 사람인가?
- 진취적/위축적인가?
- 사람(물건)에 대한 걱정
- 유능한가, 우수한가?
- 열등감
- 안정/불안정한가?
- 반항성
- 수용/거부적인가?
- 칭찬/비난을 받는가?

초기회상 그림 그리기 : 해석

세부사항 해석(Kottman)

- 나는 ~이다
- 나는 ~해야 한다.
- 다른 사람들은 ~이다.

=>고로 다른 사람들은 나를 ~하게 대한다.

- 삶은 ~이다.(세계는 ~이다.)

=>고로 나는 ~처럼 행동해야 한다.

- "만약~하면,~이 된다.(한다)
- 세계는 ~하다. 그러므로,
- ~하다.

부가적 정보 해석

- 배치
- 공간배열
- 경계
- 기이함
- 사람간의 장벽
- 중점
- 사람(대상)의 크기
- 형태 왜곡
- 음영
- 색깔

초기회상 그림 그리기 : 적용 가치

- 초기회상 그림을 사용하면서, 상담자는 발달된 생활방식, 잘못된 신념, 내담자의 행동목표를 더 잘 이해할 수 있다
- 재미있고 상담자가 쉽게 이해하고 적용할 수 있으며 가치 있는 정보를 제공한다.

7. 걱정목록

• **활용대상**

1. 내담자가 일상생활의 문제점에 대해 집중하고 판단하는 능력이 부족할 경우 활용
2. 유아기 외상에 의한 해결되지 못한 강력한 감정에 휩싸여 있는 아동에게 유효
3. 불안장애가 있는 내담자
4. 대부분의 가족 상담자에게 적용 가능

• **기법의 목표**

1. 공격에 대해 효과적으로 보호
2. 무의식적 혼란 상태로 빠지는 정서로부터의 분리
3. 수동적->적극적으로 변화하는 수단 제공

걱정목록 : 기법의 원리

- 밀턴 에릭슨의 마법적인 명령(magical imperatives)과 직접성(directives)의 영향을 좋게 함
- 인지행동주의 접근법의 직접적이고 교육적인 통합방법
- 심리 역동주의 이론에서 설명된 무의식적 방어기제를 의식화함

1. 걱정하는 것이 무엇인지 확인하도록 한다(언어적인 것이 어렵다면 미술치료 재료나 진단재료를 사용함).
2. 상담자는 치료시간에 명시화된(암시적인) 걱정, 두려움을 추적한다.
3. 나중에 우선순위를 매기지만 완성된 근심목록에 어떠한 평가도 하지 않는다.
4. 근심목록이 적어도 5개 이상 10개 미만일 때 가장 효과적이다.

걱정목록 : 기법의 적용

1. 내담자는 자신의 걱정과 불안을 잊어 버리거나 무시하도록 요구받지 않고, 자신이 회피했던 순간을 구체적으로 선택한다.
2. 상담은 조용하고 차분한 분위기에서 체계적 둔감법의 형식을 사용한다.

제3장

유아의 부적응행동과 상담

1. 기초 사정
2. 문제행동의 원인과 대처

유아교육기관에서 빈번하게 나타나는 상담의 사례는 주로 부적응 행동과 관련이 있다. 유아교육기관에서 빈번하게 발생하는 문제행동의 유형을 가정과 기관에서 시도할 수 있는 대처방법을 간략하게 살펴볼 것이다. 앞 장에서 언급된 여러 가지 기초 사정방법을 이용하여 유아의 환경과 이력에 대한 조사를 해야 하며 상담과 과정과 절차를 따르는 것이 좋다. 각 유아의 사례에 따라 적용 방법은 달라질 수 있으며 문제행동의 원인도 모두 다르다.

본 장에서 소개된 문제행동의 원인 및 대처방안은 일반적으로 원인이 될 수 있는 것들을 중심으로 매우 간략하게 기술한 것이므로 각 문제행동의 영역별로 보다 세심하고 면밀한 자료들을 참고해서 접근해야 할 것이다.

1. 기초 사정

유아들이 부적응 행동이나 문제행동을 나타낼 경우, 가정과 협력이 적극적으로 이루어져야 지도가 가능하다. 상담이 이루어지기 전, 다음과 같은 기초적인 사정이 이루어져야 하며 아동에 대한 기초적인 조사가 이루어진 후 보다 체계적인 행동지도가 가능하다.

문제행동의 유형에 따라 더욱 면밀한 조사가 필요하지만 일반적으로 문제행동이 있는 경우 다음과 같은 기초적인 사항에 대한 자료를 수집하고, 아동을 관찰할 필요가 있다.

대부분의 문제행동은 부모의 보고에 의해 자료를 수집하지만 객관적인 문제행동에 대한 검토를 하기 위해서는 반드시 아동을 관찰하고 문제행동이 나타나는 양상을 직접 검토할 수 있어야 한다.

- **가족환경** : 가족형태, 출생순위, 주거환경, 부모의 취업여부 등
- **유아의 개인적 이력** : 성격 및 병력, 양육자와의 관계. 이전에 다니던 기관에

서의 적응정도 등

- **주된 문제행동** : 문제행동의 빈도 및 강도, 문제행동 발생 시기, 지속기간, 발생상황
- **부모의 성격 및 양육태도** : 문제행동을 유발하는 가장 큰 원인 가운데 하나는 부모의 양육 방식이다. 면담과 관찰을 통해 부모의 양육방식 및 문제행동이 유발되었을 때 문제를 다루는 방식을 검토해야 한다.
- **가족 주변의 환경** : 친척, 지역사회 등 기타 참고사항
- **아동 관찰** : 학급에서 아동이 자연스러운 환경에서 교우관계 및 인비발달, 정서 상태, 일상적 행동 양상 등을 관찰할 필요가 있다.

2. 문제행동의 원인과 대처

문제행동의 원인 및 지도방법을 간략히 정리하면 다음과 같다.

1) 불안/공포

- **원인**

1. 분리불안
2. 잘못된 애착형성
3. 지나치게 풍부한 상상력
4. 경험의 폭이 좁은 유아
5. 훈육방법 (위협)
6. 이전의 불쾌한 경험
7. 주변사람에게 학습된 반응
8. 신경증(노이로제)

- **증상**

1. 울음 (강도에 따라 발작적 울음)
2. 수면장애 : 야경증 / 악몽
3. 대상(놀이)에 집중하지 못함

- **강도가 극심할 경우 치료가 필요한지 살펴볼 것**

- **지도법**

1. 체계적 둔감법
2. 훈육방법의 변화
3. 신경증인 경우 의료적 접근

2) 주의가 산만한 아동

- **원인**

1. 관심과 동기부족
2. 학습 스트레스
3. 정서불안 (ADD/ADHD)
4. 기질적 원인
5. 어수선한 가정환경
6. 빈번한 부부싸움
7. 양육자의 성격-신경질적/ 급한 성격/ 과잉보호
8. 관심 끌기 행동

- **해결방안**

1. 과잉보호를 피하고 책임감 기르기
2. 독립적인 방 마련해 주기
3. 지나친 간섭/방임 금지
4. 물건을 잃어버린 경우 곧바로 다시 사주지 말 것
5. 자연적/논리적 귀결방법 사용 (스스로 책임 지도록 하기)
6. 장난감을 한꺼번에 여러 가지 제공하지 말 것
7. ADHD검사 등을 시행 후 상담의뢰

3) 물건을 훔치는 아동(도벽)

지도방법

- 원인 파악이 가장 중요함

1. 소유개념 부족 - 엄한 처벌보다는 적절한 훈육
2. 빈도가 낮을 경우 부모상담을 통한 접근
3. 습관적(병적) 도벽은 전문가의 치료가 필요
4. 지나친 처벌이나 위협은 심리적 상처가 될 수 있다.

4) 고자질하는 아동

- **원인**

1. 교사(부모)의 관심을 받기 위해
2. 교사(부모)에게 인정받기 위해
3. 고자질 당하는 유아에 대한 질투심 (경쟁심리)

- **대처방안**

1. 관심받거나 인정받기 위한 행동이 보상받지 않도록 유의함 (차등보상법)
2. 질투심(경쟁심리)에 의한 고자질은 무시하는 것이 좋다.
3. 다른 유아의 열등감을 자극하는 사항은 엄격히 통제하는 것이 좋다.

5) 폭력·공격성·싸움

- 원인
1. 욕구좌절
2. 방어
3. 질투
4. 의협심(충성심)

- 기초사정
1. 폭력행동의 빈도와 강도 조사
2. 폭력을 일으키는 특별한 상황 조사
3. 폭력(싸움)의 원인 조사
4. 가정에서의 폭력대처 및 상황 조사

1. 싸움을 금지시킬 때는 냉정하면서도 공평한 태도
2. 격리 방법을 사용하여 벌을 주고, 일단 격리가 끝나면 싸운 아동을 같이 불러 누가 먼저 어떤 방법으로 시작했는지를 조사하여 먼저 싸움을 건 아동에게 추가의 벌을 준다.
3. 부모가 가정에서 지나친 처벌이나 엄격한 지도를 해서 그렇다고 판단되면 부모와의 상담을 통해 부모가 온정적인 방식으로 자녀를 대하는 법을 배우도록 상담
4. 물건 파괴는 벌을 준 후 반드시 원상 복구하도록 한다.
5. 빈번히 폭력이 일어날 경우 중 한 가지 상황만 벌하고 나머지는 무시하는 차등 보상법을 쓴다.
6. 반격적인 폭력도 물건을 사용할 시는 벌을 주어야 한다.
7. 일이 자기 뜻대로 안되어 폭력을 쓰는 경우는 (영아의 경우 빈번함) 고립과 원상회복 법 사용.
8. 폭력행위 치료를 위해서는 하고 싶은 일을 주로 하게 하거나 적절한 과제를 주는 등 주변 상황을 아동이 좋아할 수 있는 상태로 만들어 주는 것이 좋으며 가벼운 폭력은 무시한다.
9. 한번의 폭력일지라도 그 강도가 지나치면 상담과 지도가 필수적으로 필요 함.

6) 거짓말

- 원인
1. 상상과 현실을 구별하지 못해서 하는 거짓말
2. 처벌을 피하기 위해(변명)
3. Wish형 거짓말
4. 자신의 이익을 목적으로 한 지능적 거짓말
5. 관심 끌기 위한 거짓말
6. 복수의 거짓말
7. 선의의 거짓말

- 대처방법
1. 처벌보다는 정직한 말과 행동에 적극적 보상하기
2. 논리적 추궁, 사실관계 따지기는 금물
3. 거짓말쟁이 낙인찍지 말 것
4. 자아 존중감 향상시키기
5. 책임감/자발성 길러주기
6. 부모나 교사의 너무 높은 기대감은 거짓말을 낳는다.
7. 일방적인 약속, 지나친 간섭은 거짓말의 원인이 된다.

7) 손가락 빨기, 손톱 깨물기

- **기초사정**

1. 시작시기
2. 빈도 및 정도
3. 손가락을 빨게 되는 상황조사하기

- **원인**

1. 퇴행행동
2. 심리적 안정감 추구
3. 습관화

- **대처방법**

1. 직접적인 통제는 오히려 역효과를 준다.
2. 스트레스를 줄여주고 문제행동이 나타나려는 순간 관심을 다른 곳으로 가도록 함
3. 처벌과 억압은 문제행동을 강화시킴
4. 손가락을 빨게 되는 상황 제거
5. 방치하면 치열을 손상시키고 엄지손가락의 기형이 생김

8) 아동기 우울증

- **기초사정**

1. 시작시기
2. 빈도 및 강도
3. 아동주변 상황의 변화
4. 가족의 병력

- **원인**

1. 영유아기에 장시간 어머니로부터 격리 경험
2. 애완동물이나 친구와의 이별이나 죽음
3. 부모의 죽음/이별(이혼)
4. 동반 우울증 - 부모의 우울증

- **증상**

1. 활동량이 현저히 줄어든다.
2. 표정이 어두워짐
3. 주위의 현상에 대해 무관심
4. 식욕감퇴와 불면증
5. 과다수면
6. 과다한 활동성
7. 활동성의 현저한 감퇴
8. 집중력 감퇴
9. 사고력 감퇴

- **대처방법**

1. 급성인 경우 상담과 관심을 주면 수주 내 정상화
2. 만성인 경우 원인 없이 가족 내력인 경우가 많음 - 전문가 협조

9) 선택적 함구증

- **증상**

1. 가정에서는 말을 잘 하지만 학교나 새로운 환경(새로운 사람이 있는 상황)에서는 전혀 말을 하지 않음

- **원인**

1. 심리적 상처
2. 사회성의 부족
3. 말을 하지 않는 상황에서 오히려 편안함을 느낌
4. 장기간 방치하면 언어발달 장애 및 사회성 발달에 지장 초래

- **대처방법**

1. 선택적 함구증의 근본적 원인 조사
2. 시작된 기간이 오래될수록 치유 시간도 오래 걸림
3. 증상이 오래된 경우, 전문적 상담가와 협력하여 점진적으로 접근
4. 아동의 행동이나 몸짓에 반응하지 않고 언어적으로 요구할 때 반응함

10) 말을 더듬는 아동

- **기초사정**

1. 시작시기
2. 빈도 및 정도
3. 증세가 특히 심해지는 상황조사

- **원인**

1. 대부분 심리적 원인으로 추정
2. 억압된 공격욕구
3. 본인 의사표현이 무시되거나 관심받지 못함에 대한 분노감/증오감 등
4. 언어습득 과정
5. 말더듬는 아동을 흉내
6. 말더듬는 것으로 인한 2차적 문제 => 친구의 놀림으로 인한 위축되고 열등감이 생김

- **대처방법**

1. 직접적인 개입이나 통제는 오히려 역효과를 준다.
2. 말을 더듬지 않도록 훈련시키는 것은 역효과
3. 처벌과 억압은 문제행동을 강화시킴
4. 인내심을 가지고 말을 끝까지 들어 줌
5. 말을 더듬는 것에 대해 무관심
6. 장시간 습관화된 경우는 전문 상담가 및 언어치료사의 도움
7. 자아 존중감 향상 및 따뜻한 심리적 환경제공
8. 흉내에 의한 언어장애는 일정 기간 후 자연적 치유됨

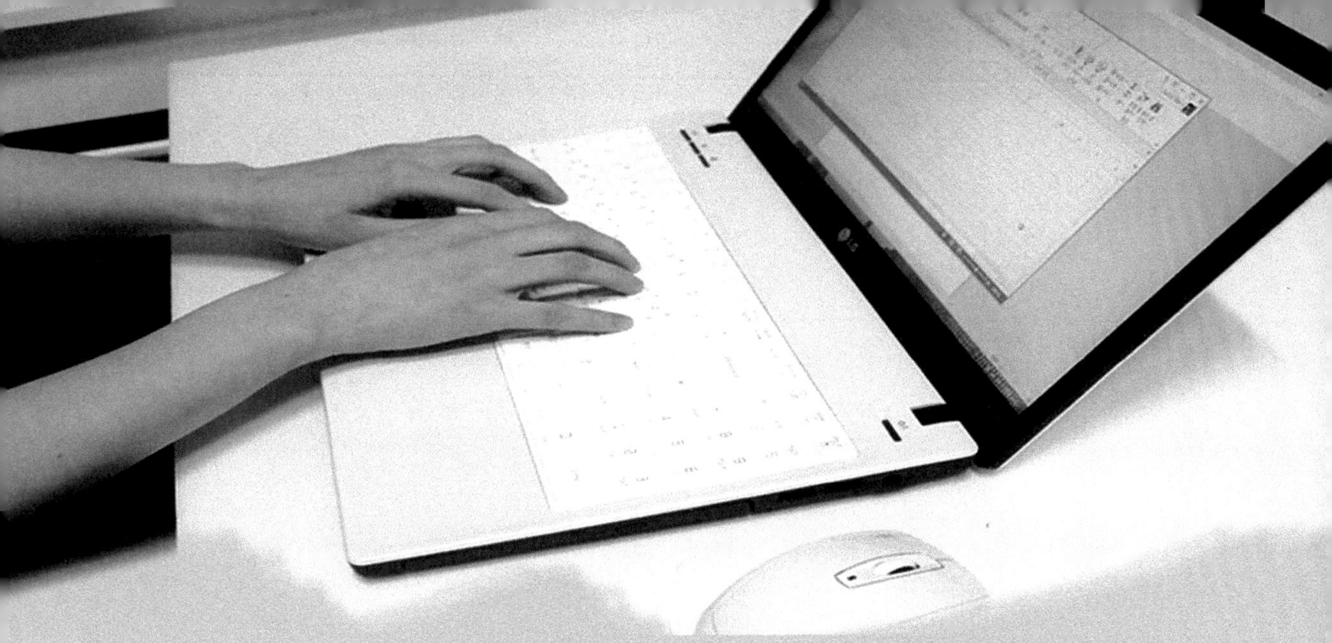

제 Ⅳ 부

상담사례연구의 실제

본 장에서는 사례연구의 의미를 살펴보고 실제 사례연구 방법을 일반적인 절차에 따라 그 과정과 유의점을 구체적으로 살펴보고 논의해 본다.

상담사례를 연구하는 초심자들에게는 유용한 가이드가 될 것이다.

제2장에서는 실제 사례연구의 결과물을 제시하여 사례연구를 하는 연구자들에게 도움을 주고자 하며, 사례연구의 절차와 방법은 대상 사례에 따라 크게 다르게 적용될 수 있으며 제시된 절차와 사례들은 참고 자료임을 미리 밝혀 둔다.

제1장

상담사례연구

1. 사례연구의 의미와 특징
2. 사례대상의 선택과 자료수집
3. 사례 개념화
4. 회기별 상담하기
5. 상담사례연구 보고서 작성

사례연구법은 많은 표본을 조사하여 통계적 방법으로 분석하는 것이 아니라 하나의 대상을 심층적으로 연구하는 방법을 말한다. 특히, 개인의 부적응을 연구하여 사회적 적응을 도우는 방법으로 생활지도나 사례연구(case work)의 의미를 가지기도 하는데 이는 개인적 사례를 심층적이고 과학적인 방법으로 연구하는 것을 말한다.

예를 들면 내담자 개인의 사례를 사회관계나 문화적 배경과 관련시켜 상세하고 심층적인 자료를 모으고 기술하며, 거기에 작용하고 있는 여러 요인들의 상호관계를 밝히는 것을 말한다.

교육현장에 있어서 실제 교육은 물론 교육자체의 환경과 조직에 대한 연구가 빈번히 이루어지며 상담에 대한 연구도 매우 빈번하게 이루어지고 있는데, 현실적인 문제를 해결하기 위한 선행 연구로서 심층적인 사례연구가 필요하다. 박수연(1997)은 교육현장에 있어서 사례연구의 중요성을 강조하며 사례연구를 넓은 의미의 체계적인 조사 연구의 방법이라고 정의하고, 개별성, 기술성, 발견성, 귀납성의 특징을 가진다고 설명한다. 사례연구의 의미와 구체적인 특징을 살펴보면 다음과 같다.

1. 사례연구의 의미와 특징

1) 사례연구의 의미

사례연구는 많은 표본을 수집하여 제한된 변인을 통계적으로 분석하면서 일반적 경향을 밝히려는 표본연구나 통계적 연구와는 달리 한 대상의 여러 변인을 동시에 심층적으로 연구한다는 특징을 가진다. 사례연구는 한 대상을 깊이 있게 연구하고 변인들이 어떻게 작용하는지 그 과정을 생생하게 그려낼 수 있는 장점이 있으나 사례가 제한되어 있기 때문에 결론을 일반화하는 데 한계가 있는 단점이 있다. 사례연구를 하는데 있어서 어떤 자료는 정량화되지만 연구의 전체 흐름은 질적 연구의 형태를 나타낸다.

사례연구에서는 주로 연구자 자신의 참여관찰, 청취, 면접, 편지나 일기 등의 개인기록, 고문서(古文書) 등을 사용한다. 이때 연구자의 주관적 견해의 개입이나 사례에 대한 대표성 때문에 문제가 생기게 된다. 즉 상담사례에서 상담자(연구자)의 주관적 견해가 사례연구의 결과를 일반화시킬 수 없게 하는 요인이 되며 그 사례가 모든 유사한 사례를 대표적인 사례로 볼 수 없다는 데 있다.

통계적 방법은 대량관찰에는 적합하지만 단순한 기준에 한해서만 소수의 대상을 명백히 할 수 있는 반면에, 사례연구는 여러 요인들 사이의 복잡한 관계를 상세히 파악할 수 있고, 대상을 시간의 흐름에 따라서 관찰할 수 있는 장점이 있다.

상담의 사례는 내담자의 특수성이 관여하고 있으므로 그 연구 결과를 일반적인 사례에 적용할 수 있는 것은 아니다. 상담사례를 분석하고 연구하는 방법은 보다 과학적이어야 하며 심층적이어야 한다. 왜냐하면 개인의 독특한 사례를 통해 유기적인 관계를 발견하고 궁극적으로 다른 사례와 유기적 관계를 발견할 수 있는 초석이 되기 때문이다.

사례연구법이 실제로 많이 쓰이는 세 가지 종류는 첫째, 법률 · 의학 · 상업 등의 교육에서 일반원리를 강의나 교과서에 의해서 학습시키는 것이 아니라, 실제의 구체적인 사례를 통하여 연구하도록 함으로써 사례의 현상과 관련원리의 이해를 발견하도록 하는 교수상의 한 방법으로 케이스 메서드(case method)라고도 한다.

둘째, 사회복지사업에서 개인의 사회적 부적응을 개별적인 방법으로 재조정하여 지도하는 것을 목적으로 하는 케이스 워크(case work)를 의미하는데, 이것은 학교교육에서 가이던스(guidance) 운동의 발달에 따라 개인의 부적응 극복을 도와주기 위해 개인적 사례에 대해서 과학적 조사를 하고 자료를 수집하는 조사 · 연구이다. 교육 · 상담에서도 많이 쓰이는데, 사례조사법이라고도 한다.

셋째, 사회현상의 조사에서 표본에 의한 통계적 연구법을 보완하기 위해서 사람 · 집단 · 제도 · 공동체 등의 사회적 단위의 전 생활과정 또는 그 일부에 대해서 정밀한 분석을 시도해서 내면적 인자의 복잡다단한 상관을 분명하게 하여 그 사례의 독자적인 유기적 구조를 발견하는 것을 목적으로 하는 사회조사법의 유형으로 개별조사법 또는 사례조사법이 고도 한다.1)

사회복지학의 경우, 사례연구란 아동 및 학생의 문제행동의 특성과 원인을 찾아 내어 거기에 대한 교육적 대책 또는 치료적 대책을 강구하기 위한 연구방법의 하나로 특정 아동이나 학생의 문제행동의 소재를 밝혀 내기 위해 출생에서부터 현재까지의 생활사를 기초로 해서 여러 가지 수단으로 종합적으로 또 조직적으로 자료를 수집하고 연구하는 방법이다. 또 이 방법은 특정 아동과 학생의 행동뿐 아니라 문제행동 일반에 관한 보편적 이론을 얻어 내려는 목적도 가지고 있다. 개인의 생활사를 수집하는 방법이나 내용이 반드시 일정한 것은 아니다. 대체로 드러난 문제행동과 관련지어서 가계 · 가족관계 · 친구관계 · 물리적 환경 · 신체 · 기능 · 학업 · 성격 등의 여러 가지 사항에 대해 상세하게 조사하게 된다. 이 조사를 위해서는 전문조사원 · 심리학자 · 의학자 · 교사 등이 이들 항목에 대해 관찰 · 테스트 · 측정 · 면접 등을 실시하거나 일기나 자서전 등을 분석하며 이밖에도 도움이 된다고 생각하는 여러 가지 자료를 활용한다. 이들 자료를 종합적으로 분석하고 해석해서 문제행동 발생의 매커니즘(mechanism)과 이에 대응하는 처치 방법을 연구하게 된다. 이 방법은 학교뿐 아니라 각종 시설에 설치된 교육 및 심리상담에서 널리 활용되고 있다.2)

2) 사례연구의 특징

오만록(2011)은 사례연구를 문제행동을 가진 특정 학생의 생활사와 가정 사정 및 환경 등 그 문제행동을 유발하게 한 제반 요인을 확인하기 위해 체계적인 조사나 연구를 통하여 문제의 원인을 사정(진단)하고, 그에 따른 적절한 개입(치료,

---

1) 두산백과사전(2014).
2) 사회복지학사전(2014).

지도) 활동을 펼쳐 문제행동을 해결하는 일련의 과정을 사례연구법(Case study methode)라고 한다.

따라서 사례연구의 목적은 곤란이나 부적응의 본질 및 원인을 발견하여 그것을 제거하기 위한 구체적인 처치방법에 대한 계획을 수립하고 연구하여 효과적인 해결 방법을 발견하고 실천하는데 있다. 이러한 사례연구법은 다음과 같은 특징을 가지고 있다.

(1) 총합성의 특징

사례연구는 인간 개개의 능력이나 기능을 연구하는 것이 아니고 대상이 되는 개인의 전체, 즉 개인의 신체적 · 심리적 · 환경적인 모든 요인을 조사하고, 이러한 여러 가지 요인을 그 개인이 당면하고 있는 문제와 연결시켜 포괄적으로 고찰한다.

(2) 방법의 다양성

사례연구는 문제해결에 유효하다고 생각되는 것이면 어떤 방법이고 모두 동원될 수 있다. 여기에는 면접, 실험, 관찰, 질문지, 표준검사, 일화기록법 등 어떠한 방법이든 모두 동원될 수 있다. 뿐만 아니라 그 학생의 유전이나 환경을 조사하기 위해서는 부모, 근친자, 의사와의 면접, 필요시에는 지역사회에 대한 조사도 포함해야 한다.

(3) 발달적 측면 강조

사례연구법은 한 학생의 생활사를 종단적인 접근으로 밝히는 방법이다. 사례연구는 특정 개인의 문제를 발달사적 맥락에서 파악하고자 하며 이를 합리적으로 해결함으로써 원만한 성장과 발달이 이루어지도록 하는데 초점을 둔다.

(4) 사례의 개별성

연구 대상이 되는 것은 개개의 사례(case)이며, 한 개인이 당면하고 있는 문제이다. 대개의 다른 연구 방법들은 집단간의 차이에 관심이 집중되는 데 반해, 사례연구법은 개인에게 초점을 둔다.

(5) 교육적 · 치료적 의미

사례연구 대상이 되는 아동은 단지 학문적인 연구의 대상이나 실험의 대상이 아니라 그 개인이 당면한 곤란이나 부적응을 교육적 · 심리적으로 치료해 주려는 것을 일차적인 목표로 한다. 여기에서 연구는 그 결과로서 얻어지는 부차적인 것으로 간주한다. 따라서 사례연구 과정에는 언제나 연구자(교사)의 치료적 · 교육적 · 인간적 이해의 태도가 요구된다.

사례연구의 특징을 간략히 제시하면 다음 그림과 같다.

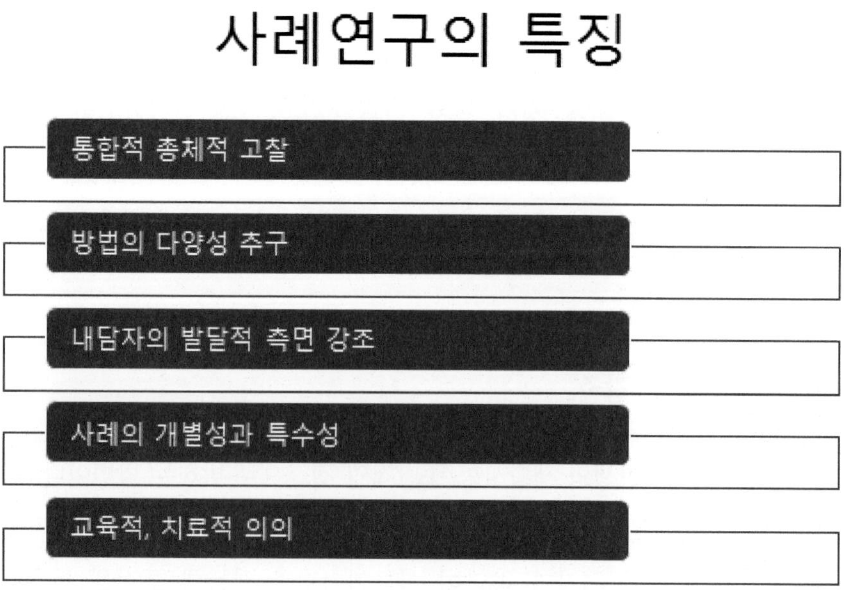

2. 사례대상의 선택과 자료수집

1) 사례대상의 선택

사례연구에서 가장 중요한 것은 적절한 사례를 선정하는 것이다. 사례를 선정할 때는 연구자가 연구하고자 하는 현상의 가장 중요한 특성을 잘 나타내는 사례를 선택하는 것이 좋다.

사례연구는 대상에 대한 심층적인 조사와 분석을 필요로 함으로 대상을 선정할 때 제한된 사례수를 연구할 수밖에 없으며 어떤 대상의 일반적인 특성을 가장 잘 나타내는 사례거나 혹은 가장 예외적인 특성을 지니고 있는 사례들을 주로 선택하게 된다. 또한 연구의 이론적 근거나 이미 수집된 자료들에 기초하여 사례를 선택할 수도 있다. 예를 들어, 어떤 연구자가 유아교육기관에서 사회 정서적으로 부적응 행동을 하는 아동을 대상으로 사례연구를 하고자 할 경우 학급 내에서 부적응 행동을 보이는 유아를 선정하여 지속적인 관찰과 면접, 행동분석 등을 통해 심도 있게 조사해 볼 수 있다. 이렇게 함으로써 앞으로 대상 유아의 부적응 행동의 원인과 현재 상황, 해결 방안 등을 모색하는데 도움을 줄 수 있을 것이다(황해익, 2004).

상담을 신청하는 경우, 성인이나 청소년의 경우는 자발적 내담자가 대부분이겠지만 어린 유아들의 경우는 부모들이 상담을 신청하는 경우가 대부분이다. 때로는 교사나 상담 전문가가 상담의 필요성이 있는 사례자를 선택하기도 하는데 이 경우 몇 가지 점을 유의해야 한다.

첫째, 사례연구에 보호자가 동의하는가? 둘째, 상담에 필요한 충분한 자료를 수집하기 위한 적극적인 동의 및 협조가 이루어 질 것인가?를 필수적으로 고려해야 한다.

상담의 과정에서 그 주제나 사례가 독특하여 사례연구의 필요성이 있다 하더라도 부모의 동의가 없으면 사례연구를 하기 어려우며 다양한 아동에 대한 정보를 얻기도 어려워진다. 또한, 정기적인 상담이 이루어지기도 어려우므로 가장 먼저 고려할 것은 사례연구의 대상자와 그 보호자가 상담의 필요성을 느끼고 사례연구에 협조해 주는지의 여부이다.

사례연구를 위해서는 비밀보장을 제시하고 연구의 목적으로 아동과 관련한 제한적인 정보를 연구물에 수록할 수 있으며 아동과 관련한 모든 정보 등은 연구를 위한 목적으로 제한적으로 사용될 수 있음을 미리 안내해야 한다.

사례연구의 대상자 선택에 있어서 독특한 사례나 참신한 사례가 있으면 더욱 바람직하며 가급적이면 아동이 상담에 참여하여 그 효과를 볼 수 있는 연령(언어적인 표현력이 있는 아동)이어야 한다. 만일 특이 행동을 보이는 영아의 경우라면, 상담의 사례자는 영아의 부모에 초점을 맞추는 것이 좋다.

2) 기초적 자료수집

사례연구에 필요한 자료는 각종 심리검사, 면접, 누가기록, 생육사, 자서전적 자료, 관찰, 일화기록, 평정척도 등을 통하여 얻고 특히 인적 자료는 아동 자신, 가족, 이웃, 교사, 의사나 간호사 등 기타 관계자들에 의해 얻을 수 있다.

사례대상자가 선정되면 내담자에 대한 기본정보를 수집해야 한다. 성별, 연령, 병력, 종교, 상담경험 등을 조사하고, 외모 및 행동의 특징도 기록한다.

현재 상황에서 상담이 필요한 이유, 즉 주로 호소하는 문제가 무엇인지 밝혀내고 상담을 받게 된 배경(이유나 목적 등)을 밝힌다. 이때, 내담자의 말과 행동을 그대로 기술하는 것이 바람직한데, 그 이유는 내담자의 감정, 상황 등이 그대로 반영될 수 있게 때문이다.

내담자의 정보 가운데 중요한 자료는 내담자의 스트레스 원인을 알아내는 것이다. 스트레스의 원인은 대인관계, 의사결정, 신체적 질병, 가족관계, 편식, 외로움, 상실의 문제 등 매우 다양할 수 있고 복합적으로 작용할 수 있다. 때로는 내담자가 의외의 것으로부터 스트레스를 받을 수도 있으므로 스트레스 원인을 기술할 때는 내담자의 입장에서 기술되어야 한다.

내담자가 스트레스를 해소하거나 하소연할 수 있는 사회적 지지체계가 있는지 여부도 확인해야 한다. 사회적 지지체계가 없는 경우는 위기극복 능력이 낮을 수 있으므로 내담자에게 더욱 관심을 가져야 한다.

초기에 자료를 수집하는 과정은 미처 래포(Rapport) 형성이 되기 이전일 수 있으므로 내담자의 말에 경청하는 태도가 중요하다. 그리고 사례연구의 과정은 대체로 연구문제의 명료화, 각종 자료 수집, 아동의 현재 상황에 대한 종합적 조사, 문제행동의 진단, 문제행동의 치료 계획, 치료 활동의 실천과 결과 확인, 평가 및 반성 등의 순서로 진행된다. 그러나 연구자에 따라, 상황에 따라 사례연구 진행이 달라질 수 있다. 상담자는 기초적인 정보를 토대로 기본적인 가설을 세운다.

(※ 기초적인 정보 수집에 필요한 각종 양식은 앞 장을 참고하라.)

3) 상담의 구조화

내담자와 상담자는 상담의 목표와 본질에 대해 서로 다른 인식을 가질 수 있다. 내담자는 상담과정이 어떻게 진행되는지, 상담과정 동안 어떤 도움을 받을 수 있는지, 내담자가 상담과정 동안 어떻게 행동해야 하는지 모르는 경우가 많다. 따라서 상담의 구조화에서 가장 중요한 문제 중 하나는 내담자와 함께 상담의 목표를 정하는 일이다. 상담과정에서 내담자의 문제를 도와주기 위해서는 그 문제를 구체적으로 파악하고 내담자의 특성을 이해해야 한다. 즉, 문제에 대한 진단이 이루어져야 한다. 문제 진단은 내담자의 발달정도와 현재 수준을 파악하고 내담자의 강점과 단점을 파악해야 한다. 내담자에 대한 전반적인 이해와 평가를 통해 내담자의 문제를 해결하기 위한 상담목표를 합의하에 수립한다.

상담의 구조화는 내담자와 상담자 간의 기본적인 기대와 요구를 조합하는 과정이라 할 수 있다. 이는 상담과정이 원활하게 시작될 수 있도록 일종의 틀을 제공하는 것이다.

상담의 구조화에 포함되어야 할 내용은 상담횟수, 상담 시간, 상담 빈도, 상담 장소 등 상담 여건과 관련한 것 뿐 아니라 상담자와 내담자의 관계, 비밀유지에 대한 사항 등도 포함한다.

4) 내담자에 필요한 평가도구 적용하기

보다 객관적으로 사례자의 상태를 확인하고 평가하기 위해서는 사례자에게 필요한 각종 심리검사 및 도구가 필요하다. 앞 장에서 살펴본 바와 같이 각 발달 영역 및 인지, 정서, 사회성을 평가하기 위한 다양한 검사도구가 있으므로 사례자의 문제를 평가할 수 있는 적절한 검사를 실시한다. 검사 결과를 해석함에 있어서 표준화된 검사가 아닌 경우, 해석의 오류가 생기지 않도록 유의해야 하며 평가의 결과는 내담자를 이해하는 데 보조 자료로 활용하는 것이 좋다. 특히 HTP검사 및 KHD검사 등과 같은 투사적 검사는 슈퍼바이저의 도움을 받아 해석하는 것이 좋다.

현장에서 아동을 관찰할 수 있는 교사들이 상담자인 경우, 정기적으로 자연 관찰기록을 남기는 것이 필요하다. 관찰기록은 의사소통이 원활하지 못한 아동들을 자연스러운 환경에서 평가하기 가장 좋은 방법이기 때문이다. 기록은 다음과 같이 영역별로 작성하는 것이 체계적 자료수집과 평가를 위해 유리하다.

관찰 영역	관찰 내용
① 신체적/신경학적 발달	
② 기분과 정서의 상태	
③ 언어 빛 인지발달	

관찰 영역	관찰 내용
④ 대인관계를 맺는 능력	
⑤ 환경을 활용하는 능력	
⑥ 욕구 좌절 시 행동	
⑦ 놀이의 발달적 적합성	

5) 상담 계획 수립하기

상담은 계획적, 조직적으로 이루어져야 한다. 상담이 구조화되면, 다음과 같이 구체적인 상담 계획을 세울 수 있다.

표 Ⅵ-1 상담 계획 세우기 예시

기간(면담횟수)		상담계획
• 14. 09. 22~26	1주	– 문제 상황 파악
• 14. 09. 29~10. 02	1주 (2회)	– 부모 면접, 아동 면접
• 14. 10. 06~10	1주 (2회)	– 상담계획수립. – 상담 구조화 및 사례 개념화 – 부모 상담 및 아동 상담
• 14. 10. 13~17	1주 (1회)	– 심리적 진단 (각종 검사 및 평가)
• 14. 10. 20~31	2주 (2회)	– 관찰하기 및 관심 기울이기 – 상담 시작하기
• 14. 11. 3~28	4주 (4회)	– 정서적인 안정 찾아주기 (놀이요법, 4회) – 지속적인 부모상담 (4회) – 상담 중간평가
• 14. 12. 1~5	1주 (1회)	– 종결 단계 및 추수 상담 계획
• 14. 12. 6~		– 자료 정리 및 보고서 작성

3. 사례 개념화

사례 개념화란, 내담자를 개념화함으로써 문제를 정확하게 파악하고 문제의 해결방안을 결정하는 것이다. 사례 개념화는 상담과정에서 어떤 접근방법을 사용할 지와 상담목표를 실현하기 위한 기반 작업을 의미한다. 따라서 상담자가 어떤 이론적 배경을 가지고 있느냐에 따라 다양한 측면으로 접근되어질 수 있다.

1) 사례 개념화의 단계

마이어(Meier, 2003)는 사례 개념화에 대해 아래와 같이 7가지 단계를 기술하고 있다.

⑴ 내적 과정과 외적으로 표출된 요소를 확인하기

⑵ 내담자가 가진 문제 파악

⑶ 선택된 문제에 대한 개입방법의 선택

⑷ 중재 과정과 결과에 대한 시간 조직

⑸ 개념화를 명시적으로 재현하기

⑹ 최소한 한 가지의 대안 설명하기

⑺ 최소한의 범위와 포괄적인 범위 사이에서 모형의 균형을 고려하기

사례 개념화에 대한 학자들의 정의는 여러 가지로 설명될 수 있으나, 종합해 보면 내담자의 문제에 대한 다양한 정보를 종합하고 문제의 원인에 대한 가설을 설정하며 문제해결에 대한 목표와 전략을 구상하는 일련의 역동적인 과정으로 볼 수 있다.

사례 개념화는 내담자의 정보와 문제, 핵심적인 특징을 파악하고 상담과정에서의 상담목표에 다른 개입의 방법을 계획하고 조정하는 것을 의미한다. 상담사례화

는 내담자의 문제를 정확히 이해하고 가설을 형성함으로써 상담 전체과정을 이끄는 핵심 전략이 된다.

사례연구의 초보자들은 사례 개념화 과정이 매우 중요할 수 있으므로 슈퍼바이저의 지도를 받는 것이 바람직하다.

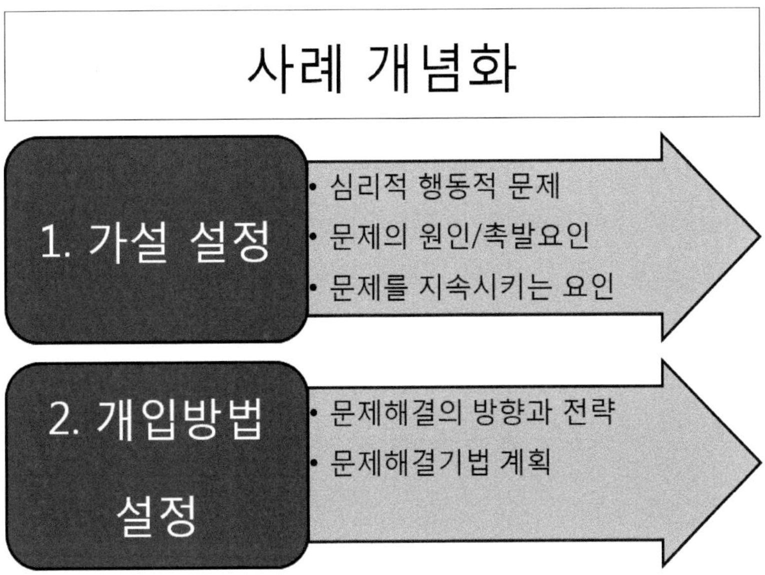

2) 사례 개념화에 포함되어야 할 내용

신현균(2014)은 사례 개념화에 포함되어야 할 내용을 다음과 같이 제시하고 있다.

(1) 문제 목록

문제 목록은 내담자가 호소하는 주된 문제 뿐 아니라 드러나지 않은 모든 문제들에 대한 것이다. 상담자는 다양한 출처에서 나온 많은 정보들을 의미 있고 일관성 있게 조직화하여 궁극적인 문제가 무엇인지 파악해야 한다.

문제 목록에 포함되어야 할 것은, 행동문제, 정서 및 성격 문제, 사회성 문제, 학업 문제, 가족 문제(부모의 불화, 고부 갈등, 부정적인 부모-자녀관계, 경쟁적 형제관계), 의학적인 문제나 신체적 결함 문제 등이다.

(2) 진단

상담을 위해 반드시 진단이 필요한 것은 아니다. 그러나 만일 가능하다면 진단을 내리는 것이 아동이 가진 주된 문제를 더 잘 이해하고 상담 방법을 결정하는데 도움을 주며 전문가들 간의 의사소통을 원활하게 한다.

임상현장에서 많이 활용되는 진단체계는 미국 정신의학회에서 만든 정신장애 진단 및 편람(DSM IV)을 들 수 있다. DSM IV에서는 아동에게 흔히 나타나는 심리장애를 포함하고 있다.

(3) 아동 문제의 원인 및 유지요인

문제 목록이 작성되고 나면, 문제의 원인과 그것을 유지시키는 원인이 무엇인지 규명해야 한다.

① 소인요인

문제 원인으로는 사회 관습적 요인, 환경적 요인, 사회적 요인, 가족적 요인, 개인적 요인, 생물학적 요인 등이 있을 수 있다.

② 촉발요인

문제의 원인이 밖으로 드러나게 만드는 요인을 문제 촉발요인이라고 한다. 가령, 스트레스를 받는 아동이 심리적으로 건강하다면 문제가 겉으로 발생하지 않지만, 심리적으로 취약한 상태에 있다면 여러 가지 증상으로 나타날 수 있다. 문제가 발생하는 것은 문제의 원인이 되는 소인요인과 촉발요인이 상호작용함으로써 나타난다.

③ 강화요인

아동의 문제를 지속시키거나 악화시키는 것이 강화요인이다. 아동의 문제나 증상을 지속시키는 것은 아동이 그것으로부터 얻게 되는 이차적인 이득과 관련이 있을 수 있다, 가령, 신체적 증상을 호소하는 아동이 부모가 다툴 때 더 심한 증상을 호소하는 경우를 들 수 있다. 이는 부모가 다툼을 멈추고 아동에게 더 주의를 기울이게 하는 이득을 가져온다. 이러한 이차적 이득은 꾀병과 달리 무의식적 과정에서 일어난다. 부부의 불화는 아동의 신체 증상을 강화시키는 요인으로 작용한다.

또 다른 예는, 어린동생을 잘 돌보고 있을 때는 부모가 관심을 보이지 않다가 동생을 괴롭힐 때 꾸중을 하는 것은 괴롭히는 행동에 관심을 둚으로써 그 행동은 강화를 받게 된다.

④ 심리적 역동과 가족역동

아동의 심리적인 역동 및 가족 간의 역동성을 파악하는 것은 아동의 문제에 대해 체계적으로 파악하는데 도움이 된다. 상담을 통해 정상화된 아동의 경우도 병든 가족 체계에서는 완전한 정상화를 기대할 수 없다.

소인요인, 촉발요인 및 강화요인들의 상호작용을 검토하면 아동의 문제에 대한 일관성 있고 체계적인 이해가 가능해진다. 현재 아동의 문제는 소인요인에 특정한 촉발요인이 작용해 시작되었고, 강화요인에 의해 유지되고 있다고 개념화할 수 있다.

상담자가 아동 개인의 취약성에 가족이나 사회 문화적인 문제 및 특정한 사건이나 경험을 고려하여 여러 요인들 간의 관계에 대해 전체적인 그림을 그리는 작업을 사례 개념화라고 한다. 사례 개념화가 완성되면 치료 계획을 세우는 토대가 마련된 것이다.

4. 회기별 상담하기

1) 회기별 상담 및 기록

내담자에 대한 기초적 정보조사 및 탐색이 끝나면, 본격적인 상담이 이루어진다. 회기별 상담은 정해진 시간에 이루어지며 상담 내용을 가급적 자세히 기술한다. 상담 상황 및 내담자의 태도에 대한 기술, 그리고 상담 대화내용에 대한 기록 등이 회기별 상담 사례 보고서에 포함되는 내용이다.

회기별 상담 내용을 기록하는 세 가지 방법이 있다. 가장 일반적인 방법은 녹음을 하는 방법이다. 이는 모든 대화 내용을 분석하기 위한 가장 확실한 방법이다. 두 번째는 상담 내용을 기록하는 방법이다. 상담 동안 대화 내용뿐 아니라 행동이나 반응을 기록하는 것은 매우 중요한 단서를 제공한다. 세 번째는 상담과정을 녹화하는 방법이다. 이는 음성뿐 아니라 표정, 행동 등을 모두 기록하고 분석할 수 있으므로 매우 유용하다. 녹음 및 녹화는 반드시 내담자에게 사전 동의를 구해야 한다.

각 회기별 내용은 간략히 정리하고, 각 회기에 적용된 특정 상담 기술이나 상담 전략이 있으면 반드시 기술해 준다.

각 회기별 상담 내용은 상담 목표를 벗어나지 않도록 유의하며, 상담이 진행되어감에 따라 변화하는 모습을 엿볼 수 있도록 기술하는 것이 좋다. 사례연구의 내용 기술은 비교적 자유로운 형식을 취할 수 있으나 대화체를 제외하면 일반 문서 작성의 원칙을 준수한다. 즉, 경어체를 사용하지 않으며 3인칭체로 객관적으로 논술한다. 연구자의 의견이나 추측은 확정적 어투를 피하는 것이 좋다. 상담 사례연구의 경우, 객관적으로 관찰될 수 없는 내담자의 심리적 변화과정에 대한 추측 등이 다수 포함될 수 있으므로 이 경우, "~ 으로 보인다." "~ 일 수 있다."

와 같은 완곡한 표현법이 적합할 수 있다.

각 회기의 상담 내용은 녹음기를 이용해 녹음하는 것이 편리하며, 기록할 때는 중요한 의미를 가진 대화부분을 중심으로 정리하여 기록한다. 회기별 상담 내용은 회기별 상담 목표를 중심으로 전체를 요약하여 보기 편리하게 요약·정리하여 보고서에 작성한다.

필요에 따라, 상담 진행 중에도 각종 평가 및 검사가 필요하면, 적절히 적용하고 평가하며, 상담 목표에 반영할 수 있다.

상담 중기에는 상담 진행과정을 파악하기 위해 상담 평가를 할 수 있으며, 중간 평가결과를 토대로 이후 상담에 대한 진행방법, 상담기법 및 상담목표를 수정·보완할 수 있다.

2) 상담 종결 및 추수상담

상담은 여러 가지 형태로 종결될 수 있다. 상담의 회기 동안 상담 목표를 달성한 경우도 있지만 많은 경우에 미해결의 상태로 종결을 짓는 경우가 많다. 상담 종결 과정을 기술해 줄 때는 그 동안의 상담과정을 간략히 요약·기술해 주고 어떤 형태의 상담종결인지 밝혀 준다. 종결 과정에서는 또한 추수상담에 대한 서술을 필요로 한다.

추수상담은 상담 종결이 이루어진 아동에게 추후 적응 상태를 확인하여 부적응 상태에 대해서는 지속적으로 적절한 조치를 취하고, 아울러 지금까지의 전체 상담 활동의 평가 및 개선을 위한 정보를 수집하여 보다 효과적이고 질 높은 후속적인 상담을 펼치기 위한 활동을 의미하므로 이와 관련하여 간략히 기술해 준다.

5. 상담사례연구 보고서 작성

사례연구 보고서의 작성법에 대한 일반적인 지침은 논문 작성의 지침과 거의 유사하다. 특히 사례연구 보고서는 질적 연구물이므로 정량적 논문이나 보고서에 비해 보고서 기술 요령이 필요하다.

논문이란 학술적인 연구 결과를 독자가 이해할 수 있도록 연구자의 착상과 그에 따른 증거를 체계적으로 서술한 것이라고 할 수 있다. 즉, 논문이란 어떠한 주제에 관하여 조사하고 연구한 결과와 그 결과에 대한 자신의 의견이나 평가를 종합한 것을 일정한 양식에 따라 체제에 맞추어 제시한 것이다.

1) 보고서의 성격

조주호와 이윤식(2012)은 연구보고서(논문)의 성격에 대해 다음과 같이 정리한다.

⑴ 논문이 어떠한 연구 주제에 대하여 연구를 시작하여 결론에 이르기까지 모든 과정을 논리성 있게 정리하여 기록에 의한 연구정보를 전달한다는 점에서 논문작성은 하나의 기술이다.

⑵ 논문은 연구 결과와 학술상의 발견을 같은 분야의 연구자들에게 알려서 학문적인 기여를 한다는 점에서 발표성 또는 선취성을 지닌다. 논문은 학문의 발전에 공헌하고 나아가 인류 문화의 총화에 무엇인가 보탬이 되는 창의적인 것이기도 하다.

⑶ 논문은 연구의 목적, 성격, 내용, 방법, 절차, 결과 및 해석을 제3자에게 가장 효과적으로 전달할 수 있도록 꾸며야 하는 까닭에 논문의 계획에서 완성에 이르기까지 과정을 논문 작성 양식에 알맞게 작성해야 한다.

논문의 요건은 논리성, 창의성, 보편성, 객관성, 정확성, 검증성, 계량성, 평이성, 체계성을 갖추어야 한다.

2) 보고서의 작성

보고서 작성의 과정을 각 단계별로 고려해야 할 사항을 설명하면 다음과 같다.

(1) 사례 보고서 주제의 선정

사례 보고서의 주제 선정은 다음과 같은 몇 가지를 고려하여 선택하는 것이 좋다.

① 참신성
대상 사례가 참신한 것이어야 한다.

② 흥미성
대상 사례가 연구자 뿐 아니라 독자들에게도 흥미 있는 주제를 선택하는 것이 좋다.

③ 발전성
향후 이 연구가 지속적인 연구 주제로 발전할 수 있는 것이 좋다.

④ 효용성
연구가 실용적이고 효용적 가치가 있어야 가치 있는 주제일 것이다.

⑤ 소요경비
사례연구의 규모나 성격에 따라 경비가 달라질 수 있다. 연구자의 경제적 능력에 적합한 사례를 선택해야 할 것이다.

⑥ 소요기간

사례연구는 종단적 성격을 가진다. 따라서 정량적 연구에 비해 시간적인 여유가 많이 필요할 것이므로 연구자의 시간적 여유와 능력에 적합한 기간을 선택해야 할 것이다.

⑦ 가능성

사례연구의 주제가 아무리 좋아도 연구자의 능력이나 역량이 미치지 못하면 진행할 수 없을 것이다. 따라서 연구자의 역량을 고려한 연구주제 및 방법을 선택하여야 한다.

(2) 보고서 작성 절차

사례연구 보고서 작성의 절차는 다음 다섯 가지로 간략히 요약될 수 있다.

첫째, 주제를 설정한다. 사례연구의 경우 대상 사례 아동(IP)이나 내담자를 선택하는 것이 주제 설정에 해당할 것이다.

둘째, 기존 연구 자료를 조사한다. 대상 사례와 관련한 문제와 유사한 사례연구 및 연구결과를 검토해야 한다. 연구 자료를 조사하는 과정에서 연구 방법과 연구결과의 도출 과정을 조사하여 연구 진행에 참고하여야 한다. 만일, 동일한 주제도 사례에 따라 다른 결과가 도출될 수 있으므로 참고 자료를 조사하는 일은 매우 유익하다.

셋째, 문헌자료를 조사한다. 상담사례와 관련한 이론적 근거를 마련해야 하므로 사례와 관련한 많은 문헌을 조사하여야 한다. 특히 사례연구의 결과를 해석하는 데 있어서 그 해석과 결론을 구성하는데 문헌 조사는 핵심적 요소가 된다.

넷째, 자료수집과 분석을 한다. 상담이 진행되어 가는 동안, 내담자와 관련한 기초적 자료들(생육사, 가족관계, 성별, 연령, 이웃 등)을 조사하고 각종 필요한 검사를 시행하고 분석한다. 상담 목표에 따라 회기별로 내담자와의 상담 내용을 정리하고 분석하는 일은 사례연구 보고서의 핵심적인 내용이 된다.

다섯째, 보고서를 작성한다. 보고서 작성 후, 중복 내용은 삭제하고 첨가할 부분이 있으면 보충하는 것이 좋다. 지나치게 많은 분량보다는 간결하고 읽기 쉽게 작성할 필요가 있다.

(3) 보고서 작성의 유의점

보고서 작성은 간결하게 쓰는 것이 필요하며 문장은 구체적이고 객관성을 유지해야 한다. 보고서를 작성할 때는 경어체를 사용하지 않으며 삼인칭을 사용하는 것이 원칙이다.

사례연구의 경우 사례자의 대화에서 비어나 속어를 사용할 경우가 있는데 이는 문서에 실을 수 있는 범위 내에서 작성하는 것이 좋다. 대화기록이 아닌 보고서의 내용은 구어체가 아닌 문어체를 사용해야 한다.

연구 보고서의 작성은 가능한 한 현재형과 과거형을 사용하고 미래형은 사용하지 않는다.

3) 보고서의 구성요소

연구 보고서는 일정한 작성 체계가 있다. 사례연구 보고서의 체제 및 그 내용을 간략히 예시하면 다음과 같다.

- **제목** : 연구의 내용을 가장 잘 표현할 수 있는 제목을 정한다.
- **목차** : 연구 보고서의 목차는 제일 앞부분에 페이지 순서대로 목차를 기술한다.

Ⅰ. 서론

1. 연구의 필요성 및 목적 – 사례 연구의 필요성과 그 목적을 간략히 기술함
2. 실태분석 – 사례 아동의 실태를 간략히 정리하여 기술함
3. 이론적 고찰 – 대상 사례와 유사한 사례연구 및 이론적 배경이 되는 문헌의 고찰하여 기술함

4. 연구의 제한점 및 연구 범위 – 연구결과의 적용 제한점 및 연구 방법 및 연구 범위와 제한점을 기술함
5. 용어의 정의 – 보고서에 사용되는 특수한 용어를 정의함

Ⅱ. 연구의 진행 계획

1. 연구 대상 및 연구 기간 – 사례연구 대상자에 대한 간략한 기술 및 연구 기간 명시
2. 상담의 구조화 – 상담 목표, 상담 조건(빈도, 기간 및 비밀보장), 상담의 한계 등
3. 상담 실행 및 평가 계획
   (1) 상담 실행계획
   (2) 상담 평가계획
4. 상담의 절차 – 사례 개념화 등의 내용이 포함됨

Ⅲ. 상담의 실제

(각 회기의 횟수는 달라질 수 있음)

1. 제1차 상담 – 상담 날짜, 시간 및 상담 내용. 그리고 상담 전략 및 평가(상담성과)가 포함됨.
2. 제2차 상담
3. 제3차 상담
4. 제4차 상담
5. 제5차 상담
6. 제6차 상담 등
7. 상담 종결 및 추수상담

Ⅳ. 결과 및 해석

– 상담 진행 결과를 제시하고 평가 및 해석을 제시함
– 전체 상담 내용을 요약하여 제시하고 결과 및 해석을 요약하고 결론을 내림

* 참고문헌 – 이론적 배경 등 보고서에서 참고로 한 문헌 및 자료의 목록을 기재한다.
* 부록 – 평가 도구 등으로 참고로 필요한 부록은 제일 뒷부분에 덧붙인다.

사례연구의 일반적인 과정은 연구 문제의 명료화, 각종 자료의 수집, 내담자의 현재 상황에 대한 종합적 조사, 문제행동의 진단, 사례 개념화, 문제행동의 치료계획, 치료활동의 실행과 결과의 확인, 평가 및 반성의 순서로 진행된다. 이러한 과정은 사례연구의 목적이나 상황에 따라 다소 달라질 수 있다.

상담 사례연구의 과정을 간략히 그림으로 나타내면 다음과 같다.

사례연구의 과정

- 연구문제의 명료화
- 내담자 관련 자료수집
- 문제행동의 진단 및 치료계획
- 상담 진행 및 결과 확인
- 평가 및 보고서 작성

제2장

사례연구의 실제

1. 주의력결핍 과잉행동장애 아동의 상담사례연구
2. 편식아동 상담사례연구
3. 문제행동아동 상담사례연구

본 사례연구는 강릉영동대학교 유아교육과 심화과정 학생들의 연구 보고서이다. 보고서의 아동 이름은 가명이며, 사례 보고서는 연구의 목적으로만 활용하는 것으로 보호자의 동의를 받았다.

사례연구 보고서의 형식과 내용은 매우 다양할 수 있으며 본 저서에서 제시하고 있는 것들은 기초적 사례 보고서의 예로서 초보적인 연구자들의 참고 자료에 불과하다.

1. 주의력결핍 과잉행동장애 아동의 상담사례연구

1) ADHD 아동의 사례연구 필요성

유아교육기관의 교육·보육현장에서 발달지도나 생활지도를 하다 보면 주의가 산만하고 통제력이 결여되어 충동적이고 과잉행동을 하는 아동을 흔히 볼 수 있다.

교육·보육현장에서 쉽게 접하는 이들을 주의집중력이 결핍되고 충동적이며 과잉행동을 나타내는 주의력결핍 과잉행동장애(Attention Deficit Hyperactivity Disorder, 이하 ADHD) 아동이라 한다.

이런 ADHD 아동들은 담임교사의 수업을 곧 잘 방해하며 친구들과의 관계도 원만하지 못해 소외되는 경향을 보이기도 한다. 안절부절하거나 조용히 앉아 있지 못하는 것, 또 주위의 모든 것에 관심을 보이는 것은 모든 아동에게서 일시적으로 거쳐 가는 과정일 뿐이지만 ADHD를 수반한 아동에게는 그들의 지적인 문제, 사회성의 문제뿐만 아니라 산만하고 충동적인 성향으로 또 다른 2차적 문제나 갈등을 일으키게 된다. 특히 ADHD 아동은 사회적인 대화기술이나 인간관계기술이 부족하여 일반 아동들에 비해 공격적이고 충동적인 표현을 많이 하게 되어 교우관계에서도 많은 문제점이 보인다. 그리고 산만하고 공격적인 행동이 아이들과의 관계를 악화시키고 이런 관계가 아이를 더욱더 산만하고 공격적인 행동을 심화시키는 악순환을 만들게 된다(하봉녀, 2006).

따라서 ADHD가 의심될 시에는 주증상의 감소와 다른 부가적인 문제를 줄이기 위하여 가능한 빨리 조기 개입이 필요하다.

그러나 집단을 대상으로 프로그램의 효과를 검증하는 논문이 많고 이런 연구 논문에서 ADHD 아동의 집단 연구보다는 개별적 사례연구가 더 필요하고 효과적일 것이라는 제언에도 불구하고 개별사례 연구를 한 경우는 드물다.

따라서 연구자는 한 개인을 대상으로 한 개별 사례연구로 ADHD 아동이 어떤 행동을 하게 된 원인을 심층 있게 이해하고 개별 상담과정 중의 어떤 것이 아동의 행동에 얼마나 큰 변화를 가져오게 만드는지 프로그램을 구성하여 상담해 보고 인간 행동의 계획적인 변화를 시도해 보고자 하였다.

본 연구자는 배웠던 많은 이론들 중에 좋은 점들을 다 적용해 볼 수 있는 데는 한계가 있고 한 인간의 행동은 하나의 관점으로 해석할 수 없고 취학 전 유아인 점을 감안하여 주의력결핍 과잉행동장애아를 대상으로 인본주의 상담을 기본으로 행동상담, 행동치료, 인지행동치료가 가진 장점을 종합적으로 적용한 상담 프로그램을 구안하여 통합적 절충주의 관점에서 그 변화에 접근해 보고자 한다.

2) 내담자의 정보

(1) 내담자의 인적사항

K시 J읍 ○○어린이집에 다니는 만 5세 장준희(가명) 7살 남자 아이로 장래희망은 달리기 선수이고 취미는 컴퓨터게임과 TV보기이다.

(2) 이전 상담 경험 및 상담동의 경위

아이가 4살 때부터 ○○어린이집에 다니고 있는데 연년이 행동이 산만하고 제멋대로고 장난이 심하여 친구와 잘 싸우며 수업시간에 잘 돌아다니고 위험한 난간을 잘 타고 다니며 친구가 가지고 있는 장난감을 갑자기 빼앗고 마음에 들지 않으면 때리는 행동 등이었다.

일곱 살이 되어도 나아질 기미가 보이지 않아 전문가에게 의뢰하여 상담한 결과 치료할 정도로 심각한 것은 아니라고 하여서 지켜보기로 하였다.

7세 반이 된 이후 하루도 그냥 지나가는 일이 없이 수업 중에 돌아다니는 산만한 행동을 보이고 규칙을 지키지 않고 제멋대로 행동하고 친구에게 먼저 시비를 걸고 싸우는 일이 많았다. 그 원인을 친구에게 있다고 생각하고 또래 관계에서 어려움을 느끼는 그의 행동이 ADHD 경향성이 짙어 담임인 연구자는 한 달 동안 그 아이를 집중적으로 관찰하게 되었다.

반 전체 아동을 대상으로 주의력결핍 아동용 자기보고 척도 검사를 실시, 이 척도에서 높은 점수를 얻고 교사가 심하다고 생각했던 아동 3명을 다시 코너스 교사용 간편 척도로 체크해 보았더니 준희가 그 정도가 심한 편에 속했다. 계속 그대로 놔두었다가 더 심각한 문제가 생겨 어린이집에 적응하는데 어려움이 생길 것이 예상되어 상담하기로 하였다. 그리고 며칠 후 준희와 친구와 싸움이 크게 일어난 날 1차 면담에서 7살반에 진급해서 지금까지 일어났던 일과 관찰한 행동, ADHD 아동용 자기보고 척도, 교사용 척도에서 나온 내용들을 듣고 구두로 상담에 동의를 하였다. 2차 면담에서 Conners의 ADHD 부모용 평정척도를 어머님이 체크해 보면서 높은 점수가 나와 어머니와 교사가 느끼는 문제들의 해결을 위해 상담에 서면 동의하게 되었다.

(3) 어머니의 주요 호소 문제 및 상담에 대한 기대

① 오랫동안 집중을 못하고 산만하여 주의 깊게 듣는 태도가 생겼으면 좋겠고 자기 물건을 잘 챙기는 습관이 생겼으면 좋겠다.
② 친구들과 원만한 어린이집 생활을 하여 친하게 지내면 좋겠다.
③ 언어영역 발달이 매우 느리고 글을 몰라도 똑똑해지는 법과 직업에 대해 자주 묻는 등 스트레스가 있는 것 같아 자기감정을 잘 표현하고 언어영역에 고른 관심이 생겼으면 좋겠어요.
④ 손톱을 자주 물어뜯는 습관이 있는데 주말에만 부모와 지내고 평일에는 주양육자가 할아버지여서 분리불안이 아닌가?

(4) 내담자의 인상 및 행동특성

키는 또래에 비해 작은 편으로 몸무게는 24.4㎏으로 보통보다 왜소하고 피부는 하얀 편이며 외모는 단정한 편이다. 약간 통통하고 머리가 크며 눈은 쌍꺼풀이 있고 눈꼬리가 올라가 고집이 있어 보이는 인상이다. 고음과 큰 소리로 말을 빨리하여 발음이 꼬일 때가 많다.

그리고 혼자 말을 즐기고 손톱을 자주 물어뜯는 습관이 있으며 겉옷이나 줄 등을 잘 돌리고 다니며 쑥스러움을 많이 탄다. 행동은 민첩한 편이며 앞, 뒤를 생각하지 않고 바로 행동으로 옮기는 경향이 있다. "~ 라고 했을 뿐인데"라는 상투어를 많이 사용한다.

(5) 가족관계

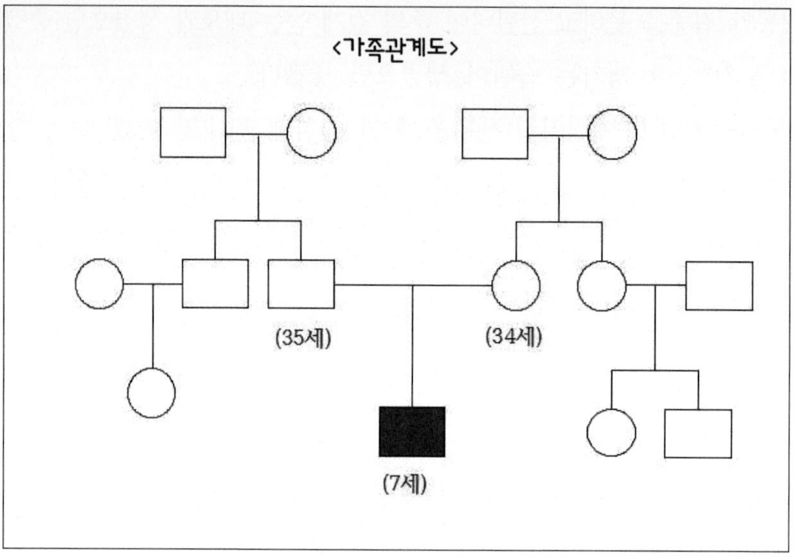

① 가족사항

- **아버지(35세)** : 대졸로 종합병원 방사선과 의사이고 무뚝뚝한 편이나 가정에서는 성실하고 세심하다. 대인관계는 원만한 편이며 가정에서는 다소 급한 성격으로 아이에게 사랑을 표현하는데 다소 인색하다.

- **어머니(34세)** : 대졸로 종합병원 간호사이며 비교적 평범한 가정에 태어나 평범한 성장기를 거쳤다. 성격은 활발하고 솔직한 편이다. 대인관계는 원만한 편이며 사안에 따라 예민하기도 하다. 부부 사이의 문제도 대화로 해결하는 편이라고 한다. 아이에 대한 관심이 많은 편으로 상담자가 상담공부를 하고 있고 사례연구로 논문을 쓰려한다는 것을 솔직하게 말씀드리고 아이의 문제를 해결하기 위해 함께 노력해 보자고 했을 때 긍정적인 반응을 보였다.

② 성장과정에서 함께 있었던 가족과 중요 동거인, 장소

태어났을 때부터 현재까지 할아버지 댁에서 생활하였고 주양육자가 할아버지, 할머니였다.

③ 유전적 소인에 대한 정보

아버지가 어렸을 적부터 주의가 산만했고 집중력이 다소 떨어지는 경향이 있고 어머니는 어릴적부터 손톱주변을 자주 물어뜯는 습관이 지금껏 이어져 오고 있다.

④ 부모와의 관계

부모와의 만남을 주말일 경우가 많으며 어머니와의 관계는 아주 좋아 말을 잘 듣는 반면 아버지와의 관계는 집중력이 약한 아버지의 성격으로 아이의 이야기를 끝까지 들어주지 못하고 결론부터 이야기하라고 다그칠 때가 많다. 준희는 아버지의 조급한 성격과 자신의 산만함과 부주의 때문에 아버지에 대해 좋지 않은 기억을 가지고 있다.

⑤ 부모의 양육 태도

부모의 양육방식이 서로 다르다. 아버지는 아이를 엄격하게 지도하는 편이며 어머니는 자율적으로 생각하고 행동하라고 한다. 부모 모두 체벌을 가끔씩 하는 편이며 좋은 행동에 대해서는 보상도 가끔씩 해 준다고 한다.

(6) 사회적 관계

아동용 교우관계 검사에서 친구와 잘 다투고 친구들이 나를 가까이 대하려 하지 않는다. 친구를 대할 때 자연스럽지 못하다. '사귈만한 친구가 별로 없다고 생각한다'에 답했다. 교사와는 지난 8개월 동안 서로 이야기를 나누면서 많이 친해졌고 잘 따르는 편으로 물어 보는 말 외도 자신의 감정이나 이야기를 솔직하게 잘 이야기하는 편이다.

(7) 심리검사 결과

관찰과 면담만으로 부족한 정보를 수집하여 내담자를 평가하고 이해하기 위해 다음과 같은 검사를 실시하여 검사 결과 해석을 통해 내담자에게 적합한 상담목표 및 전략을 세우는데 참고하였다. 또 상담이 종료될 시점에 관찰, 면담과 더불어 사후 심리검사를 선택적으로 실시하여 아동의 행동 변화 및 상담의 효과를 알아보았다.

① ADHD 아동용 자기보고 척도

ADHD 아동용 자기보고 척도를 아동 자신의 보고에 따른 주의력결핍 및 과잉행동성의 정도를 측정하기 위하여 Barkely(1990)가 개발한 ADHD 아동용 자기보고 척도(ADHD Self-Report Rating Scale)를 이귀숙(2000)이 번안하여 사용한 검사를 사용했는데 점수의 범위는 0~42점으로 점수가 높을수록 주의력결핍 및 과잉행동성의 정도가 높고 보통학급에서 9문항 이상에 2점 내지 3점을 표시하면 주의력결핍 과잉행동 증후를 가진다고 해석할 수 있다. 사전검사에서 증후를 보인다고 볼 수 있으며 사후 검사 결과 주의력결핍 과잉행동이 다소 줄어든 것을 볼 수 있다.

표 Ⅵ- 2 ADHD 아동용 자기보고 척도 결과

사전검사	사후검사	비고
28점	18점	

② Conners의 교사용 · 부모용 평정척도

간편하게 제작된 10문항에 의해 평정한 열 문항의 점수를 모두 더해 16점을 넘으면 ADHD일 가능성이 있다. 좀 더 세부적인 문항으로 구성된 28문항의 점수 분포는 0~84점까지이다.

표 VI-3 Conners의 교사용·부모용 평정척도 결과

검사	검사자	사전검사	사후검사	비고
간편 10문항	부모	22점	17점	
	교사	20점	15점	
28문항	부모	73점	66점	
	교사	70점	62점	

③ 집-나무-사람 그림검사(HTP)

사전 검사 나무 그림에서 옹이를 그린 점, 나무 잎사귀를 연필로 마구 갈겨서 그린 점이 조금 독특하고 나무의 크기를 다른 그림에 비해 너무 크고 진하게 그렸다. 뿌리가 없고 종이의 밑면과 나무가 맞닿아 있으며 구획을 지어 자기는 방에서 게임을 하고, 아버지는 부엌에서 혼자 식사하는 그림을 그렸다. 이것은 아버지의 적극적인 애정표현이나 상호작용, 친밀감이 부족한 것으로 볼 수 있고, 뺨을 맞은 것에 대한 억압된 분노로 인해 아버지에 대한 답변 내용도 형식적이며 회피하는 느낌을 준다.

사전검사와 비교해 사후검사에서 달라진 점은 집, 나무, 가족화 그림을 사전검사에 비해 시간을 들여 섬세하게 표현하였다. 집 그림은 창문의 개수가 11개로 많아진 것이 특징이다. 나무 그림에서 사전검사와 다르게 기둥, 줄기, 잎이 적당하며 뿌리가 있고 땅 위에 나무가 튼튼하게 심어져 안정감 있는 그림을 그렸으며 나무그림에서 옹이가 사라졌다. 사람 2는 여자를 그렸는데 이성에 관심이 없었는데 자기 주변에 관심 있는 여자 친구에 대해 관심이 생긴 것이 특징이다.

가족화에서 사전검사에서와 마찬가지로 엄마 그림을 그리지 않았는데 설거지 하느라 벽 때문에 안보여서 못 그렸다고 했으며 자기가 없을 때만 엄마는 밥을 드셔서 식사하는 장면에는 없다고 하였다. 아이가 좋아하는 엄마이지만 상호작용을 못하고 있는 것을 알 수 있었다. 아빠랑은 같이 밥을 먹은 적이 없다고 하여

아버지와의 친밀감 형성에 장애요소로 작용하고 있다는 것을 알았다. 그러나 사후 검사에서는 식탁이라는 물리적 방해물을 그렸지만 아버지와 같은 공간에 존재하는 그림을 그려서 심리적으로 더 가까워진 것을 볼 수 있었다. 그리다가 힘들어 하면서도 그릴 때(아빠 밥을 크게 그리며 웃었음, 아빠그림을 그리다가 웃겨서 한참을 웃음, 눈썹을 아주 새까맣게 다시 그리고 엄청 많이 웃음, 두 번째 아빠가 숟가락을 구부리는 장면을 그리며 정말 웃기게 그렸다고 생각하며 웃음을 참지 못하고 웃음)와 아빠랑 관련된 내용을 말할 때에도 이렇게 많이 웃는 것은 처음 보았다. 상담 회기 중에도 볼 수 있듯이 아버지랑 좋은 관계가 되기 위해 노력 중이고 많이 좋아졌다는 것을 볼 수 있었다.

④ 교사평정용 또래관계 측정, 아동용 교우관계 검사

사전검사에서 교사평정용 또래관계 측정 결과 20점 만점 중 10점으로 또래들과 잘 어울리지 못하며 사회적 수용도가 낮은 편이며, 아동용 교우관계 검사에서 또래관계가 원만하지 못한 것에 많이 체크되었다. 사후검사에서 교사평정용 또래관계 측정 결과 20점 만점 중 18점으로 점수가 높아졌으며 아동용 교우관계검사에서 마음이 통하는 친구가 없어서 늘 외롭다. 친구와 어울릴 때보다 혼자 있을 때가 더 편하다. '친구 사이가 쉽게 벌어지는 편이다'에 대체로 '그렇다'에서 '전혀 그렇지 않다.'로 표시, '친구들과 잘 다투는 편이다', '친구들이 나를 가까이 대하려 하지 않는다'에 대체로 '그렇다'에서 '약간 그렇다'로 답변하여 또래관계가 많이 원만해진 것을 볼 수 있다. 긍정적 문구에는 대체로 '그렇다.' 부정적인 문구에는 '전혀 그렇지 않다.'나 '약간 그렇다.'라고 답하여서 변화된 친구 관계를 많이 엿볼 수 있다.

⑤ 사전 검사 결과 해석

ADHD 아동용 자기보고 척도, Conners 교사용 · 부모용 평정척도 결과 대상 아동은 주의력결핍 과잉행동장애로 진단되며 정서적으로 안정이 되어 있지 않고 우울하고 사회적으로 쉽게 위축되는 면이 있어 보인다. 또 HTP 검사 등에서 볼 수 있듯이 주의 집중에서의 문제 과잉행동과 같은 문제로 인하여 가족 내

갈등을 경험하고 있어 보인다. 그리고 교사가 관찰한 장면 등에서도 사회적 판단력 및 관습적 이해력은 상대적으로 부진한 바 대인 관계 장면에서 기대되는 것에 비해 다소 미성숙하게 행동할 소지가 있다. HTP, 교사평정용 또래관계 측정, 아동용 교우관계 검사에서 대인관계 특히 또래관계에서 어려움을 느끼는 것으로 보이고 실패에 대한 두려움으로 자신감이 결여되어 있는 것을 볼 수 있다. 따라서 이 아동에게는 부모교육과 더불어 인지행동 치료, 사회성 기술 훈련 등이 필요해 보인다.

3) 상담의 목표 및 전략과 접근방법

상담자와 부모가 이해한 문제를 바탕으로 다음과 같은 상담목표를 정하고 전략 및 접근 방법을 계획하고 실행해 보았다.

(1) 상담의 목표

① 학업, 역할 수행이나 놀이에 지속적으로 집중할 수 있도록 집중력을 증가시켜 주의가 쉽게 분산되거나 산만해지는 행동을 줄인다.
② 자기중심적인 행동의 비합리성을 인식하며 충동적이고 자기중심적인 행동을 통제하고 분노를 다스려 사려 깊은 행동을 할 수 있다.
③ 타인의 감정에 공감하고 배려하는 능력을 길러 원만한 또래관계를 형성한다.
④ 효율적인 부모의 역할 및 양육방식 교정으로 부자간 원만하고 친밀감 있는 관계를 형성하도록 한다.
⑤ 아동의 장점을 찾아 자존감을 키워 주고 자기감정을 표현하는 방법을 알게 한다.

(2) 상담전략과 접근 방법

① 상담전략

- 일관된 지지하기
- 생활사에 대한 지속적인 탐색하기
- 일상 활동에서의 문제 활동 점검하기
- 인지행동 자기통제 훈련은 행동치료와 더불어 아동의 생각이나 문제해결방식 등을 같이 다루어 행동의 변화를 유도하고 멈추어 생각하기, 4단계로 생각하기 방법을 교육한다.
- 사회적 기술 훈련은 또래관계에서 갈등을 줄이고 또래와 성인관계에서 긍정적인 상호작용을 고무시키기 위한 책략을 지도하며 분노 조절 방법 알기, 남에게 공손히 부탁하기, 자신의 감정을 적절하게 표현하기, 친구의 마음을 이해하기, 바람직한 의사소통 방법 등을 익힌다.
- 행동수정은 아동의 바람직한 행동을 증가시키고 문제행동을 없애거나 줄이기 위해 보상이나 벌을 사용한다. 보상 계획을 부모님과 아이와 교사가 함께 세우고 가정, 어린이집에서 수정될 목표 행동을 정하여 가정과 연계하여 지도한다.
- 부모교육은 스트레스를 효과적으로 대처하기, 원만한 부부관계 유지하기, 자녀와 좋은 관계 맺는 방법, 자녀의 자존감을 높여 주기, 주변 환경 개선하기, 바람직한 의사소통 방식 및 부모가 양육에 대한 일관성 있는 태도 유지하기, 보상과 강화로 바람직한 실천 유도하기 등의 방법을 안내한다.
- 아동의 개인적인 관심과 감정을 토론할 수 있는 분위기 조성하기
- 또래관계에서 긍정적인 활동에 참여하기를 권장하기

② 접근방법

• **상담 회기 구성** : 본 연구에 사용한 상담의 회기 구성은 상담자가 관찰, 면담, 심리검사를 토대로 이해했던 아동의 문제 중 그 정도가 심했던 것을 해결할 수 있는 내용으로 통합적인 개인 상담을 총 9회기로 재구성하였다.

표 VI-4 상담 진행 회기 내용

과정	회기	영역	주제	목표	활동내용	비고
상담 준비	0회기	자료 수집	준비 해요	행동관찰, 면담과 심리검사를 통해 아동을 바르게 이해하기	부모면담, 아동면담, 심리검사하기	아동 바르게 이해
상담 진행	1회기	관계 형성	마음 열기	상담의 진행과정과 방법 이해하기 활동규칙 정하기 친밀감 형성하기	상담의 진행과정과 방법 소개하기 심리검사 결과를 통한 자기 이해 활동규칙에 대한 보상체계 정하기 지금까지 나에게 있었던 일 그림으로 그리고 이야기 나누기	친밀감을 형성하고 아동 자신에 대한 이해를 통하여 상담의 방향을 설정함
	2회기	탐색	부모 상담	부모의 아동에 대한 문제이해 및 가족의 도움 요청 부모교육을 통한 자녀와의 관계개선 정보 제공 가정에서 행동수정 방법 안내	심리검사 결과와 어린이집 생활 등에 대한 정보제공 가정생활에 대한 정보 얻기 ADHD 아동에 대한 소개 및 부모교육 상담프로그램 안내 가정 일일 행동 계약 정하는 방법 및 보상방법 안내	부모에게 아이에 대한 객관적인 정보를 제공함으로써 자녀 이해 및 치료에 도움이 되도록 함
상담 진행	3회기	자기 인식	나의 모습과 친구	자신의 장점과 단점에 대한 탐색을 통해 현재	나의 참모습 알기 학습지로 자신의 장점과 단점에 대한 탐색을 통하여 자신의 모습을	긍정적인 자기를 탐색하고

과정	회기	영역	주제	목표	활동내용	비고
			관계	자신의 모습을 이해하고 자신에 대한 자신감 갖기 자신의 친구관계를 점검 좋은 친구관계를 유지하는데 중요한 요인 깨닫기 변화하고자 하는 목표 설정	보다 잘 이해하기 변화하고자 하는 모습을 설정하고 노력할 점 정하기 장점 중에 제일 자신 있는 활동 골라 직접해 보기 과제 : 부모님과 마주 보고 어린이집에서 있었던 일 5분 이상 대화 나누고 오기 과제 확인하기 자신이 좋아하는 친구와 싫어하는 친구 얼굴 지점토로 나타내기 그 이유 이야기하기 친구들이 좋아하는 행동과 싫어하는 행동 알기 친구와의 관계에서 자신의 잘못된 점을 인지하고 그 문제를 중심으로 나와의 약속 정하기	미래의 긍정적인 자아상 갖기 친구관계에서의 문제점을 인식
	4회기	주의력 결핍과 충동성	약속해요	주의력 결핍과 과잉행동과 관련된 문제 행동을 변화시키려는 구체적인 목표 갖기	주의력 결핍과 충동성에 대해 알아보고 행동 목록표 만들기 행동목록표에 따른 구체적인 목표 정하고 이야기하기 세운 목표에 대한 행동 계약 및 얻게 되거나 잃게 되는 특권 정하기 어린이집과 가정에서 실천 다짐하기 과제 : 행동계약서 보여드리고 사인받기, 실천한 내용 점검하여 매일 가져오기	
	5회기	친구관계	사회성 기술 훈련	자기가 가지고 있는 감정을 적절하게 표현하는	과제 확인하기 오늘 하루 동안의 기분이 어떻게 변했는지 이야기하기	바람직한 행동이 습관화될 수

과정	회기	영역	주제	목표	활동내용	비고
				방법 익히고 실천 하기	감정카드를 가지고 각 상황 에서 적절하게 감정표현하기 자신의 감정표현하는 방법 이야기하기 자신의 감정을 적절하게 표현 하는 연습하기 부정적인 말과 긍정적인 말을 들었을 때의 느낌 이야기하고 긍정적인 언어 표현의 중요성 알기 느낀 점 이야기하기 - 손장갑 이용 과제 : 아버지께 오늘 나의 감정을 잘 전달하고 오기	있도록 어린이집 생활 전영역에서 반복적 지도함
상담 진행	6 회 기	주의력 결핍과 충동성	분노 조절 방법 알기	화가 났을 때 적절 하게 표현하기 이롭게 화를 내는 방법과 해롭게 화를 내는 방법 알기	과제 확인하기 화가 났을 때의 표정지어 보기 화가 많이 났을 때의 느낌 이야기하기 화가 많이 났을 때의 자신의 모습이 어떠하였는지 알아 보고 분노조절의 세 단계 익히기 이롭게 화를 내는 방법과 해롭게 화를 내는 방법 구별 하기 과제 : 로봇헝겊 놀이 연습해 오기, 부모님의 말씀 잘 듣기	화가 나는 상황에서 분노조절 방법알기
	7 회 기	나를 말해요	감정 자유 롭게 이야기 하기	편안한 상태로 하고 싶은 이야기 나누기 복습하기	그 동안 경험했던 일 이야기 하기 지난 번 배웠던 심호흡, 로봇 헝겊 연습 부모와의 관계 지금까지 배우고 있는 내용을 잘 알고 있는지 점검하기	
	8 회 기	주의력 결핍과 충동성	자기 통제 능력	4단계로 생각 함으로써 자신의 행동을 미리 계획	4단계로 생각하기 연습하는 이유를 설명 말하면서 생각하기 연습	일상장면 에서도 계속 연습

과정	회기	영역	주제	목표	활동내용	비고
			키우기	할 수 있어 실수를 줄이고 충동적인 행동을 방지할 수 있다는 것을 깨닫기	외워서 마음 속으로 생각하기 연습 주어진 문제에 적용해 보기 (종이접기, 수학시험지 틀린 것 풀기, 과일이름 이어가기) 잘한 내용에 대해 보상하기 과제 : "4단계로 생각하기" 단계 외워오기	
상담 종결	9회기	마음 여미기		상담 후 느낌 나누기 새로운 각오 다지기	상담내용 정리 및 상담 후 느낀 점 이야기하기	현재 자신을 인식하고 변화될 나에 대한 새로운 각오다지기
종결 이후		추수 지도		행동관찰, 부모면담	상담결과 나누기, 결과정리	지속적인 관찰 및 지도

• **진행방법**

- 상담실 선정 : 아동에게 안정감을 주고 친밀감 있는 교실과 가깝고 조용한 연구실에서 관찰, 면담, 검사를 실시하였다.
- 내담자 선정 : 행동관찰, 주의력결핍 아동용, 교사용 평정척도에서 높은 점수가 나온 아동 중 부모님이 상담에 동의를 해준 어린이를 선정하였다.
- 상담기간 및 시간 : 상담기간은 2014. 9. 15 ~ 2014. 11. 21로 10주 동안 9회기에 걸쳐 중식시간 후 30~40분 단위로 실시하였다.
- 자료의 수집

㉮ 관찰 – 관찰은 아동이 현재 처해있는 모든 상황에서 그들의 행동을 관찰하는 것으로 성인을 대상으로 한 경우보다 아동을 대상으로 한 평가과정에서 유용하게 사용될 수 있다. 특히, 행동관찰은 다양한 시간, 기간 동안에 여러

맥락에서 아동들을 체계적으로 관찰하는 것으로 어린이집, 가정 등에서의 관찰은 직접적으로 문제가 되는 증상을 확인한다는 점에서 매우 중요한 부분이라 할 수 있다(이정선, 2009). 따라서 지금까지 관찰, 면담, 심리검사한 결과 및 상담 목표와 관련이 가장 심하다고 생각되는 표적 영역을 정하였다. 그런 후 어린이집에서의 관찰행동과 상황을 설정하여 체크리스트를 활용하여 체크한 결과를 정리하여 보았다. 가정에서의 표적 영역은 부모님이 변화기를 원하시는 영역을 중심으로 정하고 맞벌이인 관계로 퇴근 후 저녁 시간대에 관찰한 결과를 ○, ×로 표시한 횟수를 주별로 정리하여 보았다.

표 Ⅵ-5 어린이집 관찰 표적 영역

구분	표적행동	표적상황	관찰시간	관찰자
주의 산만	과제에 참여하기를 피하고 과제를 제 때에 해결하지 못하는 경우	수업 중	10시~12시 50분	교사
	손과 발로 장난하는 경우	수업 중	10시~12시 50분	교사
	공부나 놀이를 한 후 물건을 정리정돈 못하는 경우	수업 중 특히 하원 시	10시~12시 50분	교사
충동성 및 과잉 행동	앉아 있어야 할 상황에 자리 이탈하는 경우	아침활동, 1~4교시	9시 30분 ~12시 50분	교사 보조교사
	다른 사람의 활동을 방해하고 간섭하는 행동을 하는 경우	수업 중, 쉬는 시간	9시~12시 50분	교사 보조교사
	차례나 질서를 지키지 않는 경우	급식할 때, 강당 갈 때, 운동장 수업 시	점심시간 40분, 강당시간 40분, 운동장 수업 시간	교사
	위험한 행동을 하는 경우	아침활동, 쉬는 시간, 점심시간	아침시간 30분, 쉬는 시간 30분,	교사

			점심시간 40분	
친구 관계	친구를 때리거나 시비를 걸어서 다툼이 생기는 경우	아침활동, 쉬는 시간, 점심시간 모둠활동 시	아침시간 30분, 쉬는 시간 30분, 점심시간 40분	교사 보조교사

표 Ⅵ- 6 어린이집 표적 영역 관찰 결과

구분	표적행동	상담 전 1주	상담 중						상담 후 2주
			1주	2주	3주	4~5주	6~7주	8~9주	
주의 산만	과제에 참여하기를 피하고 과제를 제 때에 해결하지 못하는 경우	21	10	7	13	2	7	6	4
	손과 발로 장난하는 경우	50	32	24	30	8	15	7	22
	공부나 놀이를 한 후 물건을 정리정돈 못하는 경우	19	2	3	2	4	3	3	9
충동성 및 과잉 행동	앉아 있어야 할 상황에 자리 이탈하는 경우	73	19	14	7	11	6	7	6
	다른 사람의 활동을 방해하고 간섭하는 행동을 하는 경우	25	11	12	8	4	6	6	5
	차례나 질서를 지키지 않는 경우	18	3	2	2	2	1	1	3
	위험한 행동을 하는 경우	26	3	4	2	0	0	2	2
친구 관계	친구를 때리거나 시비를 걸어서 다툼이 생기는 경우	19	2	1	0	1	1	1	1

표 Ⅵ-7 가정 관찰 표적 영역

표적행동	표적상황	관찰시간	관찰자
숙제나 과제 등을 정한 시간 안에 마치기	저녁시간	8~9시	부모님
한 번에 한 가지씩만 집중하기(공부할 때, 밥 먹을 때 다른 행동을 하지 않는 것)	저녁시간	7~8시	부모님
부모의 말을 주의 깊게 듣고 지시에 즉시 따르기(밥 먹어라, 이닦아라, 그만 등의 말을 3초 안에 실천하는 것)	저녁시간	7~8시	부모님
공부나 놀이를 한 후 정리하기	저녁시간	8~9시	부모님
짧은 시간에 깨끗이 씻기	저녁시간	9시~9시 30분	부모님

표 Ⅵ-8 가정 표적 영역 관찰 결과(◯표 횟수)

표적행동	상담 전 1주	상담 중							상담 후 2주
		1주	2주	3주	4~5주	6~7주	8주	9주	
숙제나 과제 등을 정한 시간 안에 마치기	1	4	5	2	5	6	5	4	6
한 번에 한 가지씩만 집중하기(공부할 때, 밥 먹을 때 다른 행동을 하지 않는 것)	1	2	2	3	2	2	4	4	4
부모의 말을 주의 깊게 듣고 지시에 즉시 따르기 (밥 먹어라, 이닦아라, 그만 등의 말을 3초 안에 실천하는 것)	3	6	4	6	6	3	6	5	5
공부나 놀이를 한 후 정리하기	2	2	6	3	5	6	5	5	4
짧은 시간에 깨끗이 씻기	2	5	5	6	6	6	6	6	6

㉯ 면담 – 현재 문제가 되고 있는 증상의 내용 및 정도를 파악하고, 가정환경, 가족 사항, 아동의 성장력, 학교생활의 적응, 또래관계, 가족과의 관계 등의 사회적 적응에 대한 기본적인 자료를 얻음으로써 아동을 이해하기 위해 수시 전화 면담 및 2회의 대면면담을 실시하여 아동에 대한 전반적이며 구체적인 정보를 얻고 부모에 대한 심리 검사를 통해 부모의 상태를 점검하였다. 상담 후 네 번째의 상담 목표인 아버지와의 친밀 관계 형성 정도 및 가정생활 변화 등을 부모면담을 통해 알아보았다. 또 아동과의 수시 면담을 통해 자신의 대한 이해 및 문제 인식 정도를 알고 상담 회기를 진행하였다.

㉰ 심리검사 자료 – 사전 검사로 아동용 자기보고 척도, Conners 교사용 · 부모용 평정척도, HTP, 교사평정용 또래관계 측정, 아동용 교우관계 검사 등을 실시하였고 사후 검사는 이 중에서 필요하다고 생각되는 검사를 선택적으로 실시하였다.

- 자료의 분석 : 상담 전 관찰(자연관찰, 집중관찰), 면담(부모면담, 아동면담), 심리검사 자료를 토대로 아동이 가진 핵심적 문제를 이해하고 문제해결을 위한 상담 프로그램을 구안하여 상담을 실시한 후 상담 중 관찰, 면담 자료 및 사후 심리검사를 선택적으로 실시하여 상담 전후 특징을 질적으로 분석하고 필요시 양적인 데이터로 비교 · 분석하였다.

4) 상담의 진행과정 및 회기별 요약

상담의 진행과정은 다음과 같으며 상담 시 녹음을 한 것을 참고하여 회기별로 달성하고자 했던 목표, 실제로 상담에서 다룬 내용 그리고 미흡했던 부분이나 인상 깊었던 부분을 중심으로 상담 결과를 정리하였다.

(1) 상담의 진행과정

표 Ⅵ-9 과정별 일정 및 추진 내용

과정	추진 내용	추진 기간	비고
상담 준비	주제설정 및 선행연구 고찰, 연구방법 결정	2014. 8월	
	행동관찰, 부모면담 사전 심리검사, 대상자 선정, 아동면담	2014. 9월	
상담 진행	상담목표 및 전략, 상담회기 구성, 부모면담	2014. 9월 중순	
	상담 회기별 프로그램의 제작 및 수정보완	2014. 9월 중순 ~9월말	
상담 종결	관찰, 면담, 상담 및 상담축어록 작성	2014. 9월 중순 ~11월 중순	
	관찰, 면담, 사후 심리검사, 상담 효과 분석	2014. 11월 중순	
종결 이후	연구 논문 작성	2014. 10월 ~12월 중순	
	아동 행동 관찰 및 추수지도	2014. 11월 중순 ~12월 중순	

(2) 상담회기별 요약(논평 포함)

① 1회기–마음열기

1회기 상담목표는 상담의 진행과정과 방법을 이해하고 활동규칙을 이야기하며 지금까지 나에게 있었던 일을 그림으로 나타내 보면서 자기 개방과 친밀감을 더 높이는 것으로 하였다.

오늘 있었던 어린이집 생활에 대해 이야기를 한 후 앞으로 이루어진 상담에 대한 구체적인 이야기를 나누었다. 그런 다음 상담공부를 하는 시간은 40분 정도이며 9월 중순부터 11월 중순까지 매주에 1번씩 총 9번의 만남을 갖게 될 것이라고 이야기하였다. 허용적인 분위기를 조성하여 사전 심리검사의 결과(친구와의 관계, 아버지와의 관계 등)를 통해 아이가 가진 현재의 모습이나 힘든 모습들을 설명해 주었고, 어린 유아라 좀 더 자기에 대해 이해할 수 있도록 하였다. 또 상담시간에 지켜야 할 시간, 장소 및 아동 자신이 자신에 대해 솔직하고 적극적으로 참여할 것을 손을 걸어 약속하였다. 지금까지 있었던 일 중에서 즐거웠던 일(바다에서 배 탈 때를 그림), 슬펐던 일(생각이 나지 않음), 화났던 일(친구가 놀려서 싸웠을 때를 그림), 기뻤던 일(○○공원에 가서 자전거를 탔는데 못타던 자전거를 열심히 연습해서 타게 되었을 때를 그리며 매우 흐뭇한 표정을 지음)을 떠올려 보고 그림으로 그려 보았다. 그 후 그 이유를 이야기해 보는 활동으로 아이에 대해 더 많은 것을 알고 이해할 수 있게 되었다. 오늘 함께 이야기를 한 것에 대한 느낌을 자유롭게 말한 뒤 다음 시간에 만날 날짜를 확인하고 가정과 어린이집이 서로 연계하는 통로 역할을 하는 상담공책을 만들어 주었다.

A4지에 즐거웠을 때, 화났을 때, 슬펐을 때, 기뻤을 때로 나누어 그렸는데 그림을 그리면서 아이가 솔직하게 자신의 감정을 이야기해 줄 수 있게 자연스럽게 이야기하도록 분위기를 허용해 주고 그림을 그릴 때나 이야기를 솔직하게 표현할 때 칭찬을 많이 해 주어서 아이가 가진 현재의 상태나 감정을 더 잘 이해할 수 있었던 점이 좋았다. 그림을 그린 후 앞으로 해 보고 싶은 것이 있냐는 질문에 "퀵보드랑 비슷한데 바퀴만 굴러가는 것을 타고 싶어요. 못타는데 자세히 보면 탈 수 있겠어요."라며 평소와는 다르게 자신감 있는 태도를 보였다. 또 "선생님하고 공원에 가서 타면 더 즐거울 것 같아요"라고 하였다. "오늘 선생님과의 이야기가 즐거웠어요"라는 아이의 이야기를 통해 상담자 사이에 더 많은 친밀감이 형성이 되고 있다는 느낌을 받았다. 자전거 타기와 퀵보드 같은 바퀴 있는 것을 잘할 수 있겠다는 자신감을 보여주어 장점을 찾아서 칭찬해 주면 자신감을 회복하는데 많은 도움이 될 수 있을 것이라는 확신이 들었다. 그러나 너무 상담자가 의도한 대로 이야기를 끌고 가려다 보니 중간중간 말이 끊기고 약간 엇나가는 경우가 있었고 어떻게 할지 몰라 잠시 머뭇거리는 경우도 있었다. 상담이란 결코 쉬운

것이 아니며 그래서 전문적인 훈련 과정이 필요하다는 걸 느낄 수 있는 회기였다.

② 2회기-부모상담

2회기 목표는 심리검사한 결과 및 행동관찰, 아동면담한 내용 등을 토대로 아동의 현재 상태를 이해하고 가족의 도움이 필요하다는 것을 알게 한다. 또 ADHD 아동 부모교육을 통하여 가정과 연계의 필요성을 알고 행동변화에 관심과 노력을 기울이도록 하며 9회기에 진행될 상담프로그램을 안내하고 가정에서 적용할 수 있는 행동 수정 방법을 안내하는 것이다.

여러 차례의 전화 상담으로 아동에 관한 많은 정보를 수집한 이후 이루어진 어머니와의 대면 상담에서 아동의 어린이집과 가정생활에 대한 정보를 공유하였다.

상담의 필요성과 상담의 목표, 내용, 진행 과정을 안내해 드렸다. 또한 가정에서 지킬 일일 행동 계약을 정하는 방법 및 보상 방법을 안내하고 가정과 어린이집이 서로 연계하여 운영되도록 가정-어린이집 연락 공책(상담공책)을 활용하여 원활한 정보 공유가 이루어지도록 안내하였으며 아동의 행동변화에 관심을 기울여 줄 것을 당부하였다. 부모님이 가정에서 변화되기 바라는 항목으로는 주의 깊게 듣는 태도 형성, 자기 물건을 잘 챙기기, 사회성 함양, 언어영역의 고른 관심 등 4가지로 요약하였다.

어린이집과 가정에서 도움이 필요할 때에는 언제든지 전화를 주고받기로 한 후 상담이 종료되었다. 부모님이 아동의 행동 변화에 관심을 많이 보이고 호의적이어서 상담을 하는데 많은 도움이 될 것 같다.

③ 3회기-나의 모습과 친구관계

이번 상담의 목표는 자신의 장점과 단점을 알아보는 활동을 통해서 현재 자신의 모습을 이해하고 자신감을 갖도록 하고 친구 관계를 점검해 보고 좋은 친구 관계를 유지하는데 중요한 요인을 깨달아 일상생활에서 친구와 사이좋게 지낼 수 있도록 목표를 잡고 상담을 시작하였다.

나의 참모습 알기 학습지로 나의 취미, 잘하는 것, 좋아하는 것, 싫어하는 것,

듣고 싶은 칭찬, 좋은 점, 좋지 못한 나의 모습, 만약에 나에게 요술지팡이가 있다면 앞으로 내가 어떻게 변했으면 좋겠는지 이야기를 해 보았다. 학습지에 취미로 글씨 쓰는 것을 힘들어 하여 그림으로 그리도록 하였는데 게임기를 그렸다. 그림으로 표현하기 곤란한 것은 선생님이 묻고 답하여 간단히 답을 쓰는 형식으로 진행하였다. 취미는 게임인데 게임기를 학습지에 그리고 5분 이상을 게임에 관한 이야기를 하였다. 게임이 나오는 주인공 모습을 흉내를 내며 설명해 주었지만 무슨 말을 하는지 잘 이해는 가지 않았다. 이야기가 끝날 기미가 보이지 않아서 듣고 있다가 상담이 끝난 후 게임에 대한 이야기를 더 나누기로 하였다. 잘하는 것은 조립이고 좋아하는 것은 별로 없다고 하여서 예를 들어 설명해 주었더니 마지못해 '민들레꽃'이라고 답하였다. 싫어하는 것은 '당근'이며 듣고 싶은 칭찬은 '고맙다'는 말이라고 하였다. 그런 후 또다시 게임 이야기를 하였다.

한참 게임에 관한 이야기를 들어준 뒤 좋은 점은 자신이 좋을 때로 잘못 이해하여 선생님께 칭찬받을 때라고 말하였다. 다시 자신의 좋은 점을 말해 보자고 하니까 대답을 회피하였다. 조금 후 좋은 점으로 볼이 부드럽다고 하였다. 무슨 뜻이냐고 물었더니 볼이 아기살처럼 부드럽다는 뜻이란다. 그 후 잘하는 것은 없다고 하고 계속 게임이야기를 하였다. 그래서 상담자가 잘 웃고 줄넘기를 잘하는 것 등의 좋은 점과 장점을 대신 찾아 주었다. 힘들어서 그만하고 싶다고 하여 조금만 더 이야기하자고 타일렀다. 좋지 못한 나의 모습으로 다투는 것이라고 알고 있었으며 앞으로는 때리지 말아야겠다고 답하였다. 만약에 요술지팡이가 있다면 앞으로 내가 어떻게 변했으면 좋겠는지 말할 때 친구들을 때리지 않고 고운 마음을 가진 사람이 되고 싶다고 하였다. 이렇게 되기 위해서 앞으로 노력할 점, 변화할 점을 하트모양으로 오린 종이에 적어 붙였다. 벽지처럼 꾸며진 하트모양의 다짐을 자기 방에 붙여 놓고 실천하기로 약속하였다. 그런 다음 준희가 잘하는 것 중에서 제일 자신 있는 역할연기로 흉내내기, 꼬마야 노래를 부르며 줄넘기를 직접해 보게 했다. 그런 후 잘한 점을 더 이야기해 보았다. 색종이 접기, 그리기, 역할연기 등등을 말하였다. 공작과 두루미 예화를 들려주며 각자 가진 장점들이 있으니 앞으로 자신감을 가지고 생활할 것을 약속하였다. 또한 어린이집에서 친구들과 싸우지 않고 지낸 것에 대해 칭찬을 해 주고 좋아하는 친구와 싫어하는 친구 얼굴을 지점토로 나타내면서 이야기를 나누었다. 먼저 좋아하는 친구 b를 만들었는데 모습을 세부적으로 잘 묘사하였다. 준희는 잘 만들지 못한다고 생각하고 있어서 아주 잘한다고 칭찬을 해 주었다. 또 좋아하는 친구들이 있냐고 물었더니 p가 좋다고 했다. 이유는 자기에게 친구를 하자고 해서 그런다고 하였다. 점점 잘하는 것이 늘고 있다고 해 주니 더 흐뭇한 표정을 지었다. 자신감을 갖게 지속적으로 격려해 주니 더 잘 만들려고 하였다. 눈, 코, 귀, 입 등 관찰한 내용을 세부적으로 잘 표현해서 칭찬해 주었다. 친구가 실눈으로 웃고 있는 모습이 예쁘다고 하자 흉내를 내며 웃었다. 또 남은 지점토로 b의 모습처럼 웃는 모습으로 자기를 만들고 b와 함께 손잡고 있는 모습을 만들었다. 그 다음 싫어하는 친구는 d로 화난 표정으로 만들었는데 자기에게 메롱을 해서 어제까지 다투었고 싫다고 했다. 앞으로 d와 어떻게 지낼 거냐고 하니 사이좋게 지내겠다고 했다. d가 또 놀리면 찡그린 표정이 얼마나 안 예쁜지 만들어서 보여주겠다고 했다. 친구들이 좋아하는 행동에는 무엇이 있을까라는 질문에 놀아주고 메롱하지 않고 친절하게 모르는 것을 가르쳐 줄 때라고 하였으며 싫어하는 행동에는 메롱하는 것, 남의 속옷 보고 놀리는 것이라고 했다. 친구들이 속옷이 보인다고 놀린 적이 있었는데 그 친구들이 싫었다고 하였다. 앞으로 좋은 행동을 많이 하겠다고 약속하고 회기를 마무리하였다. 회기를 마친 느낌은 행복하다고 하였다. 과제로 할아버지와 마주 보고 어린이집에서 있었던 일에 대해 5분 이상 대화를 나누고 오기를 내 주고 상담을 종료하였다.

인상 깊었던 점은 처음에 아이가 자신이 잘할 수 있는 점들을 이야기할 때 쑥스러워하고 없다고 하며 부정적인 대답을 하였는데 하나하나 잘한 점에 대해 이야기를 해 주니까 표정이 훨씬 밝아졌다는 것이다. 또 내가 잘하는 것 중에서 제일 자신 있는 것 골라 직접해 보는 활동을 했을 때 역할연기 흉내내기, 꼬마야 노래 부르며 줄넘기 등을 자신감을 가지고 신이 나서 행동으로 보여주는 것을 보았다. 칭찬은 고래도 춤추게 한다는 말이 실감난다. 모든 회기에 걸쳐서 자신감이 회복될 수 있도록 칭찬과 격려를 아끼지 말아야겠다.

미흡했던 부분은 게임 이야기가 2번 정도 길게 이야기가 나왔을 때 상담자는 듣고 있다가 시간이 길어질 것 같아서 이야기를 끊고 다음 이야기로 넘어갔는데 그 부분을 어떻게 다루어야 할지에 대해 잘 모르겠고 대처를 잘하지 못한 느낌이 든다.

유아다 보니 이야기를 계속하면 지루해하고 집중을 하지 못하니까 아이가 좋아하는 미술 활동과 관련지어서 좋아하는 친구와 싫어하는 친구를 만들면서 이야기를 나누니까 덜 지루해하면서 이야기를 자연스럽게 이어났고 솔직하게 자기 이야기를 해 주었다. 좋은 행동과 나쁜 행동을 잘 알고 있었으며 그것들을 잘 실천하고자 하는 태고가 돋보였다는 점이 인상적이었다.

④ 4회기-약속해요(주의력결핍과 과잉행동 관련 문제행동 변화)

먼저 할아버지와 마주 보고 어린이집에서 있었던 일에 대해 5분 이상 대화 나누고 오기 과제를 확인했는데 잊어버리고 하지 못했다고 했다. 쪽지를 보여드리는 것도 잊어버렸냐고 물으니 침묵을 하였다.

이 회기는 주의력결핍 및 과잉행동과 관련된 문제행동을 변화시키려는 구체적인 목표를 정하고 행동 계약을 맺는 것을 목표로 하였다.

오늘 아이들과 학교에서 상담 전에 다툼을 하였는데 그것과 관련하여 생활 장면에서 아동의 주의력결핍과 충동적인 행동에 대해 알아보고 주의 산만한 행동이나 충동적인 행동을 했을 때 어떤 결과가 있을 수 있으며 어떻게 하면 좋은 결과를 얻을 수 있을지 이야기를 나누었다. 그 결과로 울고, 싸우고, 기분이 상하게 됨을 잘 알고 있었다. 행동목록표에서 자신의 모습과 비슷한 곳에 체크하고 지금까지 상담자가 관찰한 관찰일지 내용을 토대로 어린이집에서 지킬 일일행동 목록(과제에 잘 참여하여 정한 시간 안에 마치기, 수업 중 손, 발장난하지 않기, 공부나 놀이를 다 한 후 정리하기, 수업 중 자리 이탈하지 않기, 다른 사람의 활동을 방해하거나 간섭하지 않기, 차례와 질서지키기, 위험한 행동하지 않기, 친구와 다투지 않고 사이좋게 지내기)을 8가지로 정하였다. 세운 목표에 대한 행동 계약 및 얻게 되거나 잃게 되는 특권을 정하고 보상목록이나 벌 등을 아동이 좋아할 만한 것으로 함께 정하였다. 어린이집 행동계약서를 자기 이름을 넣어서 읽어 보고 사인한 후 잘하고 있지만 잘 지켜지지 않는 부분에 대해 더 열심히 노력할 것을 약속하고 상담 공책에 붙여 매일 읽어 보게 하였다. 또 가정에서 지킬 일일 행동목록표도 2회기 때 부모 상담에서 이야기된 내용을 위주로 실천 항목을 6가지로 정하여 매일 실천한 것을 부모님과 함께 점검하도록 안내하고 상담이 없는 날에도 실천 여부를 점검하기로 하였다. 가정에서 지킬 계약서도 마찬가지로 자기 이름을 넣어서 읽고 사인한 후 할아버지 사인을 받아오도록 공책에 붙여 주었다. 이번 회기를 마치면서 느낀 점은 즐거웠다고 하였다. 과제는 행동계약서를 보여드리고 할아버지 사인받아 오기와 가정에서 실천한 내용을 매일 점검하여 가져오도록 하였다. 부모교육 내용으로 행동수정의 방법을 공책에 붙이고 읽어 보시도록 하였다.

자기 자신의 문제점에 대해 비교적 잘 알고 고치기 위해서 노력하고자 하는 모습이 인상적이었다. 또 부모교육 자료를 함께 제공함으로써 가정과 연계하여 행동 수정을 하려고 한 점과 상담이 없는 날에도 일일 행동목록표의 실천여부를 점검하도록 안내한 것은 잘한 점인 것 같다. 보상 방법과 목록을 일관성 있게 잘 활용해 보아야겠다고 생각했다.

⑤ 5회기-사회성 기술 훈련(감정을 적절하게 표현하는 방법 익히기)

이 회기는 자기가 가지고 있는 감정을 적절하게 표현하는 방법을 익히는 것을 목표로 하였다. 집에서 울 때 소리를 내지 않고 우는 것, 아버지에게 자신의 감정을 잘 표현하지 못하는 것, 손톱을 자주 깨무는 것, 친구와 다툼 등이 감정표현을 적절하게 하지 못하는데 있음을 염두에 두면서 상담을 하였다.

상담자 1 : 준희야, 선생님하고 이야기하는 시간이지. 바르게 앉아보자. (바르게 앉자) 착한 어린이구나! 상담 공책 행동계약서에 할아버지 사인은 받았니?
(전 회기에 제시된 과제 확인하기와 관련된 질문하기)

내담자 1 : 네, 여기 있어요.

상담자 2 : 과제를 잘 해결했구나! 어제 가정에서 실천한 것들을 봐보자. 다섯 가지를 잘 실천하였구나! 참 잘했다. 그런데 한 가지에만 집중하면서 할 일하는 것을 못했구나!
(매회기 시작할 때 상담공책을 보고 어린이집 생활과 가정생활에서 지킨 일일행동을 점검하는 활동으로 잘한 내용에 대해 격려와 보상을 해 주기 위한 질문하기)

내담자 2 : 네. 밥을 먹으면서 TV를 보아서 아빠에게 혼났어요.

상담자 3 : 한 가지에 집중한다는 것은 어른도 쉬운 일은 아니란다. 다음부터는 더 노력해 보도록 하자. 오늘 준희 하루 동안 기분이 어떻게 변했는지 한번 이야기해 보자. 아침에 어린이집 올 때는 어땠어?
(오늘 회기 상담 목표는 자기가 가지고 있는 감정을 적절하게 표현하는 방법을 익히는 것과 관련하여 내담자의 감정 상태를 확인하는 질문하기)

내담자 3 : 기분이 좋지 않았어요. 엄마한테 혼나가지고요.

상담자 4 : 주말에만 본 엄마인데 왜 혼났는데? (좀 더 구체적으로 이야기해 볼래? 라고 질문하는 것이 더 좋았겠다.)

내담자 4 : 아니. 어제 아파트 관리소에서 엘리베이터에 개가 오줌을 많이 싼다고 하는 방송이 많아 나와서 오른쪽 엘리베이터에 오줌이 묻어 있을까와 오른쪽 엘리베이터를 꺼버려서 왼쪽 엘리베이터를 또 눌렸는데 엄마한테 혼났어요. 왼쪽 엘리베이터보다 오른쪽 엘리베이터가 더 빠르니까 끄지 말라고 했는데 눌러서 혼났어요.

상담자 5 : 그래.

내담자 5 : 왼쪽 엘리베이터보다 오른쪽 엘리베이터가 더 빠르거든요.

상담자 6 : 그래. 오른쪽 엘리베이터가 더러울까봐 깨끗한 쪽을 타고 싶어서 왼쪽 엘리베이터를 엄마랑 같이 타고 싶은 마음이었는데 그쪽이 더 늦은 쪽이어서 엄마께 혼이 나서 화났구나! (공감하기) 결국 어느 것을 타고 왔어?

내담자 6 : 저 혼자 걸어왔어요.

상담자 7 : 엄마는 뭐 타고 가시고?

내담자 7 : 엄마랑 같이 차를 타고 왔어요.

상담자 8 : 아니, 그 말이 아니라 엘리베이터 어느 쪽 타고 내려 왔냐고?

내담자 8 : 오른쪽 엘리베이터요.

상담자 9 : 오줌 묻은 쪽? 아니 오줌 묻었다고 생각하는 거?

내담자 9 : 네. 그런데 오줌은 안 묻어 있었어요.

(아버지가 평소에 너무 깔끔하여서 스트레스를 받는다는 말을 엄마에게 들은 적이 있었는데 내담자 4~9번까지 답변에서 아이에게도 그런 면이 있는 것을 알 수 있다.)

상담자 10 : 그랬구나!

내담자 10 : 네.

상담자 11 : 어린이집에 와서는 기분이 어땠어? (개방형의 질문)

내담자 11 : 어린이집에 와서는 즐거웠어요. 독서시간에 친구랑 같이 실뜨기 게임을 해서요.

상담자 12 : 독서시간에 독서해야지. 왜 실뜨기를 했을까? 그래도 즐거웠어? h랑 했어?

(한꺼번에 너무 많은 질문을 한 것과 독서시간에 독서를 해야지 하고 평가를 한 것은 바람직하지 못하다. 그리고 h랑 했어? 라고 폐쇄적인 질문을 한 것은 아이의 반응을 한정시키기 때문에 누구랑 했니? 처럼 개방형의 질문을 하는 것이 좋다.)

내담자 12 : 네. 아니. 아니 c랑 했어요.

상담자 13 : 공부시간에는 어땠어? (구체적인 것을 알아보기도 전에 갑자기 화제를 바꾸어 버렸다.)

내담자 13 : 공부시간에는… 공부시간에도… 즐거웠어요.

상담자 14 : 그래? 공부가 재밌었구나! 셈놀이랑? 응, 다행이네. 그 다음에 지금은 어때? 여기 보고 얘기해.

내담자 14 : 지금도 즐거워요.

상담자 15 : 지금도 즐거워? 어디 얼굴 표정보자. 즐거운 표정인가. 진짜네? 이 쪽 보고 얘기해(연필을 만지작거리자). 앞에 보고 이야기 하자. 선생님 이따 공부 끝나고 연필 다시 줄게. 바르게 앉아봐. 준희야, 오늘 하룻동안 기분이 아침에는 별로 좋지 않았다가 다시 좋아졌네. 오늘은 선생님하고 자기 자신의 기분을 표현하는 방법을 공부해 볼거야. 아까 아침에 혼나서 기분이 좋지 않았다가 어린이집에 와서는 기분이 즐거워졌다고 했잖아. 그래서 선생님하고 내 마음 속에 있는 생각이나 기분들을 정직하게 이야기해 보는 공부를 해 볼거야(상담자가 너무 이야기를 길게 한다).

상담자 16 : 선생님에게 여러 가지 감정카드가 있다. 그런데 감정카드가 뭔지 알아?

내담자 16 : 아니요. 몰라요.

상담자 17 : 감정카드가 자기 마음 속에 있는 마음, 기분, 느낌들을 얼굴 표정으로 나타내 주는 카드야. 한 번 봐보고 싶어, 봐 볼까? 표정들이 대게 재미있다. 와! 많지?

내담자 17 : 우하하. 재미있다(큰 소리로 한 참을 웃는다).

상담자 18 : 제일 쉬운 거 어떤 거 있어? 이거는 무슨 표정이야.

내담자 18 : 즐거운 표정, 이거는 만족한 표정

상담자 19 : 제일 재미있는 표정 봐봐.

내담자 19 : 이거 재미있다.

상담자 20 : 이거는 무슨 표정 같아?

내담자 20 : 공격적인 표정

상담자 21 : 공격적이란 말뜻 알아?

내담자 21 : 몰라요.

상담자 22 : 누군가를 잡아먹을 듯한 표정들, 이 표정 너 재미있구나! 너무 웃기냐? 이 표정은 어떤 표정인 웃기냐?

내담자 22 : 미워하는 표정

상담자 23 : 미워하는 표정은 싫어하는 표정이란 말이란다. 이건 무슨 표정 같아?

내담자 23 : 화난 표정이요.

상담자 24 : 이거는 무슨 표정일까?

내담자 24 : 수줍은 표정. (수줍은 표정을 지으며 헤헤헤 웃는다.)

상담자 25 : 수줍은 표정 어떻게 하는데? 부끄러워서 이렇게 하는 거지? 행복한 표정은 어디에 있나 찾아볼까?

내담자 25 : 여기요.

상담자 26 : 행복한 표정은 여기 있네. 이건 행복한 표정인데 준희는 어떨 때 행복해?

내담자 26 : 모르겠어요. (대답을 회피하는 느낌이 들었다.)

상담자 27 : 행복하다고 네가 느꼈을 때는 어떤 때야?

내담자 27 : 별로 없었어요. (대답하기 귀찮은 표정을 짓는다.)

상담자 28 : 왜? 한번이라도 행복한 적이 없었어?

내담자 28 : 아니요. 있었어요.

(감정과 사실을 이해하지 못하고 있는 느낌이 든다. 이에 대한 설명이 선행되었으면 더 좋았겠다. 상담자 34와 내담자 34가 더 선행되었으면 좋겠다.)

상담자 29 : 언제?

내담자 29 : 그건 잘 모르겠어요.

상담자 30 : 선생님이 생각했을 때는 있었던 것 같은데…

내담자 30 : (침묵) (대답을 회피하는 느낌이 들었다.)

상담자 31 : 그런 네가 배가 고팠는데 맛있는 급식이 나와서 배부르게 먹었을 때 행복했지? 그런데 왜 없다고 그래. 생각이 안 났어?

(상담자 26번부터 어떤 때 행복했는지, 슬펐는지 이야기를 나누었는데 행복한 적도 별로 없고 슬플 때도 별로 없었고 모른다고 하여 상담자 31에서 선생님이 관찰한 행복하였을 때를 구체적인 상황을 이야기해 주었다.)

내담자 31 : 그냥 생각이 안 나서요.

상담자 32 : 그럼 슬펐을 때는 없었어? 행복했을 때는 생각이 안 났는데… 슬펐을 때는 없었어?

내담자 32 : 네. 몰라요. (대답하기 귀찮은 표정을 짓는다.)

상담자 33 : 별로 없었어?

내담자 33 : (침묵) (침묵으로 답변을 회피한다는 느낌이 들었다.)

상담자 34 : 그럼 이럴 때는 어떤 느낌이 들겠는지 네 기분을 말해봐. 예를 들어서 사탕을 많이 먹어서 이가 썩었을 때 어떤 느낌이 들까?

(답변을 회피하는 느낌이 들어서 상담자 34번부터 - 내담자 46번까지는 상담자가 관찰했던 바 아이가 경험한 구체적인 상황들을 가지고 감정을 표현하는 것을 이야기해 보았는데 자신이 경험한 내용에 대한 느낌이어서 그런지 비교적 느낌을 상황에 맞게 잘 이야기하였다.)

내담자 34 : 이가 아픈 느낌

상담자 35 : 이랬을 때 기분은?

내담자 35 : 슬펐을 것 같아요.

상담자 36 : 응. 그렇지? 그럼 준비물을 가져오지 않아서 네가 수업에 참여하지 못할 때는?

내담자 36 : 지루했을 것 같아요.

상담자 37 : 다음에 스티커를 많이 모아서 선물을 받았을 때는?

내담자 37 : 행복했을 것 같아요.

상담자 38 : 그래 지난 번 준희가 스티커 많이 모아서 선물받았을 때 행복했어?

내담자 38 : 네.

상담자 39 : 역할극 했지? 지난 번 공개수업 때 세균맨 역할극 했지? 역할극 잘 해서 네가 칭찬받았을 때는?

내담자 39 : 기분이 좋았어요.

상담자 40 : 그 다음에 복도에서 뛰어서 선생님께 꾸중 들었을 때는?

내담자 40 : 잘 모르겠어요. 이 카네이션 우리 집에 있는데…

(잠시 주의가 카네이션 볼펜으로 이동하였다.)

상담자 41 : 똑같은 카네이션 있어?

내담자 41 : 아니 색깔은 다르지만요.

상담자 42 : 그래. 친구와 다투어서 친구가 울었을 때는 어땠어?

내담자 42 : 내 기분이 좋지 않았어요.

상담자 43 : 친구가 아파서 어린이집에 오지 못했을 때는?

내담자 43 : 슬펐을 것 같아요.

상담자 44 : 친구가 안 나왔을 때 준희가 슬펐어요?

내담자 44 : 네.

상담자 45 : 그럼 지난 번 엄마랑 ○○공원 갔잖아. 만지지 마세요. 선생님 주세요. (카메라 만져서) 공원에서 못타던 자전거를 타게 되었을 때는 어땠어?

내담자 45 : 즐거웠어요.

상담자 46 : A 연못에 친구들이 쓰레기를 넣어서 오염되고 돌을 던져 괴롭혀서 물고기와 개구리가 죽어 버렸어. 어때?

내담자 46 : 불쌍했어요.

상담자 47 : 아버지께서 맛있는 간식을 사주셨어. 준희에게 (특히 아버지에 대한 감정을 다루어 줄 필요성이 있어서 아버지와 가족에 대한 질문을 넣어 이야기 하였다.)

내담자 47 : 기뻤어요. (눈을 마주치지 않고 형식적으로 답하는 느낌이 들어서 다시 무엇을 사주셨는지 이야기를 더 꺼내어 보기로 하였다.)

상담자 48 : 뭐 사주셨어?

내담자 48 : 아니. 그런데 그런 일은 없었어요. 한번도(자리에 앉아있지 않고 돌아다니며 작은 목소리로 이야기한다.)

(아이의 행동에서 아버지에 대한 답변을 회피하는 느낌이 들었다.)

상담자 49 : 이쪽으로 와바. 그런데 그런 일이 결국 없었어요? 아빠가. 왜? (아버지에 대한 이야기와 감정을 더 알고 회피하는 감정에 직면하도록 하고 싶어서 다시 질문하였다.)

내담자 49 : 몰라요.

상담자 50 : 그럼 아버지가 한 번도 안 사주셨어? 진짜로.

내담자 50 : 네.

상담자 51 : 그랬구나! 그럼 준희가 공부도 잘하고 그러니까 아빠에게 사주시라고 해야겠다.

내담자 51 : (침묵) (그럴 일은 없을 거라는 아이의 부정적인 감정이 느껴졌다.)

상담자 52 : 가족끼리 여행 갔을 때는?

내담자 52 : 즐거웠어요.

상담자 53 : 언제 갔었어?

내담자 53 : 언제인지는 모르겠어요.

상담자 54 : 누구랑 갔었어?

내담자 54 : 엄마, 나랑요. 아빠는 바빠서 못가시고요. (뒤를 보고 이야기한다.) (아이의 행동에서 가족에 대한 답변을 회피하는 느낌이 들었다.)

상담자 55 : 선생님 보고 얘기해 줄래? (아이의 행동에서 가족에 대한 답변을 회피하는 느낌이 들었다.)

내담자 55 : 네.

상담자 56 : 그런데 준희야! 너 울 때 슬플 때 소리를 내서 울어 소리를 안내고 울어? (아이가 울 때 소리 내서 울지 않는 것이 문제가 있다고 생각한 어머니의 말씀을 듣고 슬픔이 느껴졌을 때 소리 내어 울어도 괜찮다고 역할극으로 가르쳐 주었다.)

내담자 56 : 소리를 내고 울어요. (머뭇거리고 이야기한다.)

상담자 57 : 너 소리를 내고 우냐? 요즘에? 어, 그런데 선생님이 지난번에 네가 울때 소리를 내지 않고 운다고 들었거든? 그런데 소리 내서 우냐? 그럼 어떻게 우는지 흉내내봐. 한 번만 내봐. 너 지난 번 역할극 잘했잖아. 그때처럼 우는 흉내내보자. 선생님하고…

내담자 57 : 헤헤헤

상담자 58 : (소리 없이 우는 흉내를 내며) 선생님처럼 이렇게 우냐. (소리를 크게 내며 우는 시늉을 하며) 아니면, 흑흑흑 하고 소리 내서 우냐? 어떻게 울어? 너는 첫 번째처럼 우냐? 아니면 두 번째처럼 우냐? 어떻게 울어?

내담자 58 : 잘 모르겠어요.

상담자 59 : 준희야, 원래 사람은 슬플 때는 소리를 내서 울어도 되는 거야. 너 상갓집 가봤지. 누구 돌아가신 집, 가보지 않았니?

내담자 59 : 네.

상담자 60 : 거기 있는 사람들이 어떻게 울었어? 그 사람들이? 슬프니까 엉엉 소리 내서 울잖아?

내담자 60 : 네.

상담자 61 : 이리 와바! 바르게 앉아봐. 선생님하고 이거 끝나고 맛있는 거 먹자. 엉엉 울 때 소리 내서 울어도 되는 거야. 시계 보지 말고… 시계만 쳐다보는 구나! 선생님하고 헤어지고 싶어서… 준희가 시계만 쳐다보니까 선생님 마음이 슬퍼지려고 한다.

내담자 61 : 아니 그냥 빨리 가려고 그러는 것이 아니라 그냥 쳐다보는 거예요.

상담자 62 : 준희야, 그래서 울 때는, 자기가 슬플 때는 소리를 내서 울어도 되는 거야.

내담자 62 : 선생님, 그런데 이번에 새로 나온 게임이요. 내가 아는 아이디로 해 보았어요. 그런데 안 되어서 다시 만들어 하게 되었어요.

상담자 63 : 준희가 자주 손톱을 깨물잖아. 그런데 왜 자꾸 그런 행동을 하지? (손톱을 자주 깨무는 원인을 파악하려고 질문하였다.)

내담자 63 : 몰라요.

상담자 64 : 너도 몰라.

내담자 64 : 자주 무서워요. 무서운 꿈도 꾸고요.

상담자 65 : 응, 그랬구나! 어떤 무서운 꿈?

내담자 65 : 게임에서 나오는 무서운 꿈.

상담자 66 : 게임에서 나오는 무서운 꿈들, 게임을 줄여야겠다. 너 매일 게임하냐? (손톱을 깨무는 원인이 게임에 나오는 무서운 괴물들이 나오는 꿈을 꾸어서 불안하다는 것을 알 수 있었다.)

내담자 66 : 아니요. 가끔요.

상담자 67 : 가끔 하는데 거기서 무서운 사람이 나와?

내담자 67 : 무서운 사람이 아니라 무서운 괴물이요. 버물 파이터 한 번 했는데 거기서 나오는 괴물이요. 한 번 나왔어요. 그래 가지고 제가 물총을

쏘았는데…(알아듣지 못하는 말로 게임 설명을 한참한다.) 몬스터 이야기. 해골로 변하는 이야기 등등

상담자 68 : 응, 게임에 관한 이야기는 선생님하고 다음에 이야기하기로 하고 네가 들었던 말 중에서 너를 제일 화나게 했던 말들 있어?

내담자 68 : 메롱 하는 거나 빵꾸 똥꾸하는 거요.

상담자 69 : 또 들었을 때 상처받은 말들은 있어?

내담자 69 : 저도 모르겠어요. 있는데 잘 모르겠어요.

상담자 70 : 앞으로 다른 친구들에게도 화나게 하는 말들을 하면 안되겠지? 그런데 e랑 아까 너랑 이야기할 때 왜 e가 하지 말라고 해도 손가락으로 건들지 말라고 해도 계속 그랬어.

(오늘 e랑 싸웠던 일을 통해 긍정적인 말의 중요성과 자기감정을 친구에게 솔직하게 말로 전달하면 더 좋다는 것을 공부하였다.)

내담자 70 : 같이 놀자고 했는데 같이 안 놀아서 섭섭해서 그랬어요.

상담자 71 : 섭섭해서 그랬어? 섭섭하다는 것을 그렇게 싫어하는데 장난치지 말고 말로 섭섭하다는 감정을 그대로 표현해 보았으면 더 좋았겠다. "e야, 어제 사실은 너랑 함께 놀고 싶었는데 네가 놀아주지 않아서 내 마음이 섭섭해서 그랬어"라고 말해 보지 그랬어?

내담자 71 : 네. (사진기의 동영상을 만지작거리며) 선생님 그런데 기다리면 이 게 왜 이렇게 돼요?

상담자 72 : 오래 사용해서 이제 없어지는 거야. 섭섭해서 그랬어라고 말 안 해봤지? 그리고 그렇게 장난만 쳤지?

내담자 72 : 네.

상담자 73 : 앞으로 네가 느끼는 감정들을 아까 선생님하고 이야기한 것처럼 이유와 함께 기뻤어요. 슬펐어요. 행복해요. 이런 말들을 그대로 상대방한테 전달하는 것이 좋아. 어떻게 전달? 말로. "e아, 네가 놀아 주지 않아서 섭섭했어"라고 말하면 더 좋겠지? 아까 선생님도 너희들이 말을 듣지 않으니까 나 화나려고 해라고 말했지? 화를

내는 것은 아니고 화가 나려고 하니까 말 좀 잘 들었으면 좋겠다라고 말했지? 그런 것처럼 앞으로 준희도 섭섭하거나 화가 난 일들이 있으면 말로 전달해 보면 좋겠지?

내담자 73 : 네.

상담자 74 : 오늘은 엄마, 아빠와 5분 동안 이래서 행복해요. 이래서 기뻐요. 라고 네 감정을 잘 전달하고 이야기 나누고 오렴. 그리고 상담공책에 부모님이 읽어 보실 자료 있으니 꼭 읽어 보시라고 말씀드리렴. (나의 감정 전달하고 오기 과제 제시, 부모교육 자료 자녀와 좋은 관계 맺기를 전달하였다.)

내담자 74 : 할아버지 집에 가는데요?

상담자 75 : 엄마한테서 전화 왔어. 오늘은 엄마 집으로 보내달래. 엄마 만나면 내 기분이 어떤지 자기감정을 잘 전달하고 오렴.

내담자 75 : 네.

상담자 76 : 자. 그럼 장갑에다 오늘 공부가 끝난 다음의 느낌을 그려볼까? 이렇게 선생님은 준희와 이야기해서 너무 행복하단다. (손장갑에 행복한 표정을 그린 후 손가락을 움직이며 행복한 표정으로 말을 한다.)

내담자 76 : 야!

상담자 77 : 준희도 한 번 해 볼까? 사인펜 있지? 사인펜으로 그려볼까? 어떤 표정이야?

내담자 77 : 기쁘다는 표정이요.

상담자 78 : 그래. 오늘 수업이 만족스러웠구나! 그리기 불편하면 선생님이 장갑 끼고 있을까?

내담자 78 : 내.

상담자 79 : 그 다음은 무엇을 그릴 건데?

내담자 79 : 행복한 표정이요.

상담자 80 : 그래. 그 다음은 네가 그리고 싶은 대로 그려봐.

내담자 80 : (그리다가) 힘들어서 그만 할래요.

상담자 81 : 그래. 그럼 남은 칸은 다음에 그리기로 하고 선생님과 목요일에 만나자.

내담자 81 : 네.

아동 하원 후 오늘 상담에서 더 이야기해 보고 싶었던 부분(소리 내서 울지 않은 것, 게임시간, 손톱 자주 깨무는 것에 대한 원인, 아버지에 대한 감정이나 느낌에 대한 것)에 대해 어머님과 통화하였다. 앞으로 게임시간을 관리하도록 할 것과 아버지에 대한 감정이 매우 부정적이어서 가족끼리 대화시간 늘리기나 놀이에 함께 참여하기 등의 활동으로 더 가까워질 수 있는 노력들을 함께 해 나가야 한다는 것을 이야기하였다. 회기를 마무리하면서 미흡했던 점은 아버지에 대한 이야기와 가족 이야기를 할 때 회피하려는 감정들을 좀 더 직면하게 해서 이야기를 꺼내게 했어야 될 것 같은데 어떤 방법으로 개입을 해야 할지 모르겠고 그러지 못한 점이 아쉽다. 또 인본주의의 공감, 일치, 무조건적 긍정적 존중으로 상담을 하고자 하였으나 이론과 실제는 거리가 있어서 반응들이 그렇게 표현되지 못한 것 같다. 또 감정과 관련된 여러 가지 주제들이 너무 많이 이야기되어 하나의 주제에 대해 진지하게 이야기해 보지 못하고 시간이 다되어 마무리를 했던 점이 아쉬운 회기였다.

⑥ 6회기–분노조절하는 방법

이 회기는 이롭게 화를 내는 방법과 해롭게 화를 내는 방법을 알고 화가 났을 때 적절하게 표현하는 방법을 익혀 보는 것을 목표로 하였다.

엄마의 마음을 혼자 알아보고 이해해 드리는 말이나 행동 3가지 해드리기 과제를 확인하였는데 엄마가 지친 모습으로 퇴근하셨을 때 "엄마 무슨 일 있으세요?" "응, 오늘 병원에서 일이 많아 힘들구나!" "그래요. 제가 어깨 주물러 드릴게요."라며 어깨를 주물러 드렸다고 한다.

화가 많이 났을 때의 경험을 떠올려 어떤 느낌이 들었는지 평상시와 어떤 다른 점을 느꼈는지 물어 보았다. 애들이 머리를 잡아당기고 때릴 때, i가 잔소리할 때 화가 났다고 하며 기분이 좋지 않다고 하였다. h와도 며칠 전 말다툼이 있었는데 자기를 제자로 받아 달라고 했을 뿐 싸운 것은 아니라고 했다. 자기가 태권도 실력이 부족해서 그랬다고 했다. 그렇지 않고 잘하는 것이 많다고 하였더니 품새 순서를 외워서 하는 것을 못한다고 했다. 품새를 교실 뒤쪽에서 시연해 보라고 하였는데 아주 잘하여서 칭찬해 주고 연습하면 더 잘할 수 있다고 자신감을 심어 주었다. 그 다음 화났을 때의 신체에 어떤 신호가 오는지 물었다. 머리뚜껑이 열어지려고 한다며 흉내내며 웃었다. 그리고 얼굴이 빨개지고 호흡수가 빨라지며 때려 주고 싶은 느낌이 든다고 한다. 화가 났을 때의 표정을 지어보게 했더니 두 주먹을 쥐고 씩씩거리며 예쁘지 않는 표정을 지어 보였다. 그 다음 고함을 지르고 때리고, 서로 치고받고 싸우고 울게 된다고 말했다. 그 중에는 때려도 울지 않는 친구가 있는데 고집이 세거나 힘이 세다는 것을 보여주려고 울지 않는 거라고 했다.

분노의 감정을 조절하는 3단계에 대해 공부하고(1단계 : 분노가 터져 나오려고 하는 상황을 인식한다. 긴장을 푼다. 2단계 : 자기 자신에게 차분해지도록 타이른다. 긴장을 푼다. 3단계 : 스스로에게 칭찬한다. 긴장을 푼다.) 화가 끝까지 나서 분노가 치솟아 오를 때 아래의 3단계 조절법을 이용해 보라고 알려 주었다.

- **1단계** : 머리 뚜껑이 열리고, 얼굴이 빨개져서 화가 끝까지 치솟아 오르면 호흡을 크게 하면서 숫자를 세면서 10까지 마음 속으로 센다. 아직 화가 조금 나는 상태이다.
- **2단계** : 자신이 지금 그 상황에 처해 있다고 가정해 보고 침착해라. 흥분하지 마라. 넌 해낼 수 있어라고 하며 자기 스스로 마술을 건다.
- **3단계** : 자신이 흥분하지 않고 그 상황을 극복할 수 있다고 상상하며 다시 자신에게 속삭인다. '나는 해냈어. 나는 화를 잘 참을 수 있어'. 그래도 화가 나면 로봇 헝겊놀이를 하면 된다고 가르쳐 주고 연습하였다. 둘만의 약속으로 로봇이라고 선생님이 외치면 15초간 로봇처럼 뻣뻣이 움직이지 않고 헝겊을 외치면 15초간 심호흡을 하면서 헝겊처럼 부드럽게 자세를 편안하게 취하면 된다고 연습하였다. 또 화가 났을 때 무조건 참는 것은 좋지 않고 어떻게 하면 될지 물었더니 솔직하게 나 전달법으로 나의 감정을 전달해야 한다고 하였다.

이롭게 화를 내는 방법(감정을 말로 전달하는 것)과 해롭게 화를 내는 방법(주먹으로 때리는 것)을 구별하고 과제로 로봇형겊놀이로 15초간 멈추기 연습, 부모님 말씀 잘 듣기를 내주었으며 부모교육으로 분노 조절하는 방법에 대한 읽을거리를 제공하여 교육하실 때 도움이 되도록 안내하였다.

화가 났을 때 10초간 숫자를 세고 심호흡을 한다는 것은 부모님이 가르쳐 주어서 이미 잘 알고 있었다. 그리고 오늘 i가 잔소리를 해서 화가나 때리려고 다리를 들어차려고 하다가 행동계약서가 생각나 멈추었다는 소리를 들었을 때 어느 정도 상담한 내용들이 효과가 있는 것 같아 흐뭇했다. 그리고 지적으로 잘 이해하고 선생님의 말씀에 잘 따라와 주는 준희가 고마웠다.

⑦ 7회기–나를 말해요(자유롭게 이야기하기)

목요일에 예정되었던 7회기가 전염병으로 인한 결석으로 이루어지지 못했다. 그래서 화요일에 진행되었다. 수, 목, 금 3일간 결석을 하고 쉬는 토요일, 일요일이 끼어 있어서 거의 일주일만의 만남이라 그 동안 배웠던 내용도 복습하고 또 4회기 이후 아버지와의 관계에서 달라진 감정들이나 느낌이 있는지, 가족들의 상호작용에 대해서도 더 알고 싶어서 편안한 상태로 자유롭게 하고 싶은 이야기를 나누는 시간을 가졌다. 오늘 어린이집에서 잘 지켜진 실천내용에 대한 보상으로 유희왕 카드 5장을 골라서 주고 상담을 시작하였다. 공책을 보고 1주일 동안 가정에서 지킬 일일 행동 실천 내용을 점검하였다. 먼저 여섯 가지 항목 중에서 한 번에 한 가지에만 집중하는 것과 부모의 말에 즉시 따르기를 제외한 정한 시간 내에 공부 마치기, 정리정돈하기, 30분 안에 샤워 깨끗이 하기 3개 항목이 아주 잘 지켜져서 칭찬하여 주었다. 그리고 어린이집에 오지 못했을 때 경험했던 일에 대해 자유롭게 이야기를 나누었다. 혼자 있어서 심심하였고 정해진 공부하고, TV를 보고 놀았다고 했다. 아빠에 대해 물으니 요즘에 아빠는 새벽에 나가서 밤늦게까지 일하신다고 했다. 그래서 평소 때 잘못 본다고 하여 가끔씩 보느냐는 질문에 "까먹었어요"라고 대답을 또 피하였다. 두 분이 다정하시냐는 말에 아니라고 말했다. 그 이유는 아빠가 가끔씩 장난으로 엄마를 놀래키려고 집에서 숨어 있다가 놀래키기 때문이란다. 그것은 사이가 나쁜 것이 아니고 다정하니까 숨바꼭질 장난을 하는 것라고 말했더니 "아니에요."라며 사이가 좋지 않은 이유를 물었더니 없다고 하였다. 가정에서 지킬 행동에서 볼 수 있듯 그 전보다는 말을 잘 듣고 있어서 그런가 보다 라고 이야기해 주었다. 상담 전에는 매일 손톱을 물어뜯던 횟수가 상담을 시작하고 나서 4회기 이후 주 1회 밖에 손톱 깨물지 않았던 것을 이야기하며 한 번도 깨물지 않게 노력해 보았으면 좋겠다라고 하였다.

어린이집에서 친구와의 관계에 대한 이야기를 나누었다. 거의 싸우지 않았다고 대답하였다. 오늘도 친구와 싸우지 않고 지낸 것에 대해 칭찬해 주었다. 갑자기 공부는 언제 하는 거냐고 물었다. 나 전달법, 분노에 대처하기 등 어떤 내용을 공부를 한 후 연습했는데 오늘 이야기만 나누니까 이상한가 보다. 1주일 동안 어린이집에 나오지 않아서 오늘은 이런 저런 이야기를 나누는 것이 공부라고 말했다.

그 동안 배웠던 내용도 복습한다고 말해 주었다. 피곤한 기색을 보이며 자세가 흐트러져서 자세를 다잡고 지난 번 배웠던 로봇, 헝겊을 말했더니 잊지 않고 행동으로 잘 해냈다. 요즘 친구와도 싸우지 않으니 친구도 많아지고 많이 친해져서 앞으로 로봇헝겊놀이도 필요 없을지도 모른다고 말해 주었다. 엄마, 아빠 이야기로 다시 화제를 바꾸어 아빠는 요즘에 안무섭냐고 했더니 야단도 안치고 예뻐하신다고 하였다. 그리고 엄마, 아빠는 예전보다는 더 덜 싸워서 좋다고 했다. 그 이유를 묻자 엄마가 점점 편하게 자기 일을 하셔서 그런 것 같다고 한다. 무엇 때문에 예전에 많이 싸웠는지는 잘 모른다고 하였다.

갑자기 카메라를 만져 보고 뜨겁다고 하여서 카메라도 우리가 화났을 때 머리 뚜껑이 열린 것처럼 동영상을 찍고 녹음하느라 열 받아서 그런다고 했더니 웃었다.

준희가 열받는 흉내를 내서 분노조절의 3단계를 반복 연습하였는데 잊어버리지 않고 잘해 주었다. 앞으로 더 많은 변화된 좋은 모습으로 되어 있을 것 같다고 말해 주고 친구들이 더 이상 싫어하지 않는다는 것과 잘하는 것에 대해 계속 나열하고 반복해서 이야기함으로써 자신감을 갖도록 상담하였다. 색종이 접기,

두발자전거 타기, 힘도 세지고 키도 커서 태권도 잘하고 줄넘기도 잘하고… 잘하는 것을 대답할 때 이제 모른다고 답하지 않고 술술술 자연스럽게 나오는 모습이 인상적이었다. 예전에는 받아쓰기도 어려웠는데 이제 어려운 받아쓰기도 하자마자 쉽게 쓸 수 있게 되었다고 스스로 이야기하는 것을 보고 어느 정도 자신감이 많이 회복된 것을 볼 수 있는 회기였다. 사랑스럽게 생겼다는 말까지 해 주니 너무 좋아하였다. 전염병으로 어린이집에 나오지 못한 것처럼 요즘 유행하는 눈병이 생기면 어린이집에 오지 못하니 청결에 더 힘쓸 것을 당부하며 상담을 종료하였다.

이번 회기는 복습한다는 의미도 있지만 그 동안 아버지에 대해 덜 다루어졌던 감정들을 자연스럽게 이야기해 보면서 아버지가 무섭다는 생각에서 무섭지 않다고 느끼는 감정들로 변화되며 아버지에 대한 물음에 거의 회피하던 아이가 답을 회피하지 않고 자연스럽게 말하는 것을 통해서 그 동안 부자의 관계가 점점 호전되는 것을 느낄 수 있었던 것이 인상적이었다. 또 자신감을 많이 되찾은 모습과 친구관계도 더 좋아지고 있음을 볼 수 있었다. 아이의 문제가 아이 이전에 부모의 문제에서 발생할 수 있다는 것을 확인할 수 있는 회기여서 앞으로의 상담에 더 많은 도움이 될 수 있을 것 같다.

⑧ 8회기–자기 통제 능력 키우기

이 회기는 4단계로 생각함으로써 자신의 행동을 미리 계획하여 실수를 줄이고 충동적인 행동을 방지할 수 있다는 것을 깨닫는데 목표를 두었다.

늘 그랬던 것처럼 어린이집에서 실천내용을 점검하고 보상하였다. 상담 시작하기 전보다 훨씬 더 잘 지켜지고 있을 것이 대견스럽다. 오늘 친구가 꺼져라고 하여 친구를 때린 일에 대해 이야기하고 분노 대처방법을 제시도 하였다. 가정에서 실천한 내용을 점검한 후 4단계로 생각하기는 깊이 먼저 생각하고 행동하려고 공부하는 것이다라는 것을 알려 주었다. 4단계로 생각하기를 큰 소리로 말하면서 연습하였는데 말로 이해하는 것이 어려워보였다. 중간중간에 주의 집중을 잘 하지 못하고 웃었는데 하고 싶은 이야기를 들어주고 허용적으로 대해 주었다. 그런 후 4단계를 외워서 마음 속으로 생각하기를 연습하였다. 그런 후 오늘 본 셈놀이 문제지 틀린 문제를 가지고 아래와 같이 실제 문제에 단계별로 적용해 보았다. 또 종이접기, 과일이름 이어가기에도 적용해 보았다.

• 셈놀이 문제지 틀린 것 풀기의 예

1단계(문제 파악하기) – 문제가 뭐지? 틀린 시험지의 문제를 해결하는 것, 문제를 읽어 본다.

2단계(계획 세우기) – 어떻게 해야 하나? 무엇을 묻고 있는지 천천히 읽어 본다. 더하기를 해야 함을 안다.

3단계(계획대로 세심하게 실천하기) – 손서대로 계산한다.

4단계(계획대로 되었는지 확인하기) – 맞게 풀어졌는지 다시 한 번 계산하여 본다.

• 종이접기의 예

1단계(문제 파악하기) – 문제가 뭐지? 색종이로 아이스크림 접기

2단계(계획 세우기) – 어떻게 해야 하나? 순서대로 잘 보고 접는 방법을 잘 살펴 보자.

3단계(계획대로 세심하게 실천하기) – 맨 위부터 아래로 차례대로 접는 방법을 따라 접어 보자.

4단계(계획대로 되었는지 확인하기) – 아이스크림을 보면서 계획대로 되었는지 확인하여 보자.

• 과일이름 이어가기 예

1단계(문제 파악하기) – 문제가 뭐지? 과일이름 이어가기. 한 가지씩 늘어나기

2단계(계획 세우기) – 어떻게 해야 하나? 한 사람이 좋아하는 과일이름을 말하면 잘 듣고 한 가지씩 더하여 말하는 게임이다.

3단계(계획대로 세심하게 실천하기) – 처음부터 잘 듣고 하나씩 더해 가면서 말하여 보자. 순서대로 바꾸지 말자.

4단계(계획대로 되었는지 확인하기) – 계획대로 되었는지 선생님과 확인해 보자.

오늘 셈놀이 문제 틀린 것을 4단계로 생각하기 방법으로 전부 해결했다. 색종이를 접을 때 노랫말을 흥얼거리면서 열심히 따라 접었다. 과일이름 이어가기를 할 때 수박, 참외 등은 과일인지 채소인지 물었다.

아동이 회기를 마친 느낌은 어렵긴 했지만 과일이름 이어가기 게임이 재미있었다고 하였고 과제로 "4단계로 생각하기" 단계 외워오기를 제시한 후 부모교육자료로 오늘 배운 "자기 통제 능력 기르기-4단계로 생각하기"를 안내 드렸다. 아동은 활동 자체는 즐거워하였지만 상담자는 유아에게 인지적인 내용을 쉽게 이해시키고 접근하는 것은 쉬운 것이 아니라는 것을 느낄 수 있는 회기였다.

⑨ 9회기–마음여미기

이 회기는 상담 후의 느낌을 나누고 새로운 각오를 다지는 것이 목표이다. 오늘이 상담의 마지막 날이라는 것을 말했다. 선생님과 지금까지 일주일 동안 1번씩 별도로 만나서 이야기 공부하면서 처음의 모습과 비교해서 지금 현재 달라진 모습은 무엇인지 가장 많이 변한 모습이 무엇인지 이야기를 하였다. 준희는 친구들을 때리지 않는 것, 싸우지 않는 것은 가장 큰 변화라고 생각하였고, 친구들이 좀 더 많아진 것, 잘할 수 있는 것들이 많이 생겼다는 것이라고 하였다. 공부를 했을 때의 느낌이 어땠는지 이야기를 나누었는데 재미있었다고 한다. 무엇이 재미있었냐고 구체적으로 말해 보라고 했더니 선생님하고 종이접기, 칠교놀이할 때 역할놀이를 할 때 재미있었다고 한다. 또 즐거웠다고 한다. 오늘로 상담이 끝나서 이제 남아서 이야기 공부는 하지 않는다고 말했다. 준희에게 상담 공부가 끝났어도 앞으로 혼자 잘할 수 있겠냐고 물어 보니 잘 모르겠다며 말끝을 흐렸다. 상담이 끝난 것에 대한 불안한 마음과 아쉬운 마음들을 느낄 수 있었다. 선생님도 지금까지 함께 이야기 공부하는 것이 즐거웠다고 마음을 전하였다. 상담공책을 보고 구체적으로 지금까지 잘 지켜진 항목들에 대해 칭찬을 하였으며 부족한 부분은 더 노력하자고 약속하였다. 오늘로 상담은 끝났지만 일일행동에 대한 점검은 어린이집과 가정에서 겨울방학 전까지 체크하고 점검받기로 하였다. 앞으로 배운 내용을 실생활에서 실천을 잘하기로 약속하고 상담을 종료하였다.

상담이 끝나서 후련한 마음도 들었지만 앞으로 아이가 잘해 줄지 상담의 효과가 얼마까지 지속될지 무척 궁금하고 염려스러웠다.

⑩ 추수상담

상담이 종료되고 1주일 후 어머니와 상담 중에 있었던 이야기들, 가정과 어린이집에서 현재 아이의 변화 상태에 관한 이야기를 나누었다. 가정에서 어머님이 느끼는 가장 큰 변화는 상담 공책에 표시된 것처럼 손톱 깨무는 증상은 거의 없어졌다고 하였으며 아버지와의 관계도 많이 좋아져서 아버지가 아이를 자주 안아줄 정도가 되었다고 하였다. 또, 아이가 안정감 있게 생활하는 점이라고 하셨다. 어린이집 생활에서는 사후 검사 결과 교우 관계나 자신감 같은 것은 많이 회복이 된듯 보이나 주의 집중을 하는 것들은 더 관심이 필요하다는 것을 말씀드렸다. 그리고 아이가 열심히 잘 따라와 주었고 실제로 상담 과정 전 과정을 관심 있게 지켜보고 가정에서 많은 부분을 적극적으로 노력하고 협조해 준 덕분에 좋은 결과를 얻을 수 있다고 하였다. 앞으로 가정에서 더 노력해야 할 점으로 아버지가 아이를 있는 상태 그대로 받아들여 주고 격려해 주는 자세가 많이 필요하고 부모의 관계에 따라 아이가 느끼는 것들도 많이 달라질 수 있으니 화목한 부부의 모습을 보여주는 것이 중요하며 아버지와 더 친한 부자 관계를 만들려면 아빠에게 혼나는 때가 주로 아빠의 급한 성격으로 아이의 말을 끝까지 들어주지 못하고 짜증내는 것이므로 아빠의 인내심 키우기와 함께 엄마의 중간중간 참여가 필요하다는 것을 말씀드렸다. 상담은 끝났지만 이후에도 아이와 관련해서 서로 연락을 주고받기로 하였다.

5) 상담 종결

(1) 종결 시 내담자의 태도

상담이 시작될 때 상담이 1주일에 1번씩 이루어지며 11월 중순에 끝날 것이라는 것을 알려 주었다. 7회기, 8회기에 상담의 종결에 대한 이야기를 미리 하였다. 마지막 회기 시작할 때 오늘이 마지막 만남이라는 것을 말하였을 때 준희의 태도는 밝고 즐거운 표정이었다. 9회기 상담 내용의 요약에서 볼 수 있듯이 선생님과 공부는 끝났는데 앞으로 이야기한 것들을 잘 실천할 수 있겠냐고 물었을 때 말끝을 흐리며 "몰라요"라고 대답한 것을 보고 상담이 끝나는 것에 대한 불안한 마음을 읽을 수 있었다.

(2) 상담목표의 달성 정도

아동이 가진 핵심적 문제를 이해하고 문제해결을 위한 상담프로그램을 구안하여 상담을 실시한 후 상담 중 관찰, 면담자료 및 사후 심리검사를 선택적으로 실시하여 종합한 결과(앞의 심리검사 결과 참조)를 상담목표별로 정리하여 보았다.

① 주의 산만

상담 전에 비하여 학업, 역할 수행이나 놀이에 지속적으로 집중할 수 있는 집중력이 증가되어 주의가 쉽게 분산되거나 산만해지는 행동이 줄었다.

인지행동 자기통제능력 키우기를 8, 9회기에 중점적으로 실시하였고, 행동수정기법을 이용하여 가정, 어린이집에서 수정될 목표 행동을 정한 후 가정과 연계하여 문제행동에 대한 행동의 변화를 유도하였다. 그 결과 주의력과 관련된 표적행동인 과제에 잘 참여하여 정한 시간 안에 마치기, 수업 중 손발 장난하지 않기, 공부나 놀이를 다한 후에 정리정돈하기 등이 상담 전과 비교해 많이 좋아진 것을 체크리스트를 통해 알 수 있었다. 또, 가정에서 지킬 일일행동인 숙제나 학습지 등을 정한 시간 안에 마치기, 한 번에 한 가지씩에만 집중하기, 공부나 놀이를 한후 정리정돈하기, 짧은 시간 안에 깨끗이 씻기 등이 상담 전과 비교해 잘 지켜진 것을 볼 수 있었다. 또 학업 면에서 상담 전에 비해 산만하여 난이도가 낮은 받아쓰기나 언어전달 능력이 낮았는데 언어전달 능력이나 난이도가 높은 받아쓰기 점수가 향상된 것은 집중하는 태도가 좋아졌다고 볼 수 있었다.

그리고 상담과정 중에 4단계 생각하기로 여러 가지 놀이(가라사대 게임, 색종이 접기, 과일이름 맞추기, 입모양 보고 알아맞히기, 칠교놀이 등)를 하였는데 집중하여 재미있게 활동하는 것을 관찰할 수 있었고 주의집중력이 좋아졌다는 것을 알 수 있었다.

② 충동성 및 과잉행동

충동적이었던 행동에서 자신을 통제하고 분노를 다스려 사려 깊은 행동을 더 많이 할 수 있게 되었다. 주로 이 부분의 상담을 나눈 회기는 4, 6, 8회 기였다. 그 결과 실제 어린이집에서 수업 중 자리 이탈하지 않기, 다른 사람의 활동 방해하거나 간섭하지 않기, 차례나 질서지키기, 위험한 행동을 하지 않기, 친구와 다투는 행동이 현저히 감소하였다. 상담 1주 만에 자리 이탈하지 않기, 다른 사람의 행동을 간섭하지 않기, 차례나 질서를 잘 지키는 것을 볼 수 있다. 이는 행동수정을 가정과 연계하여 실시하고 상담공책을 활용하여 아동의 하루 생활태도에 대한 정보를 교사가 체크하여 가정으로 보내면 그에 따른 적절한 보상을 해 준 것이 행동의 변화에 대한 빠른 수정을 하는데 도움이 되었다고 볼 수 있다. 그러나 자기중심적인 행동에 대한 비합리성을 인식하는데 대한 목표는 단기적으로 달성되었다 할지라도 행동까지 연결되어 실생활에서 사고의 변화가 행동으로 패턴화되기까지는 오랜 시간이 걸릴 것으로 생각된다.

③ 교우관계

타인의 감정에 공감을 더 잘하고 상대방에 대한 배려심을 갖게 되었고, 친구들과 잘 어울리게 되었으며, 대화를 통해 문제를 해결하여 원만한 교우관계를 유지하게 되었다. 중점을 둔 회기는 3, 5회기로서 자신의 감정을 적절하게 표현하고, 친구의 마음을 이해하고, 남에게 공손히 부탁하는 등의 사회성 기술 훈련에 초점을 맞추어 상담한 결과 친구와 다투는 일이 상담 1주 전 하루 4회 이상 되는 날도 있었으나 상담 과정 중에는 하루에 1회로 현저히 줄어들었으며 싸우는 일이 줄어들면서 자연스럽게 친구와 사이좋게 지낼 수 있게 되었다. 또 친구와 다툴 때 주먹을 쓰지 않고 화를 적절하게 내고 대화로써 문제를 해결하는 것을 관찰할 수 있었다. 교우관계가 원만하게 유지되고 있다는 것은 선택적으로 실시한 아동용 교우관계 사후검사에서도 많이 나타난 것을 볼 수 있다. 그러나 문제의 원인이 나에게 있음을 인지시키기 위해서는 노력이 많이 필요하다고 본다.

④ 자존감 고취 및 감정 표현

아동의 자신감이 회복되었으며 자기감정 표현을 솔직하게 할 수 있게 되었다. 3회기에 자신을 탐색해 보는 활동을 통해 장점을 찾아 칭찬과 격려로 자신감을 갖도록 이야기를 나누었고 모든 회기에 걸쳐서 이 부분을 언급하였다. 실제로 상담 과정 중에 활동하게 하면서 자신감이 많이 회복된 것을 볼 수 있다. 7, 9회기에서 "잘할 수 있는 것이 많아졌고, 잘하는 것을 나열하는 것을 보고" 자신감이 많이 회복된 것을 알 수 있다. 문장완성검사에서 "다른 사람들은 나를 (잘난 척을 하는데 못하니까 부끄럼쟁이라고 한다./아주 쪼~금 싫어한다.) 나는 가끔씩 (창피할 수도 있다. -자신 있다고 해도 실패해서/실수할 수도 있다.) 나는 공부(를 못한다./-가 좀 힘들다.)"처럼 자기가 자신을 보는 모습이 많이 변화된 것을 알 수 있다. 또 자기감정을 상담 전에 비해 더 솔직하게 말할 수 되었다. 나 전달법, 분노 조절방법, 자기감정 적절하게 표현하기를 공부하는 회기가 많은 도움이 되었다.

6) 결론 및 제언

준희는 어렸을 때부터 행동이 산만하고 제멋대로고 장난이 심하여 친구와 잘 싸우며 수업시간에 잘 돌아다니고 위험한 어린이집 난간을 잘 타고 다니며 친구가 가지고 있는 장난감을 갑자기 빼앗고 마음에 들지 않으면 때리는 행동을 자주한 아동이다. 만 5세반에 진급한 다음 날 줄을 서다가 갑자기 친구를 때리는 행동을 하여 유심히 관찰하기 시작하였다. 1학기 동안 관찰 후 어머니와의 전화 면담으로 한 학기 동안 있었던 일과 행동을 관찰하고 나서 실시한 ADHD 아동용 자기보고 척도, 교사용 척도에서 나온 내용들을 알려드렸다. 그리고 Conners ADHD 부모용 평정척도를 어머님이 체크해 보면서 22점의 높은 점수가 나와 가정과 어린이집에서 어머니와 교사가 느끼는 문제행동의 해결을 위해 상담에 서면 동의하여 대상자로 선정되었다.

이후 주의 산만, 충동성 및 과잉행동, 또래관계 어려움 등의 문제행동을 개선하기 위해 인지행동 자기통제 훈련, 행동수정, 사회성 기술훈련, 부모교육, 일관된 지지, 생활사 탐색, 일상생활의 문제행동 점검 등과 같은 상담 전략과 인본주의를 기본으로 여러 가지 상담기법을 활용하여 통합적 절충주의 관점으로 대상아동에게 적합한 개별상담 프로그램을 총 9회기로 계획하여 상담을 실시하였다.

이러한 사례연구의 과정을 통해 나타난 결과를 요약하면 다음과 같다.

상담 후 학업, 역할 수행이나 놀이에 지속적으로 집중할 수 있는 집중력이 증가되어 주의가 쉽게 분산되거나 산만해지는 행동이 줄었다. 또 충동적이었던 행동에서 자신을 통제하고 분노를 다스려 사려 깊은 행동을 더 많이 할 수 있게 되었다. 타인의 감정에 공감하여 친구 사이에 문제가 일어났을 때 대화를 통해 해결함으로써 친구관계가 호전되었으며 상대방에 대한 배려심도 갖게 되었다. 부모의 양육방식 교정으로 부자간 원만하고 친밀감 있는 관계가 형성되어 가고 있으며 칭찬과 격려로 아동의 자신감이 회복되었고 자기감정을 표현을 솔직하게 할 수 있게 되었다.

본 연구의 의의는 각 상담 회기에서 달성할 목표들을 중점적으로 다루면서 전회기 상담에서 다루어졌으나 아직 달성되지 않은 부족한 부분들을 계속적으로 이야기해 가면서 다루었고 여러 가지 문제행동에 대해 상담 회기에서 뿐만 아니라 일상생활 장면에서도 반복적으로 지도하였다는 점이다.

또 역할놀이, 활동중심으로 상담을 유아의 특성에 맞게 진행하고 가정과 연계하여 가정과 어린이집에서 지킬 일일행동 목록표를 상담공책에 체크하고 매일매일 지킨 일에 대한 점검 및 보상을 하여 아동이 배운 내용을 일상생활에서도 잘 실천할 수 있도록 하였다는 점이다.

마지막으로 아동이 가지고 있는 문제행동을 개선하는데 필요한 부모교육 자료를 제공하고 유아기의 문제행동 개선에 좀 더 효과적인 여러 가지 방법을 제시하였다는데 의의가 있다.

그러나 본 연구 결과를 적용하는데 제한점으로는 K시 J읍 ㅇㅇ어린이집 만 5세아에 적합한 사례연구로 프로그램을 일반화하기에는 다소 무리가 있다.

또 이 프로그램은 아동의 어린이집 생활 장면을 수시로 관찰하여 문제가 되는 행동을 수정하기 위해 구안한 프로그램으로서 생활 장면을 실제로 관찰하기 어려운 상황에서 적용하는데 어려움이 있을 수 있다.

앞으로 이와 같은 주제로 사례를 연구할 때 더 보완할 점으로는 여러 가지 문제행동 개선을 위한 상담목표가 많은데 비해서 회기가 9회기로 다소 짧은 감이 있다. 따라서 20회기 이상으로 회기를 늘려서 하나의 목표에 대해 좀 더 심도 있게 다루어야 할 필요가 있다. 특히 인지행동 자기 통제 훈련은 유아들이 이해하고 실천하는데 어려운 면이 있어 더 많은 회기를 집중적으로 훈련할 필요성이 있다고 본다. 또한 부모면담을 통해 부모가 가진 문제들을 더 깊게 탐색하여 아동의 문제를 더 깊이 있게 이해하는 것이 필요하다고 본다. 또한 상담 1주 만에 몇 가지 문제행동에 대한 수정이 빨리 되었는데 가정에서 아동 행동에 대한 관심도가 매우 컸던 것과 가정과 연계한 행동수정방법이 매우 효과적이었던 것으로 보인다. 그러나 1개월, 3개월, 6개월 뒤의 추수면담을 통해 행동에 대한 지속성을 검증해 볼 필요가 있다고 본다.

2. 편식아동 상담사례연구

1) 서언

오늘날 식생활은 생명을 유지할 뿐만 아니라 맛의 즐거움을 제공함으로써 삶의 가치를 높여주는 문화로 자리잡았다. 풍부한 음식 문화 속에서 사람들의 관심은 이제 맛있는 음식을 먹는 것을 넘어서 영양가 있는 음식을 선택하고 바르게 섭취하는 것으로 옮겨가고 있다.

이는 건강한 삶과 생명 유지를 위해서 매우 중요한 일이며 특히 성장기에 있는 유아들에게 중요하다.

만 2세에서 6세의 학령 전 아동기는 신체의 성장 발육이 가장 왕성한 시기이다.

이 때의 영양 장애는 성장 발육의 장애뿐 아니라 개인의 정서 발달에도 영향을 미친다. 또한 어릴 때 식품에 대한 경험은 식품에 대한 기호 및 식사행동을 형성하는데 매우 중요한 역할을 하며 일생 동안의 영양 상태를 결정하는 중요한 요인이 된다.

유아의 식사 행동 중 영양 섭취의 불균형을 가져오는 가장 큰 요인은 편중된 기호에 의한 편식이다. 박송이 · 백희영 · 문현경(1999)이 학령 전 아동을 대상으로 조사한 결과에 따르면 조사대상 유아의 60.3%가 편식을 하는 것으로 나타났는데, 편식이란 특정 식품군을 전혀 먹지 않는 것을 말한다(덕성여자대학교 부속유치원, 2001). 이러한 유아 편식은 영양섭취의 균형을 깨고 올바른 식습관 형성을 불가능하게 할 뿐만 아니라 신체적 · 심리적 건강 상태에까지 영향을 미치게 된다(김제한, 1986).

이제 유아 편식은 더 이상 가정만의 문제가 아니라 교육기관 및 사회가 함께 해결해야 할 과제이며 이를 위해서는 유아 편식에 대한 정확한 실태와 이를 해결할 수 있는 방법에 대한 연구가 활발히 요구된다.

본 상담치료 사례연구는 편식이 심한 유아를 대상으로 상담과정을 통해 유아의 편식과 식습관의 일반적 경향을 알아보고, 유아의 편식과 식습관의 개선의 필요성을 느껴 본 상담을 계획하게 되었다.

2) 상담아동과 관련된 인적사항 및 구조화

(1) 상담아동 개인정보

• **내담자** : 김모모(가명, 남, 만 3세)

• **생년월일** : 2010. 05. 31

• **주호소문제** : 음식 먹는 양이 매우 적고 편식이 심함

• **가족력** : 현재 증조할머니, 외할아버지, 외할머니, 아빠, 엄마와 함께 살고 있음
부모의 맞벌이와 아빠의 잦은 출장, 아이의 양육적인 부분 때문에 2년 전부터 외가댁에서 지내고 있음

• **현재상태** : 어린이집에서도 편식이 심하며 먹는 음식과 가리는 음식이 정해져 있으며, 먹는 속도도 가장 느림

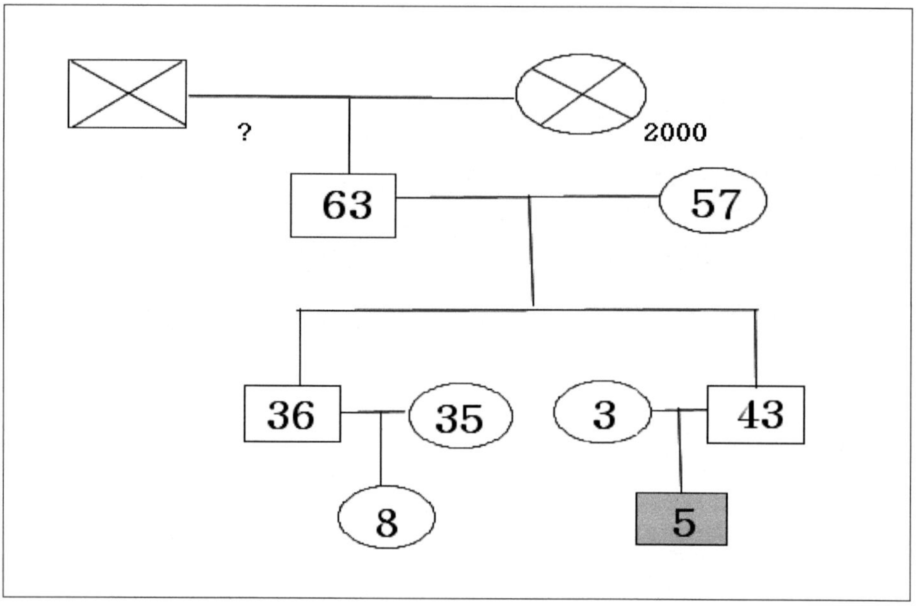

[그림Ⅵ-1] 아동의 가계도

• **주요 문제행동** : 부모는 한모모를 만 1세경 어린이집에 보냈으며 어린이집에서의 적응력 또한 좋은 것으로 보였다. 만 1세경부터 음식을 가리기 시작하였으나 어려서 그렇겠지 하는 생각으로 심각하게 생각하지 않았다. 만 3세가 된 현재, 자신이 좋아하는 음식만을 고집하며 먹지 않고 가리는 음식이 많으며 심지어 음식을 거부하며 책상 아래에까지 숨는 모습을 보이기까지 하였다.

◈ 2014. 9. 17. 오후 3시
- 어린이집 오후 간식 시간에 간식으로 사과와 포도가 나왔음
간식을 보자 표정이 좋지 않고 간식을 배식하던 중 한모모가 보이지 않아 찾으니 책상 아래에 앉아 있었음
· 한모모 : 선생님, 오늘 간식이 뭐예요?
· 교사 : 글쎄, 뭘까?(간식통을 열며) 오늘은 사과와 포도네
· 한모모 : (인상을 찡그리며) 나는 포도 싫은데… 아… 포도 안 먹고 싶다.
· 교사 : 선생님이 많이 주지 않을게. 조금만 먹어보자.
(교사는 간식을 다른 유아들에게 배식하여 주고 한모모의 분단에 배식을 하는데 아이가 보이지 않는다. 교사가 찾자 분단 친구들이 모모가 책상 아래에 있다고 말하였다.)
(책상 아래를 보며) 모모야 거기서 뭐해?
· 한모모 : (말을 하지 않고 쳐다본다.)
· 교사 : 왜 그런 건지 선생님한테 말해 줄 수 있어?
· 한모모 : 저기요. 포도가 무서워요. 먹을 수가 없어요. 먹기 싫어요.
· 교사 : 포도가 무서워? 왜 그럴까? 포도는 이렇게 작은데… 선생님하고 의자에 앉아서 이야기하자.
· 한모모 : 포도 먹기 싫은데…
· 교사 : 알겠어. 포도는 주지 않을게. 사과는 먹을 수 있지?
- 모모는 포도에 대한 강한 거부감을 보이며 포도는 먹지 않고 사과만 먹는다. 교사의 물음에 포도씨가 목에 걸릴 것 같다고 말하며 자신은 포도는 절대 먹지 않겠다고 하였다.

- 그 후 모모는 포도 이외 다른 음식에 대한 거부감을 수차례 보였고 편식이 나아지지 않음

• 상담 시간 및 기간 설정

- 2014. 9. 17 ~ 2014. 11. 21(약 2개월)
- 상담방법 : 상담기법을 통한 아동과의 면담
일주일에 3회 부모와의 전화 상담

• 비밀보장 및 제한점

- 아동과의 상담한 모든 것들은 비밀을 보장한다.
- 비밀을 보장하되 연구의 목적으로 사용할 수 있다.

(2) 상담 의뢰 경위

모모는 포도 이외 다른 음식에 대한 거부감을 수차례 보였고 담임교사는 어머니와 통상적인 상담을 실시하였으며, 어머님과 상담 후 모모의 편식은 만 1세경부터였고 심해진 것은 만 2세경인 것으로 알게 되었다. 모모의 편식이 점점 심해지고 지속됨으로 성장에도 방해가 될 것 같은 걱정으로 인해 적극적이고 체계적인 상담치료의 필요성에 상호 동의하여 담임교사에게 의뢰하게 되었다.

표 Ⅵ-10 아동상담 신청서

아동 성명	김모모(가명)	생년월일	2010년 5월 31일
의뢰 일시	2014년 9월 24일	상담일시	
검사 일자		연락처	000 – 0000 – 0000
의뢰경위	1) 편식 00가 편식이 나아지지 않고 커 갈수록 가리는 음식이 많아짐. 편식으로 인해 다른 친구들에 비해 신체발달이나 학습 면에 있어 뒤처지거나 하진 않는지 걱정이 됨		
가족관계	부모의 맞벌이와 아빠의 잦은 출장, 아이의 양육적인 부분 때문에 2년 전부터 외가댁에서 지내고 있음 현재 증조할머니, 외할아버지, 외할머니, 아빠, 엄마와 함께 살고 있음		
현재상태	1) 편식 평소 먹는 것을 즐겨하지 않으며 집과 원에서 먹는 것을 보면 많은 양을 먹지 않음. 새로운 음식에 대한 거부감이 강하며 야채 중에서 당근, 양파, 숙주나물 빼곤 먹지 않으려고 하며 과일도 씨가 들어 있는 포도나 수박과 같은 종류는 입에 대려고 하지 않음. 얼마 전 포도를 먹으려고 하자 포도씨가 무섭다며 식탁 아래에 숨는 모습까지도 보임		
발달력	〈언어〉 다른 사람의 이야기를 주의 깊게 들으며 자신이 궁금하다고 생각하는 것에 대해서는 질문을 잘하며 언어구사력 또한 좋음 〈사회관계〉 또래친구들과 잘 어울리며 정직하게 말하며 행동하는 모습을 보임 물건을 살 때 돈이 필요함을 알고 있으나 갖고 싶은 것을 모두 가질 수 없음을 이해하는데 지도가 필요함 〈신체운동 · 건강〉 자신의 신체에 대해 관심을 갖고 있으며 바깥놀이를 즐기며 뛰어다니기를 좋아함. 몸에 좋은 음식을 알고 있으나 편식을 함		

	〈자연탐구〉 주변의 사물이나 동식물의 특성에 대해 지속적으로 호기심을 갖고 곤충이나 동물 키우기를 좋아함 **〈예술경험〉** 미술활동을 자주하며 여러 가지 미술도구를 사용하여 자신의 생각을 적극적으로 표현함. 음악 듣기는 즐기나 동작으로 표현하는 것을 어려워하며 좋아하지 않음
검사종류	

표 Ⅵ-11 **부모면담기록**

성 명 : 김모모 생년월일 : 2010년 5월 31일
주 소 : 강원도 강릉시 00동 129번길
전화번호 : 000 – 0000 – 0000

상담사유 :
먹는 양이 적고 편식이 많이 심함
참조사항 : 먹는 양이 적으며 음식에 대한 욕심이 거의 없음

이전 기관의 경험
– 다른 곳은 다닌 적이 없고 어린이집을 다니기 전 엄마가 아이를 돌봄

1. 문제행동의 시작 및 지속기간, 부모의 반응 및 대처방법

편식은 만 1세(3살 경부터 시작)경부터 시작된 것으로 기억하고 있음
맞벌이로 인해 부모가 거의 양육하지 못하고 할머니, 할아버지께서 양육하심
편식이 심하여 음식을 먹을 때마다 골고루 먹어야 한다고 이야기를 하였고 먹지 않는 음식을 입술에 가져다 대어 보기도 하였음

2. 유치원 생활, 교우관계, 학업성취(social adaptation)

◆ 유치원 생활

〈언어〉 다른 사람의 이야기를 주의 깊게 들으며 자신이 궁금하다고 생각하는 것에 대해서는 질문을 잘하며 언어구사력 또한 좋음
〈사회관계〉 또래 친구들과 잘 어울리며 정직하게 말하며 행동하는 모습을 보임
물건을 살 때 돈이 필요함을 알고 있으나 갖고 싶은 것을 모두 가질 수 없음을 이해하는데 지도가 필요함
〈신체운동 · 건강〉 자신의 신체에 대해 관심을 갖고 있으며 바깥놀이를 즐기며 뛰어다니기를 좋아함

몸에 좋은 음식을 알고 있으나 편식을 함
〈자연탐구〉 주변의 사물이나 동식물의 특성에 대해 지속적으로 호기심을 갖고 곤충이나 동물 키우기를 좋아함
〈예술경험〉 미술활동을 자주하며 여러 가지 미술도구를 사용하여 자신의 생각을 적극적으로 표현함
음악 듣기는 즐기나 동작으로 표현하는 것을 어려워하며 좋아하지 않음

◆ 교우관계
- 친구들과 잘 어울리며 놀이를 이끌어 가는 모습을 보임
혼자보다는 여럿이 노는 모습을 많이 보임

◆ 학업성취
- 교사가 제시하는 활동에 대해 어려움 없이 하는 모습을 보임

3. 가족력
ⓐ 가족력
모모의 부모님은 3년 정도의 연애 끝에 결혼을 하였고 결혼 2년째 되던 해 모모를 가짐
모모가 태어나고 세 식구가 단란하게 살다가 모모가 만 1세 되어 모모는 어린이집으로 모모의 엄마는 육아휴직을 마치고 복직. 모모 아빠 엄마의 맞벌이로 인해 외가로 들어와 살게 되었고 지금까지 외가에서 가족들이 함께 생활함
ⓑ 가족관계
외증조할머니, 외할아버지, 외할머니, 아빠, 엄마, 모모
ⓒ 아동에 대한 가족의 태도
주양육자는 외할머니와 엄마로 가족들에게 많은 관심과 사랑을 받으며 가족들은 아동에게 허용적 이지만 잘못을 했을 때 주로 양육하는 외할머니와 엄마가 혼을 냄

4. 임신과 출산과정
ⓐ 임신 계획(원하던 아기/원하지 않던 아기)
계획임신으로 원하던 아기
ⓑ 주변의 반응
하루에 한두 번씩 집으로 찾아와 모모를 볼 정도로 많이 좋아하심
ⓒ 산모의 정신건강과 질병
매우 건강함
ⓓ 임신 기간(조산/ 정상 분만 / 만산)
정상 분만(개월 수 꽉 채워 나옴)
ⓔ 분만 상태
자연분만으로 진통 거의 없이 병원 간지 30~40분 만에 출산
ⓕ 체중
원래 체중에서 +5
ⓖ 아기의 건강상태 - 3.96kg으로 태어났고 건강함

5. 발달이력

ⓐ 주양육자(보호자)

엄마, 외할머니

ⓑ 성격특성(순응적 아기 / 까탈스런 아기 / 둔한 아기 등)

순응적 아기

ⓒ 발달지표

- 근육발달(신체발달) : 신체발달에 맞게 성장하고 있지만 몸무게는 평균보다는 조금 덜 나감
  공을 받는데 능숙하며 한 발 들고 균형을 잡거나 달리기를 매우 잘함
- 언어발달 : 만 1세부터 또래에 비해 말을 잘하며 현재까지도 여러 단어를 사용해 말할 정도로 말을 잘함
  기억력도 좋아 자신이 말한 것에 대해 잊지 않고 잘 기억하며 말하여 약속한 것은 꼭 지켜야함
- 정서발달 : 애착관계에 있는 대상과 상호 애정을 나눌 수 있게 되며 현실과 상상 속의 수많은 공포심을 지니고 있음
- 대 · 소변 훈련 : 만 1세 7월에 기저귀를 떼고 어린이집과 가정에서의 연계로 대 · 소변 훈련을 하여 어렵지 않게 기저귀를 뗄 수 있게 됨

(3) 아동의 놀이행동 관찰

표 Ⅵ- 12　　아동 놀이행동 관찰

관찰 범주	관찰 내용
① 신체적 / 신경학적 발달	신체의 각 부분의 특징을 활용하여 움직이고 신체 균형을 유지하면서 다양한 자세를 취함 놀이기구나 놀잇감, 도구의 올바른 사용법을 알고 안전하게 사용하며 자신의 신체능력을 긍정적으로 인식하고 다양한 방법으로 신체 움직임을 조절할 수 있음 집단으로 하는 신체 활동에 적극적으로 참여함
② 기분과 정서의 상태	상황이나 경우에 맞는 자신의 감정이나 느낌을 표현함 평소 활발하며 온순하고 자신의 행동과 감정을 잘 조절하며 놀이나 활동에도 적극적으로 참여함 말과 행동이 거짓이 없고 정직함 편식이 심하여 자신이 먹기 싫어하는 음식을 권할 시 불쾌함을 나타내며 음식을 거부하기도 함

③ 언어 및 인지발달	일상생활과 관련된 낱말과 문장을 듣고 의미를 이해함 자신의 느낌, 생각, 경험을 주어진 질문에 적절하게 대답함 글과 그림으로 잘 표현함 이야기를 듣고 내용을 이해하며 궁금한 것에 대해 질문할 수 있음 다른 사람이 이야기할 때 주의 깊게 듣고 자신의 느낌, 생각, 경험을 다른 사람에게 말할 수 있음
④ 대인관계를 맺는 능력	자신과 다른 사람의 같은 점과 다른 점을 알고 있고 다양한 상황에서 또래와 놀이하는 것을 즐김 또래와 협력하여 상호작용을 지속적으로 함
⑤ 환경을 활용하는 능력	높은 곳에 있는 물건을 잡을 때는 발판을 사용하여 물건을 꺼내는 모습을 보임 주변에 있는 도구나 물건을 활용하여 문제해결과 놀이 활동을 함
⑥ 욕구 좌절 시 행동	승부욕이 강하여 이기고 싶어하여 자신이 이기고 싶어함 가끔 공격적인 모습을 보이기도 하고 참다가 속상하면 눈물을 보이기도함
⑦ 놀이의 발달적 적합성	그리기나 만들기 도구 등을 능숙하게 활동하여 놀이를 함 다양한 상황에서 또래와 놀이하는 것을 즐기며 상호작용을 지속적으로 하며 놀이함 놀이에서의 리더십을 보이며 이끌어 감

〈전반적 소견〉
연령에 맞게 전인발달이 이루어지고 있음
편식이 심하여 올바른 식사예절 지도와 음식을 소중히 여기는 태도가 필요함

3) 진단 및 상담치료 계획

(1) 사회적 진단

◈ 편식이 많이 심함

◈ 한모모의 편식 시작(만 1세경부터이고 심해진 것은 만 2세경 봄부터)

◈ 부모의 맞벌이로 인해 현재 외가에서 외가 식구들과 함께 살고 있고 주로 외할머니께서 양육함

(2) 심리적 진단

◈ HTP검사

• **검사의견**

- 질문에 대한 이해가 조금 부족하지만 큰 어려움은 보이지 않고 검사를 할 수 있었음
- 그림의 수준은 만 3세로서의 미술표현 단계에 적절한 그림이였음

• **검사태도**

- 양호하며 질문에 대한 대답을 잘함

① 집그림

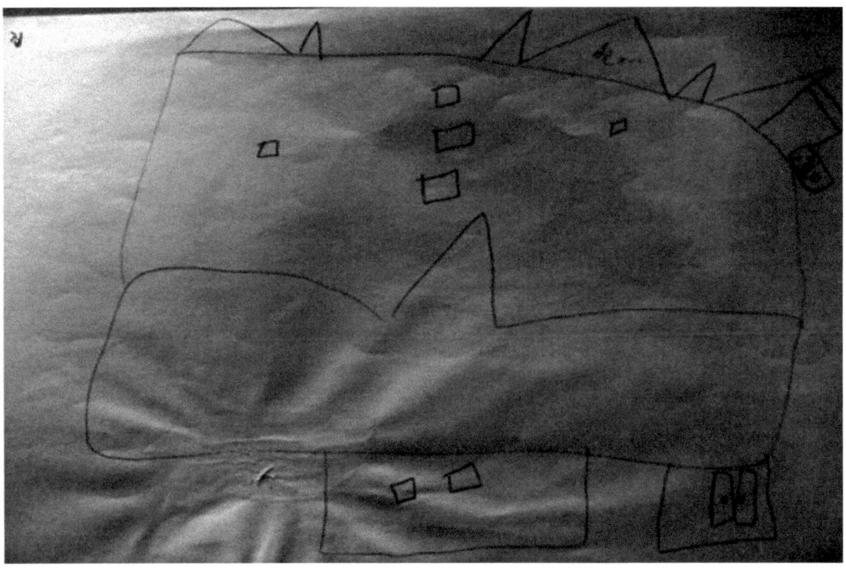

질문 사항	피검자의 답변
• 이 집은 도심에 있나요, 교회에 있나요?	도심에 있어요.

질문 사항	피검자의 답변
• 이 집 가까이 다른 집이 있습니까?	집 가까이 다른 집들이 많이 있어요.
• 이 그림에서 날씨는 어떠합니까?	해가 쨍쨍, 날씨가 좋아요
• 이 집은 당신에게서 멀리 있는 집입니까? 가까이 있는 집입니까?	가까이에 있어요.
• 이 집에 살고 있는 가족은 몇 사람이며 어떤 사람들입니까?	100명, 1,000명이예요 가족도 있고 교회식구도 있어요.
• 가정의 분위기는 어떠합니까?	사람들이 웃고 있어요.
• 당신은 어떤 집에 살고 싶습니까?	행복한 집
• 당신은 이 집의 어느 방에 살고 싶습니까?	3층
• 당신은 누구와 이 집에 살고 싶습니까?	엄마, 아빠

〈해석〉

다른 사람과의 관계를 맺고자 하는 욕구도 있는 반면에 그것에 대한 두려움이 불편함 같은 것이 나타나기도 하였고 다른 사람에게 인정받고 싶어하는 부분도 나타났으며 공상을 많이 하는 유아의 그림이 나타남

② 나무그림

〈해석〉

생각보다 행동이 앞서는 급한 성격이 나타났고 인정받고 싶어하는 마음과 강한 의존 욕구, 예민하고 섬세한 성격이 나타났음

질문 사항	피검자의 답변
• 이 나무는 어떤 나무입니까? (불확실할 경우 상록수 혹은 낙엽수인지 질문함)	사과나무
• 이 나무는 어디 있는 나무입니까?	집 앞마당
• 한 그루만이 있습니까? 숲 속에 있나요?	다른 나무도 있어요.
• 이 그림의 날씨는 어떠합니까?	좋아요
• 이 나무는 몇 년쯤 된 나무입니까?	100년 된 나무

• 이 나무는 살아 있나요? 말라 죽었다면 언제쯤 어떻게 말라 죽었습니까?	살아 있어요
• 이 나무는 강한 나무입니까? 약한 나무입니까?	강한 나무
• 이 나무는 남자와 여자 중 어느 쪽을 닮았다고 봅니까?	여자
• 이 나무는 당신으로부터 멀리 있는 나무입니까? 가까이 있는 나무입니까?	가까이 있는 나무
• 이 나무는 당신보다 큽니까? 작습니까?	커요

③ 사람그림 (남녀 각각의 인물화에 대하여)

질문 사항	피검자의 답변
• 이 사람의 나이는?	10살
• 결혼했습니까? 가족은 몇 명이며, 어떤 사람들입니까?	결혼 안했어요.
• 이 사람의 신체는 건강한 편입니까? 약한 편입니까?	건강해요
• 이 사람은 친구들이 많습니까? 어떤 친구들 입니까?	친구들이 아주 많아요.
• 이 사람은 행복합니까? 불행합니까?	행복해요
• 당신은 이 사람이 어떻습니까? 좋습니까? 싫습니까?	좋아요

〈해석〉

환경에 대한 적응력, 의존성 등이 나타나기도 하고 유아들에게 흔히 나타나는 그림이라고 표현되는 것들이 많았음

④ 집, 인물, 나무의 전체그림과 관련된 표현

〈해석〉

유아의 전체적인 그림을 봤을 때 필압도 약하지 않고 만 3세 유아의 그림대로 표현된 것 같다고 생각이 들었다.

입을 좀 큰 편으로 그렸는데 평소에 말도 많은 편이고 3살 때부터 다른 유아들에 비해 언어구사력이 좋았는데 해석을 보니 언어구사력에 대한 부분이 있었다.

또한 공상적인 부분이 많이 나타났다.

(3) 상담계획

표 Ⅵ-13 상담계획서

기 간		상 담 계 획
2014. 9. 17 ~ 9. 23	1주	문제 상황 파악
2014. 9. 24 ~ 9. 30	1주	부모상담 및 아동상담
2014. 10. 1 ~ 10. 10	1주	심리적 진단
2014. 10. 13 ~ 10. 17	1주	상담계획수립, 상담목표정하기
2014. 10. 20 ~ 10. 31	2주	관찰하기와 관심 기울이기
2014. 11. 3 ~ 11. 14	2주	정확한 원인의 관찰 (부모와의 면담과 유아관찰을 통해 유아가 편식하게 된 원인과 유아가 싫어하는 음식 알아보기) 기술적으로 조절하기 (배가 고플 때 유아가 좋아하는 음식, 잘 먹지 않는 음식을 권하고 적은 양부터 먹이며 안 먹는 음식은 먹기 좋게 가공) 차례 정하기 (유아와 함께 요리활동 후 자신이 만든 음식을 숟가락만 대어 보기, 코로 가져가 냄새, 조금 맛보기 등의 단계적으로 시행) 시범 보이기 (부모가 유아가 싫어하는 음식을 맛있게 먹는 모습을 보여주는 관찰학습과 유아가 좋아하는 캐릭터가 편식하지 않고 먹는 모습 보여주기) 여유 가지기 (어머니나 양육자가 여유를 가지는 것이 필요하고 지나치게 권하거나 강압적인 모습 보이지 않고 기다려 주기)

기 간		상 담 계 획
2014. 11. 17 ~ 11. 21	1주	종결단계 및 평가 아동의 상태 (어머니 혹은 양육자의 성격 특성 체크, 아동의 심리 상태, 관찰자와의 면담)

4) 상담치료 과정

(1) 제1차 상담

◉ 목표 - 부모의 양육태도와 모모의 식사시간에 대한 태도와 싫어하는 음식에 대해 알아보기

① 부모

부모는 가정에서 유아의 편식이 심하다는 것을 알고 있었고 교사와의 전화면담을 통해 유아의 편식이 점점 심해지고 책상 아래에까지 숨는 행동을 보였다는 것을 알게 되어 유아의 올바른 식생활과 편식을 해결하고자 상담을 신청하였다.

상담자는 우선 부모님께서 가정에서 모모가 식사시간에 어떤 태도와 반응을 보이는지, 어떤 음식들을 주로 먹지 않는지에 대해 물어 보고 그럴 경우 어떻게 대처하는지의 질문으로 하여금 부모님의 식습관에 대한 대처방법 등 양육태도에 대해 알게 되었다.

상담자 : 모모가 식사시간에 가족들과 함께 식사를 하나요?
어머니 : 거의 그렇게 하는 편인데 시간이 맞지 않을 땐 따로 먹이기도 해요.
상담자 : 식사시간이 되면 스스로 와서 앉는 편인가요?
어머니 : 아니요. 그렇지 않아요. 다른 핑계를 대거나 조금 있다가 먹고 싶다고 말하며 식사 시간을 피하려고 할 때가 많아요.
상담자 : 그럴 땐 어떻게 하시나요?
어머니 : 몇 번씩 이야기를 하거나 혼을 내는 경우도 있어요.
가끔은 그냥 스스로 오게끔 하기도 하고요.

> 상담자 : 식사를 할 때 모모의 표정은 어떤가요?
> 어머니 : 표정은 좋지 않죠. 밥을 먹기 싫어하는 모습이 보여요. 그리고 앉자마자 반찬들을 확인해요.
> 자신이 싫어하는 반찬이 있으면 반찬의 이름을 이야기하면서 먹지 않겠다고 해요.
> 상담자 : 그렇군요. 어떤 반찬을 싫어하고 그럴 땐 어떻게 하세요?
> 어머니 : 밥을 워낙 즐기지 않는 아이라 우선은 알겠다고 말하고 조금씩 먹여 보려고 이야기를 해요. 뽀빠이 아저씨 팔뚝 봤어? 그 아저씨는 이 시금치 먹어서 힘이 엄청 세다고 하던데… 라고 말하기도 하고…
> 당근만 먹고 다른 야채들은 잘 먹지 않아요. 콩류나 고기도 질기면 먹지 않고요. 과일도 씨가 있는 과일과 보기에 먹기 싫다 생각되는 음식은 시도조차 안해요.

② 유아

모모의 식사시간의 상황이다. 밥과 국물, 깍두기와 어묵반찬을 먹고 콩나물은 손도 대지 않았다.

교사는 유아가 점심을 먹는 태도와 어떤 반찬을 먹는지 관찰을 하며 대화를 시도하였다.

> 교사 : 모모야, 오늘은 어떤 반찬이 나왔니?
> 모모 : 어묵, 깍두기, 된장국, 콩나물이요.
> 교사 : 그렇구나. 모모는 어떤 반찬을 제일 좋아하고 싫어하는 반찬은 뭐야?
> 모모 : 저는 어묵반찬을 좋아해요. 다 먹으면 더 주세요.
> 콩나물은 싫어요. 콩은 맛이 없고 목에 걸릴 것 같아요.
> 교사 : 아. 그렇구나. 먹어 본 적은 있니?
> 모모 : 없어요. 먹기 싫어서 안 먹어요

(2) 제2차 상담

◉ **목표 - 음식에 대한 거부감이 생기게 된 원인 알아보기**

① 부모

교사는 부모에게 모모와의 점심시간에 대해 이야기를 해 주며 모모가 콩이나 다른 음식을 먹다가 목에 걸린 적이 있는지에 대해서도 물어 보았고 앞으로 원과 가정에서의 연계를 통해 식습관을 개선해 나가기로 이야기하였다.

교사 : 지난 시간에 점심 먹는 것을 관찰해 보았는데 어묵반찬을 가장 좋아한다고 이야기하더라고요. 콩나물도 함께 나왔었는데 먹으라고 이야기하지 않고 지켜보기만 했어요.
어머니 : 표정이 어떻던가요?
교사 : 모모가 좋아하는 반찬만 먹으니 표정은 밝았어요. 싫어하는 반찬에 대해 물어 보니 콩나물은 좋아하지 않는다고 말하더라고요.
맛도 없지만 목에도 걸릴 것 같다고 이야기하던데… 혹시 음식이 목에 걸렸던 적이 있었나요?
어머니 : 네. 예전에 그런 적이 있었어요. 예전에 할머니께서 포도 맛을 보여주려고 입에 대었다가 포도씨가 목으로 잘못 넘어간 적이 있었어요.
교사 : 그랬군요. 그래서 씨가 있는 과일이나 목에 걸릴 것 같은 음식들은 먹지 않으려고 하나보네요. 말씀해 주셔서 감사해요
어머니 : 이제 어떻게 해야 할까요?
교사 : 우선은 배가 고플 때 좋아하는 음식과 함께 잘 먹지 않는 음식을 적은 양에서부터 먹이는 것이 좋을 것 같아요. 그리고 예전에 가렸던 경험이 있는 음식이라면 기분이 좋고 배가 고플 때 주는 것이 효과적이라고 하더라고요.
예를 들어 야채를 안 먹는 아이는 만두 속에 야채를 넣어 만들거나, 고기를 안 먹는 아이는 고기를 다져서 국 속에 넣어서 먹이는 방법 등이 있다고 해요,
우선 먹이고 싶은 메뉴부터 식탁에 올리고 아이에게 먹이고 싶은 것부터 보여주세요.
그리고 좋아하는 음식은 눈에 띄지 않는 곳에 숨겨 두고 마지막에 내놓는 것이 좋을 것 같아요
어머니 : 네. 선생님 말씀대로 해볼께요.

② 유아

교사는 유아와의 면담에서 유아에게 집에서의 일들에 대해 물어 보며 유아의 반응을 살펴보았다.

유아에게 집에서 밥을 먹을 때의 상황에 대해 이야기를 들어 보았는데 유아는 아직까지 자신이 좋아하지 않는 음식에 대해 여전히 부정적으로 말하였다. 하지만 배가 고프다며 스스로 밥을 찾는 모습을 보이는 모습을 보였다.

교사 : 모모야, 어제 집에서 뭐했어?
모모 : 집에 가서 그림 그렸어요.
교사 : 그렇구나. 어떤 그림 그렸는데?
모모 : 미술학원에서 그렸던 그림인데 엄마랑 에버랜드 가서 사자 본 거 그렸어요.
교사 : 아. 그랬구나. 그림 그리고 나서는 뭐했니?
모모 : 배가 고파서 밥 먹었어요. 과자 먹으려고 했는데 엄마가 밥 먹으라고 해서요.
교사 : 밥은 맛있게 먹었니?
모모 : 처음엔 맛없었어요.
교사 : 왜? 배고팠으면 맛있었을텐데…
모모 : 제가 싫어하는 콩나물 반찬이 있었거든요. 계란말이도 있었는데 계란에 시금치가 들어가 있어서 먹기 싫었어요. 계란은 좋아하는데…
근데 나중에 제가 좋아하는 반찬 소시지가 나와서 밥을 많이 먹었어요.

(3) 제3차 상담

◉ 목표 - 차례 정하기를 통해 싫어하는 음식에 대한 거부감 없애기

① 부모

교사는 부모에게 모모와의 면담시간에 했던 대화에 대해 이야기를 해 주었다. 모모는 여전히 자신이 좋아하지 않는 음식에 대해 부정적인 태도를 보였지만 배가 고프다며 스스로 밥을 찾는 모습을 보였다. 이번에는 엄마와 함께 요리활동을 해 보기로 하였으며 자신이 만든 음식을 자신의 숟가락으로 떠보고 코로 가져가 냄새를 맡아보고 조금 맛보기 등의 단계적으로 시행하는 차례 정하기 활동을 해 보기로 하였다.

교사 : 어머님 모모가 밥을 많이 먹었다고 하더라고요.
어머니 : 네. 배가 고프다며 밥을 찾더라고요.
미술학원 다녀오면 배고프다고 해서 항상 간식을 챙겨주었는데 선생님 말씀하신대로 간식을 주지 않았더니 먼저 밥을 찾더라고요.
교사 : 아, 그랬군요. 간식을 주지 않았다는 얘기는 하지 않아서 몰랐어요.
어머니 : 시금치를 넣어 계란말이를 해 주었는데 시금치를 보더니 거부반응을 보이더라고요.
계란을 좋아해서 함께 넣어 만들어 주면 먹을까 했는데… 좀 속상했어요.

교사 : 너무 속상해 마세요. 그래도 밥을 스스로 찾았다니 거기에 큰 의미를 두어야 할 것 같아요.
어머니 : 네, ~ 선생님 말씀이 맞아요. 제가 너무 성급했나봐요. 다음엔 어떻게 하면 좋을까요?
교사 : 이번엔 엄마와 함께 요리활동을 해 보면 어떨까요?
어머니 : 요리활동이요?
교사 : 네. 요리를 한 뒤에 자신이 만든 음식을 자신의 숟가락으로 떠보고 코로 가져가 냄새를 맡아 보고 조금 맛보기 등을 단계적으로 시행하는 차례 정하기 방법을 해 보면 좋을 것 같아요.
어머니 : 아, ~ 그런 방법이 있군요. 이번에는 조금만이라도 먹었으면 좋겠어요.
바빠서 모모와 함께 요리해서 먹는다는 거 생각도 못했는데 한번 해봐야겠어요.

② 유아

교사는 유아와의 면담에서 엄마와의 요리한 이야기에 대해 듣게 되었다.

유아는 자신이 한 요리에 대해 이야기를 하며 싫어하는 시금치를 조금 맛보았다고 하며 조금 변화된 모습을 보여 주었다.

모모 : 선생님, 저 어제 집에서 엄마하고 요리했어요.
교사 : 그랬구나. 엄마하고 어떤 요리 만들었는데?
모모 : 삼색 주먹밥이요.
교사 : 삼색 주먹밥? 주먹밥에 뭐뭐 들어갔었는지 말해 줄 수 있어?
모모 : 음… 참치, 당근, 시금치요. 그리고 마지막에 계란을 발랐어요.
교사 : 우와 주먹밥 색깔이 정말 예뻤겠다.
그래서 맛있게 먹었어?
모모 : 처음엔 못 먹을 것 같았는데 엄마가 시금치를 아주 조금 넣어 줘서 먹어 봤어요.
교사 : 우와 대단하다. 모모 시금치도 먹을 수 있구나.
모모 : 네. 많이는 아니지만 조금은 먹을 수 있을 것 같아요. 제가 만든 거라서 더 맛있는 것 같아요. 시금치가 목에 걸리지도 않더라고요. 다음에 제가 만들면 선생님 드릴께요.

(4) 제4차 상담

◉ 목표 - 시범보이기를 통해 싫어하는 음식에 대한 거부감 없애고 호감 느껴 보기

① 부모

교사는 부모에게 모모와의 면담시간에 했던 대화에 대해 이야기를 해 주었다.

모모는 엄마와의 요리활동을 통해 시금치를 조금 맛보게 되었고 모모의 반응도 나쁘지 않았으며 조금씩 변화되는 모습을 보여 주었다.

이번에는 유아가 싫어하는 음식을 부모가 맛있게 먹는 모습을 보여주는 관찰학습 방법인 시범보이기를 해 보기로 하였다.

교사 : 어머님 모모가 시금치를 먹었다고 이야기를 하면서 다음에 저도 만들어 주겠다고 하더라고요. 어머니 : 정말요? 선생님 말씀처럼 모모하고 요리활동으로 주먹밥 만들기를 해 보았어요. 시금치를 보자 표정이 좀 안 좋았지만 요리 활동을 하면서 표정이 좋아졌어요. 모모가 좋아하는 순서대로 넣어 보면서 주먹밥을 만들었어요. 제가 시금치를 넣으려고 하니까 표정이 안 좋아져서 아주 조금만 넣어 보자고 했죠. 그러더니 자기가 넣겠다며 조금 넣었어요. 색깔이 보일정도로만요. 만들고 나서 안 먹겠지 생각했는데 제가 먼저 주먹밥 냄새 맡으니 따라서 맡더라고요. 먹어 보자는 말없이 저 혼자 먹고 맛있다고 말하니 몇 번을 냄새 맡아 보던걸요. 그러더니 작게 한 입 먹더라고요. 많이 먹진 않았지만 두 개 정도는 먹었어요. 정말 기분 좋더라고요 교사 : 정말요? 대단한 발전인걸요. 기분 정말 좋으시겠어요. 큰 성과가 있었다니 저도 기분이 좋은걸요. 다음 단계로 넘어가도 되겠는걸요? 어머니 : 네, ~ 선생님 이번엔 어떻게 하는 게 좋을까요? 교사 : 시금치에 대한 거부감이 조금 줄어든 것 같으니까 이번엔 다른 음식으로 해 보는 게 좋을 것 같아요. 어머니 : 그럼 포도로 해볼까요? 포도가 원인이였으니 포도를 먹으면 다른 것도 먹을 것 같단 생각이드는데… 교사 : 그러세요. 그럼… 이번엔 부모님께서 모모에게 맛있게 먹는 모습을 보여 주세요. 모모가 좋아하는 캐릭터가 골고루 음식 먹는 모습을 보여줘도 괜찮을 것 같고요. 그런데… 이번처럼 잘 될 수도 있지만 아닐 수도 있으니 큰 기대는 마시고요. 어머니 : 네. 그럴께요. 감사해요 선생님.

② 유아

교사는 유아와의 면담에서 집에서 있었던 이야기에 대해 듣게 되었다.

교사에게 질문이 있다며 포도의 맛에 대해 물어 보는 등의 궁금증에 대해 물어 보며 조금씩 다른 모습을 보였다.

모모 : 선생님, 물어 볼게 있는데요.
교사 : 뭔데 그러니?
모모 : 있잖아요. 포도 맛있어요?
교사 : 음… 그럼. 맛있지
모모 : 어떤 맛인데요?
교사 : 모모 포도주스 먹어 봤지? 포도 사탕도?
모모 : 네. 저 포도주스 좋아해요.
교사 : 그거랑 맛이 비슷해. 새콤달콤하지.
왜 물어 보는 거야? 어제 혹시 포도 먹었어?
모모 : 아니요. 어제 집에서 엄마, 아빠가 포도 먹는 거 봤어요.
근데 자꾸 맛있다고 해서 정말 맛있는지 궁금해서요.
교사 : 아 그랬구나. 모모는 포도 한번도 안 먹어 봤지?
엄마, 아빠 드시는 거 보고 먹고 싶다는 생각은 안 들었어?
모모 : 계속 맛있다고 해서 먹어 보고 싶다는 생각은 들었는데 씨가 있어서 안 먹었어요.
교사 : 그랬구나. 그럼 다음엔 먹을 수도 있겠네.
모모 : (대답은 하지 않고 웃기만 한다.)

(5) 제5차 상담

◉ 목표 - 모모의 현재 심리상태 알아보기

① 부모

교사는 부모에게 모모와의 면담시간에 했던 대화에 대해 이야기를 하였다.

모모가 포도에 대한 거부반응은 아직 있지만 조금씩 궁금증이 생겼으며 먹기 싫다는 강한 거부반응은 보이지 않음을 이야기하며 다음 상담 내용에 대한 이야기를 하였다.

다음 상담으로 부모 혹은 양육자의 성격 특성을 체크하며 모모의 심리 상태에 대한 관찰과 면담을 통해 모모의 현재 상태에 대해 알아보기로 하였다.

교사 : 어머님 모모가 엄마, 아빠가 포도를 드셨다고 이야기하더라고요.
어머니 : 아 그래요? 모모한테 보여주느라 그날 포도 정말 많이 먹었어요.
가족들이 그날 고생 좀 했죠.
교사 : 그래요? 정말 맛있게 드셨나봐요. 포도를 맛있게 드셨다면서 포도가 맛있냐고 물어 보더라고요. 어떤 맛이냐고도 물어 보고요.
어머니 : 정말요? 그날 책보면서 포도 먹는 저희를 번갈아 가며 몇 번씩 쳐다보더라고요.
교사 : 거부감이 많이 줄어든 것 같아 다행이예요. 다음엔 기대해 봐도 좋을 듯 하네요.
어머니 : 이제 또 뭘 해야 할까요?
교사 : 이젠 모모가 음식을 먹을 때 표정이나 행동이 어떤지 관찰해 봐 주세요.
저도 원에서 어떻게 하는지 관찰하도록 할께요.
어머니 : 네. 그렇게 할께요.

② 유아

교사는 점심시간에 모모의 점심 먹는 모습을 관찰하였다.

점심시간에 시금치, 두부조림, 불고기, 미역국이 나왔는데 거부감을 보이지 않고 친구들과 이야기를 하며 점심을 먹었다. 시금치를 많이 먹지는 않았지만 시금치 반찬을 두세 번 먹는 모습을 보였고 표정도 나쁘지 않았고 교사가 맛있게 먹으라는 말에 긍정의 대답을 하였다.

교사 : 오늘도 영양가 있는 맛있는 반찬들이구나.
지금 먹는 게 뭐야?
모모 : 시금치예요.
교사 : 이제 시금치도 잘 먹는구나. 맛있니?
모모 : (웃는다.)
교사 : 꼭꼭 씹어서 맛있게 먹어.
모모 : 네.

(6) 문제해결 중심척도

◉ 지난 번 상담 이후 유아의 식습관 태도가 얼마만큼 긍정적으로 변화가 있었나요?

1	2	3	4	5	6	7	**8**	9	10

◉ 지난 번 상담 이후 좋아하지 않는 음식에 대한 거부반응은 얼마만큼 줄어들었다고 생각하나요?

1	2	3	4	5	6	7	**8**	9	10

◉ 지난번 상담 이후 편식이 지속될 시 생길 문제에 대해 보다 어느 정도 구체적으로 생각해 보았나요?

1	2	3	4	5	6	7	8	**9**	10

◉ 이 상담을 통해 해결될 가능성을 얼마라고 생각하는가?

1	2	3	4	5	6	7	**8**	9	10

◉ 지난 번 상담 이후 오늘, 나는 유아의 문제가 어느 정도 해결되었다고 생각하나요?

1	2	3	4	5	6	**7**	8	9	10

◉ 지난 번 상담 이후 유아의 편식에 대한 남편의 관심은 어느 정도 입니까?

1	2	3	4	5	6	7	**8**	9	10

◉ 남편이 상담에 참여한다면 이 문제가 해결될 가능성은 얼마라고 할 수 있을까?

1	2	3	4	5	6	7	8	**9**	10

◉ 지난 번 상담을 통해 유아는 이 문제를 해결하기 위해 어느 정도 노력하고 있다고 생각하니까?

1	2	3	4	5	6	7	8	**9**	10

◉ 이 문제를 해결하기 위해 어린이집에서는 어느 정도 노력하고 있다고 생각하십니까?

1	2	3	4	5	6	7	8	**9**	10

〈해석〉

상담을 하면서 어느 정도 진행되어 가고 있는지 문제해결중심척도를 해 본 결과 상담은 무리 없이 진행되어 가고 있었고 유아가 평소 먹지 않던 음식들에 대한 거부감도 많이 나아지고 있음을 보였는데 상담을 통한 가정과 어린이집과의 연계가 있었기 때문이 아닌가 싶다.

아빠가 유아의 편식에 관심은 보였지만 일로 인해 자주 보지 못해 자주 참여하지 못했다는 부분은 조금 아쉬웠다.

(7) 종결단계 – 제6차 상담

◉ 목표 - 음식에 대한 거부감 생기지 않도록 추후 부모의 양육 태도 정하기

① 부모

교사는 부모와 부모 혹은 양육자의 성격 특성을 체크하며 모모의 심리 상태에 대한 관찰과 면담을 통해 모모의 현재 상태에 대해 이야기하였다. 식사시간에 달라진 모모의 모습과 음식에 대한 거부감이 많이 없어진 것에 대해 만족해하시며 음식을 강압적으로 먹이려고 했던 것과 먹지 않는다고 아예 먹이지 않았던 것들에 대한 부모의 양육방식과는 달리 그 동안 했던 것들을 바탕으로 모모가 음식에 대한 거부감을 보이지 않도록 가족 모두 노력하기로 하였다.

교사 : 요즘 모모의 식사 태도는 어떤가요? 음식에 대한 거부감은요?
어머니 : 전보다 많이 좋아졌어요. 시금치나 콩나물이 올라와도 거부감을 보이지 않고 먹어 본다고 말하기도 하고요. 포도를 보고 숨거나 무섭다고 하는 말도 하지 않아요. 먹는 양이 많진 않지만 전에 비해 밥을 먹는 태도나 표정은 많이 좋아져서 만족한답니다. 그 동안 편식한다고 원인을 알아보지 않은 채 나무라기만 한 것 같아 미안해요. 앞으론 아이와 충분한 대화를 하고 가끔 함께 요리도 해 보고 싫어하는 음식과 친숙해 질수 있도록 가족 모두 노력하기로 했어요.
교사 : 짧은 시간에 이루어졌지만 모모의 달라진 모습을 보니 저도 기쁘더라고요.
어린이집에서도 친구들과 이야기하며 기분 좋게 먹는 모습 보니 저 또한 마음이 한결 편하고 좋았답니다.
원에서도 모모가 음식에 대한 거부감 들지 않고 즐거운 식사시간, 간식 시간이 될 수 있게 더 노력하겠습니다.
바쁘신데 상담에 적극적으로 참여해 주셔서 감사드려요
어머니 : 저도요 선생님. 감사합니다.

(8) 평가

처음부터 2개월 이내의 단기치료 프로그램으로 상담을 실시한다.

평소 편식이 심하였고 포도를 보고 무섭다고 숨는 모습을 보이는 등의 심한 거부감을 보이게 되어 상담자와의 친밀한 관계형성과 편식을 고치기 위한 몇 가지 제안들을 가지고 원과 가정과의 연계를 통한 관찰과 면담한 것들이 효과가 있었다고 사료된다.

5) 결론

지금까지 살펴본 사례의 아동은 편식이 심한 아동으로 어느 날 포도를 보자 거부반응을 보이며 책상 아래에까지 숨는 문제의 모습을 보이게 되었다.

포도 외에도 시금치, 콩나물과 같은 나물종류, 콩, 고기류, 씨가 있는 과일류 등을 거부하며 먹지 않았다. 상담을 하던 중 만 1세경 강압적으로 음식을 먹이려는 양육자로 인해 음식에 대한 거부감이 생겼다는 것과 양육자의 일관성 없는 태도와 '크면 다 먹겠지'라는 안일한 태도 때문인 것으로 나타났다.

상담치료 후 싫어하는 음식에 대한 거부감이 조금씩 사라지고 조금씩 긍정적인 변화가 일어나는 모습을 보였으나 시간이 지난 후 다시 어떤 반응을 보일지는 예단하기 어렵다.

편식이나 밥투정하는 습관이 문제가 되는 아동 중에는 체중미달 때문에 문제가 되는 경우는 별로 없다. 대부분은 부모가 먹기를 원하는 양과 음식을 정해 주고 다그치기 때문에 먹는 것을 가지고 부모와 자녀 간에 심리적 줄다리기를 하는 것이다.

우선 먹는 것은 아이가 자연스럽게 욕구가 일게 하는 것이 중요하며 먹여 주는 것이 아니라 먹는다라는 자발적인 결정을 할 수 있게 기회를 주어야 한다.

건강한 삶을 위해서는 한창 자랄 때의 균형된 영양섭취가 매우 중요하며 지금 유아기에는 식습관이 형성되는 중요한 시기이므로 이 시기에 좋은 식습관을 형성하여야 한다. 다양한 식품을 골고루 선택하고 충분한 영영을 섭취하도록 할 필요성이 있으며 편식도 하나의 습관이므로 정확한 원인을 파악하여 잘못된 편식 습관을 고쳐 주는 것이 필요하다고 생각되었다.

이번 상담사례를 통하여 유아의 편식에 대해 어떤 방법으로 접근해야 하는지에 대해서와 부모의 양육태도가 중요하다는 것도 다시 한 번 알게 되었고 상담이 처음이라 상담을 하면서도 내가 상담자로서의 역할을 제대로 하고 있나 하는 의문점이 생겨 수업시간에 배웠던 것들을 다시 찾아보기도 하였다.

시간의 부족으로 인해 부모와의 면담시간이 좀 짧았던 것 같아 아쉬웠고 이번을 계기로 다음 상담 땐 수월하고 어렵지 않게 할 수 있을 것 같다.

3. 문제행동 아동 상담사례연구(부적응)

1) 상담의 동기

최근 초등학교 학급에서는 집단에서 소외되고 위축되어 있거나 학급의 규칙을 바르게 수행하지 못하고 방해하는 등 여러 가지 문제행동을 보이는 아동들을 쉽게 발견할 수 있다. 이들은 학습활동을 제대로 이행하지 못하며, 교사와 급우들과의 올바른 인간관계 형성에도 문제를 지니고 있다.

1970년대 이후 활발히 행동관측의 지대한 관심과 발전으로 개인들의 행동과 심리에 대한 연구는 물론 자아개념에 대한 연구는 인본주의적 교육 발전의 한 양상으로 볼 수 있다(유영창, 1999).

교사의 임무는 지식이나 기술을 전달하는 일 뿐만 아니라, 아동의 자아실현을 돕고 바람직한 사회 구성원으로 적응할 수 있는 인간이 되도록 돕는 것이다. 이에 교사는 아동 개개인이 그의 적성과 잠재력을 최대한 발휘하고 급변하는 현대 사회 속에서 자신의 문제를 능동적으로 해결하고 적응할 수 있는 올바른 가치관을 형성하도록 도와야 한다(박준경, 2008).

문제행동의 유형으로 나타나는 과잉행동, 공격행동, 위축행동, 방어적 행동이 담임교사에 의해 지각된 아동을 중심으로 상담과정을 통해 문제행동을 완화하고 나아가 긍정적인 자아개념을 형성할 수 있도록 하기 위해 상담의 필요성을 느끼고 본 상담을 계획하게 되었다.

2) 상담 초기

(1) 상담아동 개인 정보

- **내담자** : 김정우(가명, 남, 만 5세)
- **생년월일** : 2007. 08. 27
- **주호소문제** : 바르게 행동하려고 하는데 잘 안됨. 유치원에서 점심 먹기 힘듦.
- **가족력** : 아빠, 엄마, 내담자, 동생(남, 9개월)
- **현재상태** : 유치원에서 친구들과 잦은 마찰(짜증과 공격), 주의 산만, 편식, 부끄러워하는 위축된 행동

(2) 상담 의뢰 경위

표 Ⅵ-14 아동상담 신청서

아동성명	김도경	생년월일	2007. 08. 27
의뢰일자	2013. 09. 27	상담일시	
검사일자		연락처	010-5327-2147(엄마), 010-4510-2147(아빠)
의뢰경위	유치원에서 주위 산만함에 대해서 지적을 받았으며, 교우관계에서 잦은 마찰 발생, 편식이 심함, 동생이 생기고 난 뒤 과잉 행동이 빈번해짐		
가족관계	친할아버지와 친할머니는 모두 돌아가셨으며, 고모 세분이 있으며 큰아빠 두분이 계심. 사촌형 누나들은 모두 나이 차이가 많음. 큰집에 잘 가려고 하지 않음. 큰아빠들이 용돈을 많이 주어도 쭈뼛쭈뼛 받아들임. 어려서부터 서울에서 살아서 만날 기회가 없어서 그런듯 합니다. 모두들 귀여워하심 외가집은 할아버지 할머니 모두 생존해 계심. 도경이의 모든 행동들에 대해서 예뻐하시고 특히 음식 잘 먹는 것을 좋아 하심. 특히 오징어회를 많이 사주시고 족발, 통닭을 자주 사주심. 용돈도 거의 매주 갈 때마다 매우 후하게 주십니다. 그것도 그때 뿐이고 인사도 안하고 그냥 갑니다. 서울에 사는 외삼촌과 이모와 이모부들 모두 도경이를 많이 챙기고 사랑해 주는 화목한 가정입니다.		
현재상태	아빠는 평일에는 학교연구실에서 연구하느라 늦게 들어가고 아침 일찍 운동 갔다가 아침밥 먹고 학교로 출근하는 편이며 주말에는 한 달에 두 번 정도 학회에 참석하는 일이 아니면 도경이와 인라인 스케이트를 타거나 운동을 함. 주일에는 교회에 갔다가 인라인타기를 시작했고 자전거, 수영, 놀이터에서 달리기, 줄넘기 등을 하며 지냅니다. 엄마는 늘 집에 동생일랑 함께 있고, 도경이를 픽업합니다. 도경이가 먹고 싶어하는 음식을 이야기하면 적극 준비합니다. 외식의 권한은 도경이가 주도하는 편입니다. 며칠 전 유치원에서 도경이 생일 파티때 아빠가 써준 편지를 선생님께서 읽어주신 것을 듣고 울었다고 했는데 그날 이후 동생을 대하는 자세가 조금 변한 것 같았습니다. 그전에는 그다지 신경쓰지 않고 자기 일만했는데 이제는 동생을 안아 주는 빈도가 많아졌습니다.		

발달력	최근 교회에 다니는 형이 디아블로라는 팽이 비슷한 장난감을 가지고 왔는데 그걸 사달라는 겁니다. 교회에서 형꺼 빌려서 한 번 해 보라고 하니까 쑥스러워 만지지는 못하고, 집에 와서 인터넷으로 주문해 주었더니 연습을 하는데 무척 어설프게 했습니다. 일주일 동안 연습을 하니 제법 하더니 2주 지나니까 실증이 났는지 잘하지 않더군요. 장난감을 거의 사주지 않는편 입니다. 그래서 인지 최근 장난감에 대한 동경을 많이 하는 듯 합니다. 늘 장난감 사달라고 하는 요구가 많아졌습니다. 추석 때 이모부가 와서 인라인 스케이트를 사주었는데 첫날은 신고 걷기 시작하더니 인라인 스케이트장에 데려갔더니 2시간 30분 동안 백번 정도 넘어지더니 곧잘 합니다. 자기고집이 있어서 본인 스스로의 방식으로 터득하려고 하는 생각이 강합니다. 특히 글씨를 쓸 때에도 어떠한 형식보다는 자기 방식대로 그림그리듯이 씁니다. 집에서 고쳐 줄려고 했는데 스트레스가 될까봐서 본인 스스로가 느낄 때까지 기다리고 있습니다. 근래 교회에 초등부 형들이랑 같이 예배를 드리는데 매주 요절 말씀을 암송하는 것이 있습니다. 처음에 안하려고 했는데, 아빠가 말했습니다. 도경이는 형들보다 키는 작지만 머리는 아빠 닮아서 좋을거야. 아빠랑 한 번 해볼까 하고 시켰더니 주일날 요절 말씀을 도경이 혼자서 다 외워 왔답니다. 그 이후로 자신감이 생겼는지 요절 말씀 암송하는 것에 재미를 붙였습니다.
검사종류	

표 Ⅵ-15 **부모면담 기록지**

성명 : 김호석	**생년월일 :** 1973. 06. 28
주소 : 강원도 강릉시 내곡동 남산현대아파트 104동 402호 **전화번호 :** 010-4510-2147	

상담 사유(호소문제):
주위가 산만하여 집중을 잘 못한다고 함(유치원에서). 편식이 심합니다. 특히 야채를 힘들어 합니다. 라면과 국수를 좋아하며, 해산물과 젓갈을 많이 먹으며, 밥을 잘 먹지 않습니다. 본인이 피곤할 때 짜증을 잘 냄. 수줍음이 많아서 인사하는 것을 힘들어 함.

• 참조 사항
9개월 전 남동생이 태어났습니다. 혼자 독차지하던 부모의 관심과 사랑을 동생에게 빼앗겼다는 상대적 박탈감에서 오는 정신적 스트레스가 작용하는 듯 합니다. 평소 자신의 속마음을 잘 표현하지 않습니다. 어디가 아파도 아프다는 표현을 안하고 혼자서 끙끙 앓는 태도를 보입니다. 넘어져도 잘 울지 않는 아이였습니다.

• 이전기관의 경험
4살 때부터 도경이는 엄마와 함께 도경이의 외삼촌집에 가서 사촌형 유치원에 보내 주고 외삼촌 집에서 지내다가 집으로 돌아오는 환경이였습니다. (노량진에서 잠원동 매일 아침 8시에 버스를 타고 30분 정도 갔습니다.)

6세 때부터는 외삼촌집 앞에 있는 서울 신반포 중앙유치원에 등원시킨 뒤에 엄마는 사촌형을 유치원 보내는 형태로 강릉 좋은 유치원으로 전학오기 전까지 두 살 많은 사촌형과 줄곧 같이 지내는 환경이였습니다. 그리고 사촌형과 자주 싸웠습니다.

1. **문제행동의 시작 및 지속기관, 부모의 (부모의 성격 포함하여) 반응 및 대처 방법**

   늘 엄마의 보호와 관심 속에 하루종일 지내다가 동생이 생기면서 시작된 것 같습니다. 평소에도 이런 성향이 있었지만, 근래 참았던 속마음이 쌓아 두었던 감정이 폭발하는 것 같습니다. 아빠는 늘 방관하다가 말로 타이르는 편입니다. 가끔 정도가 심하거나 땡깡을 부리면 두 팔을 잡고 본인이 잘못한 것을 정확히 말해 주고, 다음부턴 그런 행동을 안하겠다는 다짐을 받는 정도로 그칩니다.

   아빠는 평소 생활에서 매우 관대한 편입니다.

   엄마랑은 평소 잘 지냅니다. 엄마랑 아빠랑 다른 점은 엄마는 잘못한 부분에서는 바로바로 지적을 하며 종종 소리를 지르기도 합니다. 어릴 때부터 그런 상황이여서 도경이는 그 상황을 유머로 받아들일 정도로 익숙해 있다고 생각합니다. (가끔 엄마가 소리지르는 행동을 흉내내기도 합니다.)

   엄마는 평소에 장난도 잘 치고 유머도 넘치는 편입니다.
2. **유치원생활, 교우관계, 학업성취**

   서울에서 이사를 왔을 때는 주문진에 있는 외갓집에서 아빠가 출근할 때 30분 정도 함께 유치원에 가는 것을 매우 즐거워했습니다. 퇴근길에 갈 때는 늘 피곤해서 차안에서 잠이 들었습니다.

   유치원에서 했던 놀이나 교육들을 좋아했고 만족해 했던 것 같습니다.

   교우관계는 몇몇 친구들이 아빠 친구의 아들(권대용, 김태건)도 딸(함채윤)도 있어서 아빠가 이런 저런 이야기를 해 주어서 그 친구들과 잘 지내는 것 같습니다. 주말에 아빠랑 수영장을 가서 주영이와 환유를 만나서 수영장에서 몇 번 놀아서 유치원에가서 조금 친해진듯 합니다. 친구들과 어울리는 것을 지켜봤을 때는 잘 놀기보다는 도경이의 강한 승부욕으로 인해서 종종 트러블을 일으키게 되는 것 같습니다.
3. **가족력**

   – 가족력

   아빠–관동대학교 교수, 엄마–전업 주부, 남동생–9개월 유아

   – 가족 관계

   아빠, 엄마, 남동생

   – 아동에 대한 가족의 태도

   아빠는 도경이의 실수에 대하여 관대하며, 잘못된 행동을 지적하기보다는 이렇게 하면 좋을 것이다라는 방향 제시를 하는 편입니다. 언제나 도경이 편이 되어서 변호하는 편입니다. 엄마는 그때그때 지적을 하긴 하지만 그래도 나름 도경이에 대해서 적극적인 사랑을 표현합니다.

(3) 아동의 행동 관찰 범주

관찰 범주	관찰 내용
신체적/ 신경학적 발달	• 신체가 단단하고 운경신경이 발달하여 다양한 신체활동을 즐김 (축구, 줄넘기, 훌라후프, 유니바, 철봉 매달리기 등) • 새로운 종목을 시도할 때는 주춤거리고 다른 친구가 하는 것을 눈으로 본 후 혼자 연습함
기분과 정서의 상태	• 평소 활기차고 행동반경이 분주한 편임 • 다른 친구의 행동이 잘못되었거나 올바르게 활동하지 않을 때 지적하고 참견함. 친구가 자신의 말을 듣지 않으면 짜증내고 화냄 ("연필 그렇게 잡는거 아니야, 가위손 하라고!") • 활동할 때 친구와 마찰이 생기면 짜증과 화를 내며 자신의 입장만을 고집함.(야! 옆으로 더 가라고~!내가 좁잖아!!) • 칭찬해 주면 쑥스러워하고 멋쩍어함
언어 및 인지발달	• 두뇌회전이 빠르고 언어표현이나 적당한 문장력을 사용함 (상대방 앞에서 트름하는 것은 예의에 어긋나요. 그 사람이 기분 상할 수도 있어요. / 생각을 잘해야 바르게 행동해요.) • 연령에 맞는 언어표현을 하나 가끔 나이에 맞지 않는 언어사용을 함 (사기치지마, 가끔 비속어 사용)
대인관계를 맺는 능력	• 노는 친구들과 놀고, 놀이 활동에서 주도적이기도 하고 어우러져 놀기도 함(예, 너가 의자를 구해와, 나는 망원경으로 살필게, /야 우리 여기서 뛰어넘기하자. 등) • 낯선 사람(또래)이나 어른들 앞에서 쑥스러움을 많이 타는 편으로 인사하는 것도 부끄러워하고 멋쩍어함
환경을 활용하는 능력	• 야외에서 물을 마실 때 뚜껑이 잘 열리지 않으면 혼자 끝까지 열려고 하다가 교사나 친구에게 도움을 요청함 • 물병에 물이 떨어지면 식수로 가능한 수돗물을 채워 넣어 마심 • 높은 곳에 있는 물건을 잡을 때는 발판을 사용함 • 주변에 있는 도구나 물건 등을 활용하여 문제해결 및 놀이 활동을 함

욕구 좌절 시 행동	• 바깥놀이 정리할 때– 정말 아쉬울 때는 밝은 표정으로 ("선생님, 조금만 더 놀아요." "아~ 더 놀고 싶었는데~아쉽다" 등) 감정 표현 • 자신의 활동이 늦어져 놀 수 없었을 때– 풀 죽은 것처럼 어깨가 쳐지고 표정이 어두워짐. 아무 말도 하지 않음 • 놀이활동에서 친구가 자신의 물건을 만지거나 가지고 갔을 때–"야! 내꺼 왜 만져! 왜 갖고가 !" 등의 소리 지르며 화를 냄
놀이의 발달적 적합성	• 협동놀이가 많이 이루어지는 편이며, 친구들과 놀이활동에서 상호작용을 많이 함 • 신체가 단단하고 힘이 좋으며 다양한 신체활동을 즐기며 매우 즐거워함(밧줄을 이용한 꼬마야 꼬마야 놀이, 축구, 줄넘기, 구름사다리 건너기, 훌라후프 통과 등) • 숲에서는 자신의 덩치보다 큰 나무도 들어올리며 드세게 가지고 놀기도 함
엄마와의 관계 (부모와의 상호작용)	• 엄마와 지내는 시간이 많고, 아동이 부모님께 유치원에 있었던 이야기를 잘 들려주는 편 • 질문도 잘 하고 참견하기도 함 • 주말에는 아빠와 함께 수영장에 가거나 인라인 스케이트를 탐. 부모와의 상호작용이 잘 이루어짐

〈전반적 소견〉
연령에 맞게 전인발달이 이루어지고 있음
공격적 · 충동적인 행동이 나타나나 이러한 문제행동은 실외보다 실내에서 주로 나타나는 편임

(4) 가계도

<아동의 3대 가계도>

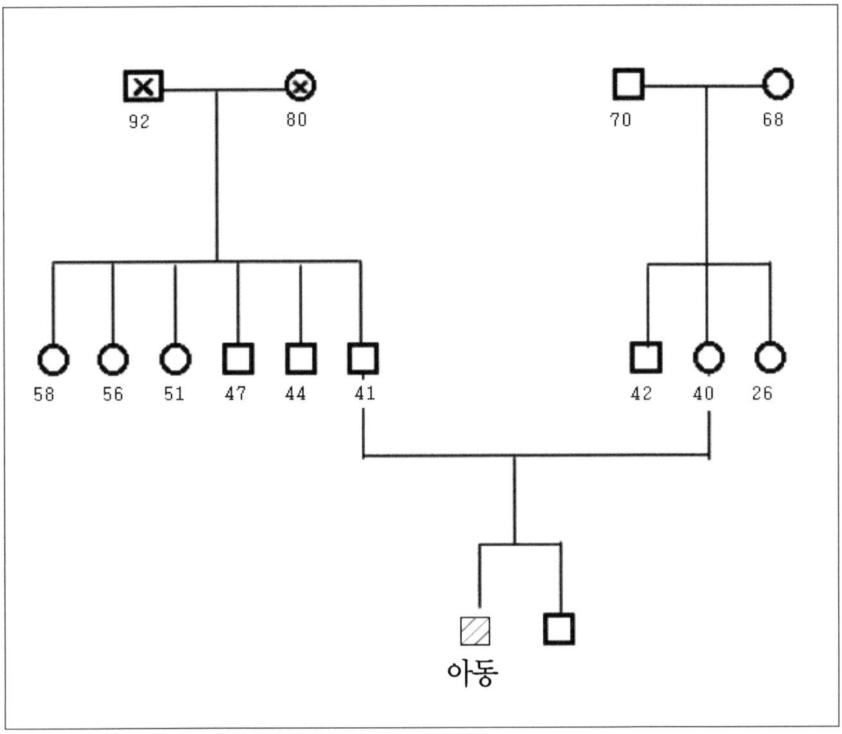

3) 상담의 구조화

(1) 개인 인적 사항

- **김정우**(가명, 남, 만 5세)
- **생년월일** : 2007. 08. 27
- **주호소문제** : 바르게 행동하려고 하는데 잘 안됨. 유치원에서 점심 먹기 힘듦
- **가족력** : 아빠, 엄마, 내담자, 동생(남, 9개월)
- **병력** : 생후 백일즈음 아토피로 인한 입원

• **현재상태** : 유치원에서 친구들과 잦은 마찰(짜증과 공격), 주의 산만, 편식, 자기 표현 부족

(2) 주요 문제행동

• **과잉행동** : 과도한 행동, 불필요하게 하는 행동, 소란스러운 행동, 주의 산만
• **충동, 공격행동**: 신체적, 언어적 공격, 싸움
• **방어행동** : 자기를 감싸고 지키려고 하는 행동
• **위축행동** : 자기 의사를 잘 표현하지 못함
• **편식**

(3) 상담이 필요한 이유

• 문제행동 완화
• 자신의 의사(감정)표현을 잘못함
• 편식이 심함

(4) 상담 목표

• 자기 조절 및 의사(감정) 표현하기
• 음식에 대한 거부감 없애기

(5) 상담 시간 및 기간 설정

• **기간** : 2013년 9월~11월 (약 2개월)
• **상담방법** : 상담기법을 통한 아동과의 면담
일주일에 2회 부모와의 전화상담

(6) 비밀보장 및 제한점

- 아동과의 상담한 모든 것들은 비밀을 보장한다.
- 비밀을 보장하되, 연구의 목적으로 사용할 수 있다.

4) 심리평가

(1) HTP 그림검사

① 사람

- 사람그림 질문

번호	질문	답변
1	이 사람의 성별은 무엇입니까?	남자
2	몇 살 입니까?	9살
3	무엇을 하는 사람입니까?	학생
4	가족이 있습니까, 없습니까?	가족 있음

5	가족은 모두 몇 명 입니까?	4명 (엄마, 아빠, 형, 주인공)
6	이 사람의 기분은 어떻습니까?	기쁨
7	언제 혹은 무엇을 할 때 기쁩니까?	축구할 때
8	이 사람은 친구가 많습니까, 적습니까?	친구가 많음
9	이 사람이 잘하는 것은 무엇입니까?	공부를 잘함

• 사람그림 해석

형식적 해석	사람을 그리는데 걸린 시간은 1~2분 소요됨 다리–몸–얼굴 순서로 그림 얼굴을 제일 마지막에 그린 것은 내담자가 타인과의 정서적 접촉을 즐거워하지 않는 것으로 나타남 좌측에 그린 그림으로, 내향적 경향이 있고 자의식이 강한 것으로 보임 작은 인물화를 표현하여 수축된 자아, 소심, 환경을 다루는데 있어서 부적절함과 걱정이 보여짐 수직적 필압이 보여지며 자기 주장이 강하고 남성다움이 느껴짐 선의 농담은 진한편이고 자기 확신과 주장적, 지배적, 지나친 적대적 충동성이 나타남
내용적 해석	웃고 있는 모습의 사람을 그렸으며 환경과의 접촉이 이루어지나 팔이 밖으로 향하고 각이 진 몸통을 그려 공격성이 보이며 자기 주장적, 남성적 경향이 있음

② 나무그림

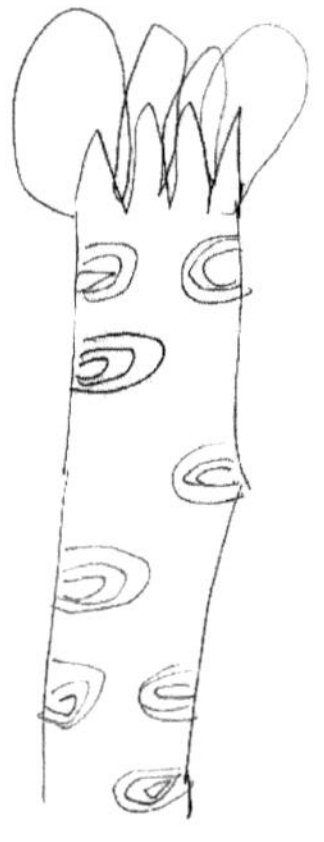

• 나무그림 질문

번호	질문	답변
1	이 나무는 무슨 나무입니까?	소나무
2	이 나무는 몇 살 입니까?	20살
3	이 나무는 어디에 있습니까?	산 속에 있음
4	이 나무 주변에 다른 나무가 있습니까?	혼자 있음

• 나무그림 해석

형식적 해석	상록수(소나무)를 그려 자신이 활력이 넘치는 존재로 인식, 그렇게 행동하고 싶다는 희망이 나타남 필압의 강도가 진하며 긴장이나 주장성, 공격성이 보임 굵은 가지를 표현하여 환경과의 관계, 자신이 가지고 있는 능력을 알 수 있으나 가지가 위로 향하여 성취에 대한 긴장이 있음 가기 끝이 날카로운 모양으로 비판성과 감수성이 강하며 적의와 공격적 충동성이 강함 줄기의 상흔, 옹이 구멍을 표현하여 외상 경험이 있음

내용적 해석	활력이 넘치고 자아가 강하나 공격적, 충동성이 보여지고 줄기에 많은 상흔, 옹이 구멍을 그린 것으로 보아 아기 때 아토피로 아팠던 경험이 무의식 속에 그림으로 나타남

③ 집그림

• 집그림 질문

번호	질문	답변
1	누가 사는 집입니까?	엄마, 아빠
2	이 집은 어디에 있습니까?	시골
3	이 집은 튼튼합니까?	튼튼한 집
4	이 집에 누구를 초대하고 싶은가요?	초대하고 싶지 않음
5	이 집은 큽니까, 작습니까?	큰 집 (지금 사는 집보다 작음)
6	이 집에 문은 열려 있습니까, 닫혀 있습니까?	열려 있음
7	더 그리고 싶은 것이 있습니까?	집 주변에 꽃을 그리고 싶음

• 집그림 해석

형식적 해석	단단한 벽의 형태로 자아가 강하고 문을 그려 환경과의 접촉이 이루어짐 환경과 상호작용이 이루어지나 창문이 닫혀 있어 방어적인 면이 보임
내용적 해석	열린 문을 그려 정서적인 따뜻함을 얻고 싶은 갈망이 표현됨 튼튼한 벽을 그린 것으로 자아가 강함

④ 사람, 나무, 집그림

• 사람, 나무, 집그림 질문

• 사람, 나무, 집그림 해석

전체 해석	자아가 강하고 환경과의 접촉이 이루어짐 환경과 상호작용이 이루어지나 창문이 닫혀 있어 방어적인 면이 보임 정서적인 따뜻함을 얻고 싶은 갈망이 표현됨

(2) KFD 그림 검사

① 동작성 가족화

• 동작성 가족화 그림 질문

• 동작성 가족화 그림 해석

아동이 그린 그림은, 가족이 함께 등산하는 모습을 표현함 산에 올라가는 모습을 그렸으며 아빠, 아동(검사자), 엄마, 동생 순서로 그림 조화로운 일반적인 관계에서 나타날 수 있는 활동으로 가족과 가족 사이에 벽이나 기둥 등 어떠한 장애물도 놓여지지 않았으며 신체적으로 친밀한 상태를 보이고 따뜻한 빛(해)을 표현한 것으로 보아 가족 간에 애정이 느껴짐 필체가 강하고 자신감이나 자아상이 긍정적이고 강한 편임

5) 부모 상담진행

(1) 제1차 상담

부모는 유치원에서의 주의 산만 지적, 친구들과의 마찰, 가정에서 정우의 짜증과 지나치게 화를 내고 사람들 앞에서 부끄러워하는 위축되는 점을 해결하고자 상담을 신청하였다.

상담자는 우선 부모님께 가정에서 정우가 지내는 생활 패턴에 대해 질문을 하고, 부모님과의 마찰 혹은 정우가 짜증이나 화를 낼 때 어떠한 방법으로 대처하는지의 질문으로 하여금 부모님의 양육태도를 알 수 있었다.

상담자 : 정우는 집에서 주로 어떻게 지내나요?
어머니 : 평일에는 거의 하는 거 없어요. 유치원 갔다 돌아오면 씻고 저녁 먹고 놀다가 자요.
상담자 : 주말에는요?
어머니 : 주말에는, 교회 예배하러 가면 주일학교 친구들이랑 놀고, 보통 주문진 외갓집에서 많이 놀아요. 밭에서 뭐 따고 흙으로 놀고. 노느라 정신없어요.
상담자 : 정우가 유치원에서 친구들 괜히 괴롭히고 예를 들면 친구 모자 뺏어서 던진 다거나, 숨겨 놓고 모르는 척하거나, 화나면 소리 지르는데 가정에서는 어떤가요?
어머니 : 집에서도 짜증을 잘 내고, 화를 내요. 주일학교 가면 거기 친구들이랑도 싸우고 동네 누나한테 덤비고 그래요. 유치원에서 하는 행동이랑 똑같아요.
친척들이나 주변에 아는 사람들한테 인사도 못하고 제 뒤에 숨고 그래요.
상담자 : 그럼 정우를 야단치실 때는 어떻게 하세요?
어머니 : 저는 좀 혼내는 편이에요. 정우 아빠는 항상 말로 해요. 화를 안내고 둘이 토의하듯이 다정하게. 저랑 달라요. 며칠 전에는 정우가 너무 말을 안 들어서 제가 돈 5만원 주고 엄마아빠 없는 곳으로 택시타고 보육원 같은데 가라고 그랬어요. 가서 혼자 행복하게 살라고.
상담자 : 아, 정말요? 그래서 어떻게 됐어요?
어머니 : 울면서 잘못했다고 다시는 안 그러겠다고. 말 잘 듣겠다고 그러더라구요.

(2) 제2차 상담

상담자는 부모님께 정우와 숲에서 등산하며 나누었던 대화를 들려 드리며 정우가 바르게 행동하려고 노력하는 모습에 대해 알게 되었고 또 놀라워하셨다.

앞으로 정우의 행동에 대해 마음을 이해하고 감정이입의 표현을 통해 상대방으로 하여금 아동 자신의 존재를 인식하고 자신의 가치를 인정할 수 있도록 격려하고 수용하기로 하였다.

상담자 : 정우가 바르게 행동하려고 하는데 그게 잘 안 된다고 말하더라구요. 정우도 아는 것 같아요. 자기는 노력하는데 잘 안 되니까 자책하는 것처럼 보였어요.
어머니 : 그래요? 요즘은 짜증이 줄었어요. 예전 같지 않아요. 동생이랑도 잘 놀아주고. 그때 생일파티 때 아빠가 써준 편지 읽고 울었다면서요. 그 이후로는 동생 먼저 챙겨요. 유치원 갔다 오면 동생부터 봐요.
상담자 : 그렇구나. 다행이에요. 요즘 인사하는 태도는 어때요?
어머니 : 하긴 하는데 그래도 아직은 많이 쑥쓰러워해요. 목소리는 이제 겨우 나오는 것 같긴한데.
상담자 : 어제 쭈뼛거리면서 인사하는데 눈은 안 맞추더라구요. 그래도 제 앞에 와서 인사하니까 그 용기가 대단해서 머리 쓰다듬어 주고 아무렇지 않게 저도 "안녕하세요. 어서와~"하고 인사했거든요. 오늘도 큰 목소리로 인사하는데 눈 안 맞추고 하길래 "정우야, 인사할 때는 상대방이랑 눈을 맞춘 다음에 하는거야. 그게 예의야. 눈을 안 마주치면 누구한테 인사하는지 몰라."라고 얘기해 줬는데 내일 봐야겠어요.
어머니 : 인사를 못하니까 어디 데리고 다니기 창피해요. 그래도 요즘은 주일학교에 서 어른들 뵙고 친구들 만나면 나름 인사하기는 해요. 제 뒤에 숨는건 없어졌어요.

(3) 제3차 상담

정우가 점차 변해 가는 모습들에 대해 이야기 나누며 기뻐하였다. 자신이 사랑받고 있다는 것에 대해 자아가 안정감을 찾아가고 있음을 알 수 있었다.

어머니 : 정우가 어제는 뜬금없이 "김주아 선생님이 나 좋아해." 이러더라 구요.
그래서 "너도 선생님 좋아?" 물어봤더니, "응, 나도 선생님 좋아" 이렇게 말하는거 있죠.
상담자 : 아 그래요? 제가 좋데요? 정우가 예전에는 안으면 각목 안는 것처럼 몸이 뻣뻣하고 쑥쓰러워했는데 요즘은 팔 벌리면 아무렇지 않게 안겨요. 예전에는 가만히 있었는데 지금은 정우가 팔 벌려서 저를 안아줘요.
어머니 : 예전보다 정우 마음이 대게 편해진 것 같아요. 화도 안내고 이제는 대화로 풀어요. 엊그저께 제가 일부러 정우가 어떻게 하나 보려고 "아빠 맨날 늦으니까 집나가라고 해야겠다." 하면서 남편 신발을 현관 밖에 던졌는데 조용히 나가서 신발을 주워 오더라구요. 신발을 현관에 다시 갖고 들어와서는 "엄마, 이거 다 돈이야. 절약해야 돼. 아빠랑 싸우지마." 이렇게 말하더라구요. 깜짝 놀랐어요.
상담자 : 안그래도 아빠가 요즘 늦게 들어오고 일찍 일하러 간다고 말하길래
"정우가 아빠랑 놀고 싶은가보구나. 많이 놀지 못해서 속상하겠다." 이렇게 말해줬거든요.
어머니 : 많이 차분해졌어요.

(4) 제4차 상담

유치원 생활과 가정생활에 안정을 찾고 특히 유치원 생활에 매우 즐거워하는 것을 알 수 있었다. 차량으로 일찍 하원하지 않고 아빠 퇴근시간에 맞춰 유치원에 머물러 남아있는 친구들과 더 놀다가 귀가하기를 원하였다.

동네에서 만나기만 하면 싸우는 누나가 있었는데, 며칠 전에는 그 누나가 정우한테 뭐라고 했는데 정우가 엄마를 붙잡고 그냥 집에 가자라고 말을 하며 상황을 피하고 자기를 조절하고 통제하는 모습을 보고 또 한 번 놀라셨다고 하셨다.

주말에 서울에 있는 친척 동생 돌잔치에 참석하였는데 정우의 변화된 모습에 친척들 모두 정우 멋있어졌다고 하셨다.

어머니 : 주말에 서울에 다녀왔거든요. 친척 동생 돌잔치가 있어서요.
정우아빠가 정우한테 여기는 호텔이니까 호텔에서는 젠틀하게 행동해야 된다고 말해줬거든요. 정말 호텔에서 뛰지도 않고 또 먹는 것도 예전같지 않게 다 잘 먹고 그랬어요. 저도 깜짝 놀랐어요.

상담자 : 그렇지 않아도 정우가 이야기하더라구요. 금요일날 유치원 오고 싶었는데 못 왔다고.
어머니 : 친척들 만났는데 인사도 씩씩하게 잘 하고 친척들이 다 정우 멋있어졌다고 칭찬을 했어요. 정우 아빠는 친척들 칭찬 듣고 기분이 업 됐는지 예전에 다니던 유치원에 인사 가자고 하는거에요.
상담자 : 친척들도 멋있다고 칭찬하고 정말 멋있어졌나봐요.
어머니 : 네. 다들 칭찬만 하더라구요. 친척 형이랑 만나면 항상 싸우고 안 좋게 헤어졌는데 그 날은 정우가 '다음에 또 만나자'고 화기애애하게 헤어졌어요. 주변에서 정우 멋있어졌다고 많이 이야기하니까 저도 이제 좀 정우 어디 데리고 나가고 싶고 그래요. 예전에는 데리고 다니기 정말 창피했거든요. 이제는 데리고 나가고 싶어요.

(5) 제5차 상담

어머니께서 무척 밝은 표정으로 유치원에 들어왔다. 상담자의 "최근에 달라진 점이 있는가"라는 질문에 주일날 요절 말씀 암송하는데 어린이 대표로 앞에 나가서 발표하였다고 하셨다. 패스트 푸드점에 가면 케첩받으러 가는 것도 못했는데 이제는 자기가 알아서 가져온다고 말씀하셨다.

유치원에서 친구들과의 마찰이 생기면 대화로 풀어 나가고, 정리정돈 시간되면 말하지 않아도 스스로 정리하면서 솔선수범하는 모습이 보였다. 점점 질서가 잡혀 자연스럽게 도덕규범을 받아들이고 친사회적인 태도가 나타나고 있었다. 변화되는 정우의 모습에 격려하고 응원하고 자아를 존중해 주는 주변 사람들이 나름대로 노력을 하고 있었다.

6) 상담 중기-치료방법

(1) 인간중심 아동상담기법

Carl Rogers는 무조건적 · 긍정적 존중, 공감적 이해, 일치(진실성)가 존재하는 인간관계가 상담자와 내담자 간에 형성되면 이 인간관계 자체가 내담자의 성격변화를 촉진한다고 보았다.

① 단순한 수용(simple acceptance)

아동을 격려하는 언어적 또는 비언어적 반응을 나타내는 것이다.

–오전 자유선택활동 시간에 미술영역에서 그림을 그리고 있다. 아동 : (스케치북을 가리며) 선생님, 제가 모르고 처음에 파란색으로 그렸어요. 교사 : 괜찮아. 그럴 수도 있지. 아동 : 그런데 다시 노란색으로 그렸어요. 교사 : (머리를 쓰다듬으며) 그랬구나. –아침에 등원하여 쭈뼛거리며 눈도 마주치지 않고 인사한다. 아동 : 안녕하세요. 교사 : (밝게 웃으며 머리를 쓰다듬어 준다.)

② 반영(reflection)

아동이 표현한 감정과 태도를 다른 말로 표현해 주는 것이다.

–간식시간에 모두 자리에 앉아 간식 먹을 준비를 한다. 아동 : (옆 친구에게 짜증을 내며) 좀 가라고! 야! 옆으로 더 가!! 아동 : (교사에게 다가와) 선생님, 자리가 좁은데 자꾸 제 옆에 앉으려고 해요. 교사 : 자리가 좁아서 정우가 불편했구나. –숲체험 하는 날, 등산을 하며 교사와 나눈 대화 중 아동 : 요즘 저희 아빠 술 먹고 늦게 들어온다요. 근데 아침에 또 일하러 가셨어요. 교사 : 아빠가 바쁘시니? 아동 : 네, 그래서 저랑 못 놀아요. 교사 : 정우가 아빠랑 놀고 싶은가 보구나.

③ 직면(confrontation)

상담자가 아동의 모순된 언어적 내용을 설명하지 않고 부드럽게 지적하여 내담자의 자각을 돕는 역할을 한다.

-꽃모빌을 만드는데 색종이로 접고 싶은 친구들만 자율적으로 하도록 한다.

아동 : (색종이로 접다 말고 들고 다니며 복도에서 웃고 떠들며 뛰어다닌다.)
교사 : 정우 모빌 접고 있어요?
아동 : (갑자기 인상을 쓰며) 접고 있는데요, 밖에 친구들이 자꾸 들어와서 방해해요.
교사 : 쟤네는 모빌 접고 싶지 않아서 바로 나간 친구들이야.
너는 모빌도 접고 싶고, 놀고도 싶고, 그래서 색종이 들고 떠드는거 아니었니?
너가 하고 싶은 것부터 하렴.

④ **자기노출**(self-disclosure)

아동이 자신을 보다 잘 이해하도록 상담자도 아동과 유사하게 느꼈던 감정, 경험, 생각을 나누는 반응기술이다.

-숲체험 하는 날, 등산을 하며 교사와 나눈 대화 중 ①
아동 : 아, 힘들다. 언제까지 걸어요? 그만 걷고 싶다.
교사 : 힘들지? 선생님도 힘들다. 그렇지만 이겨낼 수 있어.
선생님이 대학교 다닐 때 국토대장정이란 걸 했었거든.
아동 : 그게 뭔데요?
교사 : 우리나라를 걸어서 이동하면서 완주하는거야. 서울 위에 파주 임진각이라는 곳이 있는데 거기에서부터 부산까지 걸었어.
아동 : 누구랑요?
교사 : 국토대장정에 참가한 대학생들이랑 걸었지. 걷다가 힘들다고 집에 갈 사람은 하지 말래.
아동 : 선생님은 했어요?
교사 : 당연하지.
아동 : 언제까지요?
교사 : 한 달 걸었나? 3주 정도?
아동 : 그래서 어떻게 됐어요?
교사 : 힘들어도 끝까지 걸어서 완주했지. 정말 힘들었는데 참고 견디고 걸으니까
선생님이 부산에 도착했어. 그때 정말 기뻤어.
아동 : 끝까지 걸었어요?
교사 : 사람은 누구나 힘들고 하기 싫은게 있어도 견디고 이겨내면 더 강해지는 것
같아. 힘들어도 스스로를 이겨낼 줄 알아야 해. 그게 멋진거야.
정우도 지금 힘들겠지만 할 수 있어.
아동 : 네. 조금 힘든데 그래도 걸을 수 있어요.
교사 : 그래, 정우야. 끝까지 해내려는 모습이 멋지다.

아동 : 남자는 힘들어도 다 이겨내야 군대도 갈 수 있어요.
교사 : 그래. 정우는 군대 갈 수 있겠다.

- 숲체험 하는 날, 등산을 하며 교사와 나눈 대화 중 ②
교사 : 요즘 정우가 다른 선생님 말씀도 잘 듣고 수업도 방해 안 해서 선생님이 정우한테 고마워. 가끔 바르지 못한 행동을 할 때도 있지만 점점 멋있어 지는 것 같애.
아동 : 바르게 행동하려고 하는데 그게 잘 안 돼요. 앉을 때도 자꾸 몸이 돌아가요.
교사 : 선생님도 너희들한테 짜증 안내려고 하는데 그게 잘 안 돼.
선생님이 가끔 너희들한테 "선생님 기분 안 좋아."라고 말하잖아.
선생님은 너희들 많이 사랑하거든. 짜증내지 말아야지 하면서도 잘 안 될 때 있어.
아동 : 우리가 말 안 들어서 앵그리 되는거죠?
교사 : 응. 선생님 원래 화내는 사람 아니야. 근데 선생님도 모르게 가끔 호랑이로 변신해 있어.
선생님도 정우처럼 노력할거야. 바르게 행동하려고 노력하는게 중요하잖아.

(2) 인지행동치료(cognitive-behavior therapy)

인지행동치료는 아동의 자기조절 및 문제해결 능력에 대한 인지적 훈련을 동시에 시행하는 것을 말하며, 분노 조절, 충동 조절 및 의사소통 능력 증진과 같은 인지행동기법이 효과적이다. 이러한 기법은 어느 정도 나이가 들고 지능이 높은 경우에 사용될 수 있다.

① 문제해결 기술훈련(problem solving skills training)

아동이 문제를 명확히 정의하고 다양한 해결책을 찾아내고 스트레스 상황을 처리하는 가장 적절한 방법을 발견하도록 도와주는 방법이다.

-간식시간에 모두 자리에 앉아 간식 먹을 준비를 한다.

아동 : (옆 친구에게 짜증을 내며) 좀 가라고! 야! 옆으로 더 가!!
교사 : 자리가 좁아서 정우가 불편했구나.
정우야, 그럴 땐 선생님처럼 말하면 되.

> "세희야, 나 자리가 좁은데, 옆으로 조금만 가줄래? "
> 정우가 말해봐.
> 아동 : (인상쓰며 조심스럽게) 나 좁은데 옆으로 조금만 가줄래?
> (세희가 옆으로 살짝 자리를 비켜 준다.)
> 교사 : 이제 불편하지 않지?
> 아동 : (한결 나아진 표정으로) 네.

모델링, 리허설, 역할수행 등과 같은 인지 행동적 접근을 통해 대화기술, 문제해결 능력, 충동조절, 분노감 다루는 법 등과 같은 아동의 인지적 결함을 수정하도록 한다.

② **분노조절 훈련**(angry control training)

분노와 관련된 인지적, 정서적, 생리적 현상에 대해 자각을 증진시키고, 분노를 느낄 때 여러 가지 대안적인 해결 방법을 떠올려 보고, 어느 방법이 가장 효과적인지 생각하여 가장 바람직한 방법을 시연해 보도록 한다. 상대방의 관점을 이해하는 능력과 분노에 대처하는 자기-말(self-talk)을 훈련시키는 것이 도움이 된다.

> -오전에 정우가 복도에서 꽃꽂이 하는 중선이를 도와 준다. 민혁이가 복도를 지나가다가 정우의 머리를 살짝 밀고 지나간다. 정우가 갑자기 일어나 민혁이를 붙잡고 마구 때리다가 교사와 마주치자 폭력을 멈춘다.
>
> 교사 : 정우가 화가 많이 났구나. 왜 화가 났는지 얘기해 줄 수 있니?
> 아동 : 얘가 제 머리를 치고 갔어요.
> 교사 : 아, 그래서 화가 났구나. 민혁이는 복도를 지나가는데 좁아서 조금 비켜 달라는 뜻이었어. 너가 갑자기 민혁이를 때리니까 민혁이가 많이 놀란 것 같아.
> 혹시 정우가 민혁이한테 물어 봤니? "너 왜 내 머리 쳐?" 라고.
> 아동 : 아니요.
> 교사 : 그럼 지금 물어 봐바.
> 아동 : (민혁이를 쳐다보며) 너 내머리 왜 쳤어?
> 민혁 : 친게 아니라 지나가는데 좁아서 그런거야.
> 교사 : 민혁이는 정우 머리 친게 아니라 좁아서 비켜 달라는 뜻이었데.
> 정우는 민혁이가 너 머리 때린 줄 알았구나. 오해했네. 그럴 땐 먼저 상대방한테 말로 물어 보면 돼.
> 너가 민혁이한테 묻지도 않고 갑자기 때리니까 민혁이가 많이 놀라고 속상했겠다.

뭐 해줄 말 없니?
아동 : (민혁이 어깨를 쓸어 내리며) 미안해.
교사 : "내가 오해했어."
아동 : 내가 오해했어.

(3) 행동치료(behavior therapy)

아동에게 미리 혹은 현재 누리고 있는 권리나 기회 중에서 문제행동이 일어났을 때 그 권리를 빼앗는 방법이다.

-먹기 싫은 반찬으로 점심을 먹지 않고 나태하게 행동한다.

교사 : 안 먹고 계속 그렇게 앉아 있을거에요?
깍두기 안 먹어도 되요. 그렇지만 나머지는 먹어야 해. 밥도 안 먹으면 넌 바깥놀이 할 수 없어요. 알겠어요? 너가 알아서 하렴.
아동 : (싹싹 깨끗이 점심을 먹고 도시락을 보여 준다.)
교사 : (미소 지으며) 깍두기 안 먹어도 되는데 먹었구나. 음식도 골고루 먹고 튼튼해졌으니까 신나게 뛰어놀 수 있겠다.

7) 상담 종결 및 추수상담

문제행동(과잉, 충동, 공격)을 보였던 정우와의 상담기법을 통해 상담하면서 정우의 상태가 점차 완화되어지고 과잉행동이나 공격적인 언행이 줄어들고 자신의 감정을 표현하고 자기 통제를 하며 의사소통하는 정우의 모습을 보면서 이러한 상담진행과정 및 내담자의 변화된 모습 등 부모님과의 면담을 통해서 상담의 진전과 효과, 목표의 달성 수준에 관해 정우의 문제행동이 완화되었기 때문에 상담자와 내담자 가족이 합의하에 종결을 하게 되었으며, 추수상담은 종결 이후 일정한 시간이 흐른 뒤에 내담자의 생활 변화가 얼마나 유지되고 있는지를 점검하고 경과를 파악하여 추가적인 도움이 필요한지 점검하도록 하였다. 종결 시점에서 내담자의 부모님과 지난 상담과정을 점검하고 평가하였으며 문제행동의 재발 가능성에 대해서도 논의하였다. 언제든지 다시 상담자를 찾아올 수 있음을 알려드렸으며 이별의 섭섭함에 대해서도 충분한 이야기를 나누었다.

참고 문헌

김경희(2010). 아동생활지도. 서울: 창지사.

김규수 · 오현숙(2006). 가족치료. 경기: 양서원.

김순혜(2009). 현대 아동상담. 서울: 학지사.

김진영 · 김정원 · 전선옥(2009). 영유아를 위한 부모교육. 서울: 창지사.

김유숙(2006). 가족치료. 서울: 학지사.

김은진 (2014). 문학치료를 활용한 동화치료 상담법 연구. 부산교육대학교 교육대학원 : 공연예술교육. 석사학위논문.

김현주(2001). 아동생활지도론. 서울: 학문사.

김홍규 · 원애경(2007). 상담심리학. 경기: 양서원.

공석영 외(2000). 유아생활지도. 경기: 양서원.

두산 백과사전.

박경애(2013). 상담 심리학. 경기: 공동체.

박수연(1997). 교육학에 있어서 사례연구의 중요성. 교육과학연구, 제26집, p. 197~215.

박성희 · 이동렬(2005). 상담의 실제. 서울: 학지사.

_______________(2003). 상담의 도구. 서울: 학지사.

백사인 · 윤경희 · 하수경 · 김홍숙 · 이임숙 · 박병훈(2013). 상담 심리학 입문. 경기: 공동체.

서영숙 · 김경혜(2005). 영유아보육론. 경기: 양서원.

서의정 · 전연주 · 박지영 · 유지은 · 김용숙(2012). 유아 생활지도 및 상담. 경기: 양서원.

신경진(2010). 상담의 과정과 대화기법. 서울: 학지사.

신현균(2014). 아동 심리치료의 실제. 서울: 학지사.

손은정(2010). 상담자 발달 수준별 사례 개념화의 차이 : 개념도를 통한 인지 구조를 중심으로. 이화여자대학교 박사학위논문.

오만록(2012). 생활지도 및 상담. 경기: 정민사.

이장호 · 정남운 · 조성호(2009). 상담 심리학의 기초. 서울: 학지사.

이호정(2010). 사례개념화의 상담자 자가 평가와 수퍼바이저 평가와의 관계 연구. 고려대학교 교육대학원 석사학위논문.

장선철(2012). 유아 생활지도. 서울: 태영출판사.

정용부 외(2004). 아동생활지도와 상담. 서울: 학지사.

정현숙(2008). 사이버 아동상담의 주호소 문제와 상담전략, 숙명여자대학교 교육대학원, 석사학위논문.

차영희(2009). 유 · 아동을 위한 상담의 기초. 서울: 창지사.

클라라 힐 · 카렌 오브라이언 공저(주은선 옮김)(2001). 상담의 기술. 서울: 학지사.

하승민 · 서지영 · 강현아 · 마주리 · 서혜전 · 장정백(2012). 아동상담. 경기: 공동체.

현정환(2007). 상담 심리학. 경기: 양서원.

_______(2009). 아동상담. 서울: 창지사.

홍경자(2002). 상담의 과정. 서울: 학지사.

홍연숙 · 김진경 · 손윤경(2006). 영유아 생활지도. 경기: 공동체

황해익 외(2004). 유아용 검사 편람(I, II). 경기: 정민사.

______ (2004). 아동연구방법. 경기: 정민사.

William James (정양은 옮김)(2005). 심리학의 원리 I, II, III. 서울: 아카넷.

저자 소개

서정현

• 부산대학교 사범대학 유아교육과(교육학 박사)
• 부산대학교 교육대학원(교육학 석사)
• Paris 5대학(소르본느, 인문사회과학부) 박사과정 수료(DEA학위, 교육학)
• 현재 : 강릉영동대학 유아교육과 교수

〈저서 및 논문〉
• Rôle de la télévision auprès des enfants
• TV가 유아 사회화에 미치는 영향
• 유치원에서 활용할 수 있는 NIE 활동의 실제(공저)
• 유치원교사의 의사소통 정도 및 경로에 관한 조사연구
• 남북한 유아교육 비교 및 통일 대비 유아교육
• 유아들은 텔레토비를 어떻게 이해하는가?
• 현대 한국 사회와 유아의 성격 형성 과정의 문제점
• 유아교사의 여성화 동향과 그 대책
• 유 · 초 연계교육론(공저)
• 유아교육기관운영관리
• 유아교육개론(공저) 외 다수

상담의 과정과 사례연구의 실제

초판발행 2015년 8월 25일
재판발행 2017년 8월 20일

저 자 서정현
발행인 김현태
발행처 태영출판사

2017. 8.

주 소 (08301) 서울 구로구 구로동 104-10 동남오피스텔 201호
전 화 02 · 839-3757, 839-3752
팩 스 02 · 837-3754
등 록 2005년 5월 30일 제12-421호
http://www.taeyeongbook.co.kr
E-mail tys2005@hanmail.net
ISBN 978-89-6302-173-7 93370
정 가 19,000원

NAVER
태영출판사

* 잘못 만들어진 책은 교환해 드립니다.